铁道警官高等专科学校 2011 年度学术成果资金资助

刑事错案：症结与对策

王乐龙 著

中国人民公安大学出版社
·北 京·

图书在版编目（CIP）数据

刑事错案：症结与对策/王乐龙著．—北京：中国人民公安大学出版社，2011.10

ISBN 978－7－5653－0635－8

Ⅰ.①刑…　Ⅱ.①王…　Ⅲ.①刑事诉讼法—案例—分析—中国

Ⅳ.①D925.205

中国版本图书馆 CIP 数据核字（2011）第 203997 号

刑事错案：症结与对策

王乐龙　著

出版发行：中国人民公安大学出版社

地　　址：北京市西城区木樨地南里

邮政编码：100038

经　　销：新华书店

印　　刷：北京兴华昌盛印刷有限公司

版　　次：2011 年 10 月第 1 版

印　　次：2011 年 10 月第 1 次

印　　张：8.75

开　　本：880 毫米×1230 毫米　1/32

字　　数：234 千字

书　　号：ISBN 978－7－5653－0635－8

定　　价：30.00 元

网　　址：www.cppsup.com.cn　www.porclub.com.cn

电子邮箱：zbs@cppsup.com　zbs@cppsu.edu.cn

营销中心电话：010－83903254

读者服务部电话（门市）：010－83903257

警官读者俱乐部电话（网购、邮购）：010－83903253

法律图书分社电话：010－83905745

序

《刑事错案：症结与对策》一书是王乐龙在其博士论文《刑事错案研究》的基础上补充修改而成的。本书即将出版，自是一件幸事。作者希望我为之写一篇序言，遂欣然命笔，对本书的写作背景作一点介绍。

王乐龙原在西藏自治区公安厅工作，2006 年考取了中国人民公安大学的博士研究生，攻读刑事诉讼法学。他经过一年的基础理论学习，从第二学年开始，按常规进行学位论文开题。究竟应该选择什么课题，他感到拿不准，便来征求我的意见。导师理应对学生加以引导，我便建议他选择“刑事错案研究”作为博士论文题目。王乐龙认为这是一个极好的题目，但也是一个难度很大的研究课题。由于此前已有若干同名专著出版（例如，早在 1990 年，最高人民法院研究室主任张军［后升任副院长］即已出版了《刑事错案研究》一书），要想写出一篇在内容上与前面的著作不尽相同，又有所创见的较高水平的博士论文，其难度可想而知。因此，他开始有些胆怯，感到这似乎是一个高不可攀的难题。我则对他加以鼓励，说明可以从不同的角度来研究和写作，首先从辨析什么是错案开始，进而研究造成错案的原因和如何预防错案的发生等问题。关键是要从实际出发，通过对现实中的错案仔细分析来探索之所以出现错案的规律，进而写出新意。经过我的引导，王乐龙对选择这一课题增强了信心。于是，我便同他一起商量全文的结构，对每一章的主要内容和如何写作仔细推敲。这样，他在理清了思路后，开始了论文的写作。

在论文的写作过程中，如何收集资料和对收集到的资料进行梳理，以及如何把主要的论点、论据用适当的文字表述清楚，都颇费周折，其间我也对他进行了必要的指点。乐龙通过刻苦的努力，总算是把这篇论文完成了。尽管不能说它十分完善，但毕竟有些新意，并不是人云亦云地说一些别人早已说过的旧话，更不是炒别人的冷饭。

在此，我想着重介绍本书的第一章“什么是刑事错案”。本章颇具特色，写出了与众不同的一些新观点和新论述。例如，书中写道：“诉讼认识运动的困难性和复杂性决定了不可能永远不犯错误，无法保证每一个案件都不被误认。刑事司法过程无法完全排除种种非理性因素的干扰，因而，刑事司法有时难免背离自己的宗旨和原则，作出错误的司法判定。”

本书对此前学者们给刑事错案所下的各种定义做了详细比较，并提出了自己的见解。作者认为：“刑事错案是指公安机关、国家安全机关、人民检察院和人民法院以及刑罚执行机关，在办理刑事案件以及刑罚执行的过程中，对案件事实认定发生重大错误，或对证据采信出现重大错误，或者适用法律错误，或者违反法定诉讼程序，导致犯罪嫌疑人、被告人被错误地采取强制措施或被错误地定罪、判刑的案件。”这一定义尽管还有可供商榷之处，但作为一家之言，也有它独到的地方。

作者特别指出，不能仅仅以裁判结果作为评定是否错案的标准，并进一步论述了不属于刑事错案的若干情形：

一是漏罪、漏人情形。即：被告人犯有数罪，但司法机关只查明了其中一项或几项；原本是多人共同犯罪，但却只查获了某几个犯罪人，因而仅对所发现并得到证实的罪行依法作出了判决。事后，又发现了遗漏罪行或遗漏了的罪犯，可以依法追加起诉或重新审判，但不能认为此前的判决就是错案。

二是量刑偏重或偏轻。要求所有司法人员的认识达到同一水平是不现实的。如果所判刑罚是在法定的量刑幅度之内，就不应认为量刑偏重或偏轻是办了错案。

三是某些存疑案件。存疑不起诉或疑罪从无的判决，并不是对“没有犯罪事实”的确认，它是以牺牲制裁某些真正罪犯为代价的。或许若干年后，司法机关又获得了足够的证据证实犯罪嫌疑人确实构成犯罪，还可以重新启动追诉程序，但不能认为先前作出的不起诉决定或无罪判决是一起刑事错案。

四是一般性违反刑事诉讼程序的行为。有的案件在诉讼程序上存在某些瑕疵，但尚未直接导致案件的错误处理或者直接侵害有关诉讼参与人的人身、财产权益的，不应视为错案。

五是被否定的正常诉讼行为。作者列举了六类情形：（1）立案后发现不该追诉的，及时作出销案处理，一般不应认为原先的立案属于错案；（2）将正在实施犯罪的现行犯依法拘留后，因某些原因未被批准逮捕，不能认为原来的拘留就是“错拘”；（3）被逮捕后未进入诉讼程序或者由人民检察院决定不起诉的，一般也不能认为原来的逮捕就是错捕（但应区别不同情况，不能一概而论）；（4）依法提起公诉后，经法院开庭审判，认为公诉方认定的犯罪事实存在疑问，或证据不足，最终以“证据不足，指控的犯罪不能成立”作出无罪判决的，不能认为人民检察院办了错案；（5）经二审改判或者发回重审的案件，只要第一审判决是依法审理和依法裁判的，不能认为一审法院办了错案（除非一审法官贪赃枉法、故意歪曲或隐瞒犯罪事实、蓄意陷害或者故意包庇当事人）；（6）由于修改法律导致量刑幅度变化，不能由此认定过去的判决是办了错案。此外，常见司法文书中出现某些错别字或者文字表述不当，也不能因此将其看做错案。

以上这些论述，都是针对司法实践中存在的疑难问题进行的实事求是的分析和判断，并且是前人没有论及或者没有讲清楚的，这就是本书的创新之处。对于这些论述是否准确、是否完善，尽管还可以再推敲，但能够这样提出问题和展开论证，是难能可贵的。它充分体现了作者的理论勇气和开拓创新精神。对此应予肯定和鼓励。

鉴于作者没有亲自办理刑事案件的经验，此书中的某些论述，大致都还属于纯理论的探讨，基本上还在“应然”的层面，未必都符合司法实际情况，书中的论述也难免有某些失误和不足。我们不能要求青年学子的每一部著作都十全十美（世间也没有十全十美之事），只要能够本着追求真理的态度，去认认真真地做学问，哪怕只有一点一滴的贡献，也算是在攀登科学高峰的道路上迈进了一步。对此，我感到欣慰，并予以祝贺！

对于乐龙来说，此书的出版只是他从事学术研究的起点，要往前继续迈进，可谓任重道远。千万不可有丝毫的自满，要保持谦虚的态度，戒骄戒躁，勤学多思，争取能有更多的优秀成果面世。

是为序。

崔　敏

2011 年 8 月 18 日

目 录

导 论

一、刑事错案概览

矛盾无处不在，这是辩证唯物主义论者都明白的道理。

在刑事司法领域里同样如此。刑事错案作为诉讼活动的副产品，其产生从来就没有停止过，诸如古代的“窦娥冤”、“十五贯”、“杨乃武与小白菜”、“杨三姐告状”，等等。司马迁更是用文字将自己作为冤错案件受害人所承受的精神创伤记录下来，在《报任安书》中，太史公悲愤叙述：“猛虎在深山，百兽震恐，及其在阱槛之中，摇尾而求食，积威约之渐也。故士有画地为牢，势不可入，削木为吏，议不可对，定计于鲜也。今交手足，受木索，暴肌肤，受榜箠，幽于圜墙之中。当此之时，见狱吏则头抢地，视徒隶则心惕息。何者？积威约之势也。及已至是，言不辱者，所谓强颜耳，曷足贵乎？”①

近年来，不断有刑事错案通过各种方式暴露于公众的视线之内，诸如因真凶落网而纠错的杜培武杀人案、李久明杀人案与秦艳红强奸案；因被害人“死而复活”而昭雪的佘祥林案与腾兴善案；还有胥敬祥、李化伟、陈国清、王树红、孙万刚，等等。他们都是遭遇刑事错案的受害者。通过媒体，我们还知道了这样一些冤案的受害者：一个风华正茂、美丽聪慧的女工程师在经历了四天的刑讯

① 高鸿钧、张建伟主编：《清华法治论衡第九辑——冤狱是怎样造成的(上)》，清华大学出版社 2008 年版，第 3 页。

折磨后，才被发现“抓错了人”，但此时，她已经变成了一个目光呆滞、精神错乱的病人；一个叫纪海云的少女在以一个“莫须有”的罪名被警察毒打后，险些命丧黄泉，至今一见到警察还吓得浑身发抖；一位热情正直的乡村教师遭人诬陷、屈打成招入狱17年之久，待洗尽冤屈之时，他已是一位步履蹒跚、白发苍苍的老人；安徽巢湖四个清纯可爱的花季少年，因为邻居几句“多余的话”就遭拘捕，经受了前所未闻的折磨，直到3个月后“真凶显灵”。①

在现代法治社会中，法律是公正的吗？对于蒙冤入狱的普通人，法律能还其清白吗？面对近年来不断暴露出来的鲜活而又可怕的司法现实，每一个理性的人，或许都会从内心深处产生出这种令人不寒而栗的疑问——只要守法，法律一定不会惩罚你吗？现实给出的答案是否定的。有学者就说过：“可以说冤假错案在人类历史上从来不曾被彻底杜绝过。刑事法的历史，既是一部不断产生冤假错案的历史，也是一部试图不断纠正冤假错案的历史。”② 国务院新闻办公室发表的题为《中国的民主政治建设》的白皮书指出，2004年，全国地方各级人民法院依法一审审结刑事案件644,248件，民事案件4,303,744件，行政案件92,192件。全国法院改判裁判确有错误的案件16,967件，占全年生效判决总数的0.34%。

不仅我国会产生刑事错案，在法治十分发达、监督制约机制比较完备的英、美等国，同样也存在错判的陈年冤案。20世纪80年代以来，各国纷纷出现冤狱的丑闻。英国的“Birmingham Six”、Guildford Four、Maguire Seven 案，日本的四大冤案也曾被媒体热

① 封丽霞：《并非停留于历史的记忆里》，载高鸿钧、张建伟主编：《清华法治论衡第十辑——冤狱是怎样造成的（下）》，清华大学出版社2008年版，第39页。

② 郭云忠：《刑事裁判中的有限理性和非理性》，载高鸿钧、张建伟主编：《清华法治论衡第十辑——冤狱是怎样造成的（上）》，清华大学出版社2008年版，第73页。

炒。西方一些研究机构对刑事错案发生率有着不同的估算。依照英国公民自由小组大法官（Civil Liberties Group Justice）的保守说法："每年至少有15人被陪审团错判"；另一种说法来自全英缓刑官员联合会（National Association of Probation Officers）："在入监服刑的囚犯中，大约有5%的人一直（超过5年以上）在作无罪申诉，监狱当局相信其中一半以上（至少400人）可能确实被错判了。"[1]还有一位曾经担任监狱官员的学者估计说："英国应该大约有1300名囚犯是无辜者。"[2] 在美国，据估计，在诸如强奸等严重犯罪案件中大约有1/4的被告人是无辜的，全美被判处死刑的案件中至少有1%的被告人是被冤枉的；[3] 有的州死刑犯的冤错率还要更高一些，如伊利诺伊州自1972年宣判福尔曼诉佐治亚州一案起到2004年5月止，总共判处了289人死刑，但其中17人事后被证明无罪而获得开释，错案率达到了5.9%，如果加上2004年5月无罪开释的斯德尔一案，该州错案率可能要上升到6%。这些显然都是针对实体上出错的案件，且仅仅限于"将无罪者判有罪"的情形。

美国自1989年将DNA识别技术应用于刑事案件并发现第一例错案以后，错案的出现成为一个普遍现象，刑事法学领域的研究人员从刑事侦查和审判的各种角度对错案问题进行了深入的实证研究。实证研究发现：在15年间被发现的错案总共328起，其中145人是通过DNA技术得以洗刷罪名，183人是通过其他证据得以解脱。他们因本没有实施的犯罪被判决有罪，并平均在监狱服刑超

---

① Rosemary Pattenden, English Criminal Appeals, 1844 - 1994: Appeals against Conviction and Sentence in England and Wales, Oxford: Clarendon Press, 1996:393.

② Mohammed llyas, Academics' Case for Innocent Inmates, Birmingham Post (Eng), 1998. 4. 11: 4.

③ Richard C. Dieter, Innocence and the Death Penalty: The Increasing Danger of Executing the Innocent 21, http: //www. essential. lorg/dpic /inn. Html.

过10年时间，其中4人是在监狱里死亡后才被发现是无罪的。[①]研究表明，在过去的15年里，错案率急剧上升。从20世纪90年代初期每年大约12件，到2000年以后平均每年43件。[②]

不幸的是，到底有多少冤案，是永远不可能知道的数字。美国近年来发现的冤案——仅仅指事实上的错误，即无辜者被错误定罪和判刑，几乎都是因为定罪后的DNA检测发现的。但是明显可以看出，这只是冰山一角而已。原因有三：第一，并不是每个案件都有生物性证据。只有强奸、杀人等案件才可能留下生物性证据。如果被害人报案较晚，也会导致生物性证据的灭失。第二，并不是每个案件中的证据都得到了保存。很多情况下证据都已经被销毁，因为缺乏保管的场所和经费。第三，有些司法管辖区有定罪后提出新证据的时间限制。例如，弗吉尼亚州就有著名的21天法则，即裁决作出后提出新发现的无罪证据的期限是21天。现在美国有34个州指定了允许定罪后DNA检测的制定法。因此，究竟有多少人被无辜定罪、服刑甚至执行死刑，是一个永远不可能知道的数字。

二、刑事错案研究现状

刑事错案与刑事诉讼活动相伴而生，司法公正是法律的至上目标，无论是司法实务界还是刑事诉讼法学界对刑事错案都一直非常关注，这在任何时代、任何国家都不例外，对刑事错案的研究从来没有停止过。

（一）我国对刑事错案的研究现状

国内对于刑事错案较早的研究见于李建明教授编写的《刑事诉讼疑难问题思辨》一书，当时主要的研究角度是刑事纠错，在

---

① 甄贞等编译：《法律能还你清白吗？——美国刑事司法实证研究》，法律出版社2006年版，第1页。

② 甄贞等编译：《法律能还你清白吗？——美国刑事司法实证研究》，法律出版社2006年版，第2页。

当时的时代背景下，“把错案作为一个专门的题目做文章，可能在有些人看来不无夸大刑事司法工作阴暗面之嫌”。尽管司法错误的研究并无意否定刑事司法工作，但事实上，对于司法错误提出的可行性，学者们也是莫衷一是，其中持否定观点的学者大都是从强调司法独立和程序本位的角度考察刑事诉讼的基本理念与原则，持肯定态度的学者大多则是从司法错误角度来讨论纠错程序（即再审程序），或者用来讨论司法责任问题（当然也有的学者持否定态度来讨论司法责任问题），其中设专章详细地对司法错误问题进行论述的著作主要收集在李建明教授的专著《刑事司法改革研究》中的第十、十一章，其对刑事司法错误的成因进行了分析，并提出了十分详细的解决方案。后来的《刑事错案研究》、《冤假错案》、《沉冤昭雪》、《胡耀邦与平反冤假错案》、《刑事错案评析》、《程序性制裁理论》等著作都是研究刑事错案或者与刑事错案相关的有影响的研究成果，更有大量研究错案概念、错案责任追究、错案预防问题的学术论文、研究报告发表。

随着近年来一些影响重大的刑事错案被披露，司法系统对刑事错案的关注和聚焦更为突出，并将刑事错案问题作为重大课题进行研究。2005 年最高人民检察院将《检察环节刑事错案成因与对策实证研究》列为重点课题进行招标研究；《检察日报》从 2005 年 3 月至 5 月底设《健全机制防错案》专栏，组织专家学者探讨刑事错案问题，先后有 26 篇专题论文和文章在这一栏目中发表。最高人民检察院于 2005 年 7 月 4 日专门下发了《关于认真组织学习讨论佘祥林等五个典型案件剖析材料的通知》，2006 年 9 月 21 日又再次下发《关于认真组织学习讨论腾兴善等七个典型案件剖析材料的通知》，要求各级检察机关和检察人员从这些重大典型错案中找问题、找原因、找教训，结合本地区、本单位、本部门的工作实际，找出存在的问题，制定整改措施，落实规范执法。最高人民法院也于 2005 年 9 月专门召开了全国性的“刑事重大冤错案件剖析座谈会”，研讨如何有效预防和及时纠正刑事错案的问题。对刑事错案的研究推动了司法改革的进程，如对重特大案件的录音录像制度，刑事二审原则上开庭审理等措施的出台，对错案的研究和刑事司法预防刑事错案的实践提供了有益的理论指导。

但是，从总体上来说，由于刑事错案问题、程序违法问题有一定的敏感性，同时由于人们容易满足于刑事司法工作总体上质量不错这一现实，我国理论界和司法系统对刑事错案的研究还显得严重不足，研究的深度不够，研究的系统性、现实针对性不强。特别是刑事司法系统中的法院和检察院，“他们探讨问题的重点都是本机关及其工作人员在办理这些案件时存在哪些问题，而非冤假错案的全部原因”；而且，“从理论界来看，虽然就某些或个别冤错案件进行研究和分析的学者不在少数，但从宏观上全面剖析冤错案件的成因及其基本规律的学者却凤毛麟角”。①

（二）国外对刑事错案的研究现状

对于错案问题，各国刑事法学界一直在进行专门的研究，并形成了一些有重大影响的成果，如法国勒内·弗洛里奥的《错案》、英国丹宁勋爵的《法律的正当程序》、美国布莱恩·福斯特教授的《司法错误论》等。姚永吉翻译的《英国刑事司法程序》② 对司法不公与纠错也进行了研究。在众多研究中，美国学者的研究是卓有成效的。美国刑事法学领域的研究人员从刑事侦查和审判的各种角度对错案问题进行了深入研究，着重分析了错案产生的原因以及错案合理有效的预防与救济方式，积累了很多研究成果。有代表性的是美国法学界关于刑事错案的四篇最新研究报告：《美国错案报告》、《目击证人的辨认程序：关于列队辨认和照片辨认的建议》、《警察记录羁押讯问的经历》、《美国宪法第四修正案的适用》。

---

① 陈永生：《我国刑事误判问题透视——以 50 起震惊全国的刑事冤案为样本的分析》，载《中国法学》2007 年第 3 期，第 45 页。

② Mike McConville & Geoffrey Wilson, English Criminal Justice Process, 法律出版社 2003 年版，第 43 页。

2004 年 4 月 19 日，由美国开放社会协会 OSI（Open Society Institute）的 GIDEON 项目资助，密歇根大学法学院刑事诉讼法学和死刑研究专家 Samuel R. Gross 教授及该校四个博士生共同发表了《美国自 1989 年至 2003 年间的错案报告》（本书在下面的论述中将其简称为《美国错案报告》）。《美国错案报告》披露了自 1989 年以来发生在美国的 328 例令人震惊的错案。《美国错案报告》一出，即在美国国内引起了广泛的关注。《美国错案报告》是美国自 1989 年应用 DNA 证据发现第一例错案以来最详尽的一份错案报告，这份报告通过实证的研究，描述了产生错案的原因和刑事司法系统的一般运行状况。《目击证人的辨认程序：关于列队辨认和照片辨认的建议》是一份关于刑事案件错误辨认的研究报告。因为错案辨认往往是无辜人被定罪的首要原因，这份研究报告构建了列队辨认和照片辨认的最佳程序。《警察记录羁押讯问的经历》是西北大学法学院错误有罪判决研究中心对电子记录的应用，该文介绍了电子记录在防止出现错案和保护侦查人员方面所起到的积极作用。《美国宪法第四修正案的适用》一文详尽介绍了美国宪法第四修正案在保障人民免受不合理搜查与扣押、预防警察权滥用对公民权利造成侵犯等方面的规定和实践。

三、本书研究的立场

有刑事诉讼，就必然会有刑事错案，这是由刑事诉讼的特点和规律所决定的，因此，研究错案的目标只能是尽力减少刑事错案，但不可能杜绝刑事错案。这正是本书研究的立场。

（一）刑事错案无法完全避免

作为一种理想，我们当然希望完全避免刑事错案的发生。然而，完全避免刑事错案只是一种理想，一种可以追求却不可能实现的理想目标。以前，不少地方司法机关把对错案预防的高度重视体现在违反诉讼规律的错案预防上。例如，要求检察机关自侦案件立案后百分之百能起诉；要求批准逮捕的案件百分之百能起诉；要求提起公诉的案件百分之百有罪判决率；要求一审裁判百分之百被二审维持。然而，这并不符合诉讼规律。即使某个检察院在一段时间内实现了自侦案件或批准逮捕的案件百分之百起诉，起诉的案件百分之百有罪判决；某个法院在一定时间内所作出的刑事裁判都被二审法院维持，也并不表明这些起诉和审判绝对没有错误，更不表明今后就一定能保持这样一种“百分百”的办案高质量。[①] 如果错案预防的目标设定得不符合诉讼规律，在实践中就不可能有实际的意义。

“刑事诉讼中认识对象的复杂性和人们认识手段、认识能力的局限性，决定了刑事司法过程中不可能彻底杜绝刑事司法错误。”[②] 任何一个国家，无论其制度多么完善，侦查手段多么先进完备，都难以保证完全避免错案的发生。例如，美国刑事诉讼活动严格遵循正当程序原则，刑事科技手段先进发达，但仍有错案发生，其中有些就是后来通过DNA鉴定技术发现的错案。据报道，美国死刑一审误判率一度（1973～1995年）高达68%，其中三个州死刑误判率高达100%，[③] 虽然这么高的误判率实质上主要是改判率，但死刑改为其他刑和改为无罪毕竟都具有刑事错案的性质。据说在美国，死刑案件最少审十年，但错判依然难免。[④] 迄今为止，人类还无法设计出可以完全避免错案的制度和程序，无法掌握能够准确无误地“还原”过去事实的认识手段。办案是一个复杂的认识和判断过程，由于客观情况的复杂性和变动性，加上法律规范中存在的

① 王松苗：《辩证看待100%的有罪判决率》，载《检察日报》2005年5月25日。

② 李建明：《重复性刑事司法错误的三大原因》，载《政治与法律》2002年第4期，第45页。

③ 陈永生：《死刑与误判——以美国68%的死刑误判率为出发点》，载《政法论坛》2007年第1期，第95页。

④ 张玲：《死刑最少审十年，错判还是难避免——美国每年都有冤假错案》，载《人民法院报》2005年4月29日。

某些模糊性，以及人类自身认识能力的有限性，要求办案人员对证据、案件事实的认识判断和法律适用都准确无误是不现实的、不客观的。同时，刑事司法人员亦非圣人，其中难免有人受到各种因素的消极影响而犯错误，错误实施诉讼行为，错误作出司法决定。正因为错案的发生在客观上难以完全避免，所以法律设置了立案前审查、侦查、起诉、一审、二审、审判监督等程序，禁止司法人员采用任何侵犯人权的手段收集证据，并设立了刑事赔偿制度，以最大限度地减轻刑事错案给当事人造成的权利侵害，错案一旦发生就能够得到及时的纠正和救济。这些复杂的程序也说明了立法者在诉讼制度和诉讼程序的设计之初就已经考虑了一定程度错案存在的不可避免性。

“理想的制度当然希望能完全避免错误裁判，但为现实上不可能。制度上设计的目标，如果在于减少‘有罪之人被误判为无罪’，必然会造成‘无罪之人被判有罪’的增加。例如，在调查一切证据后，有百分之九十的可能性，被告是犯罪嫌疑人，但有百分之十的可能性，被告是无辜的。如果刑事诉讼的目的在于减少‘有罪之人被误判为无罪’，此时应要求法官判决被告有罪，虽然被告可能是无罪的。如果刑事诉讼的目的是减少‘无罪之人被判有罪’，此时要求法官判决被告无罪，虽然被告可能是凶手。以上两种可能性的误判，哪一种是社会比较在意的？换言之，是选择‘宁可错杀一百，不可错放一个’之价值观，抑或‘宁可错放一百，不可错杀一个’之价值观呢？后来经过人类理性思维，较不愿意看到无罪的人被判有罪，因为社会所付出的代价太高了。”[①] 韩国驻华大使馆法律参赞朴兴植认为，宁愿十个罪犯逃脱也不能冤枉一个无辜，无论中国还是韩国的司法机关在办案过程中都应该恪

① 王兆鹏：《刑事诉讼讲义（一）》，台湾元照出版社2003年版，第5～6页。

守这一原则，这是预防冤假错案发生的又一关键点。[①] 绝大多数人都会同意，我们宁愿为了避免错案而放纵一个可能犯罪却证据不足的犯罪者，但绝不可以为了不放纵一个犯罪者而将一个可能没有实施犯罪的人送上法庭，送入监狱，甚至剥夺他的生命。

（二）通过预防，刑事错案可以减少

在研究刑事错案问题时，有些观点过分夸大了案件事实的不确定性、法律规范的不确定性、刑事司法人员司法业务水平的差异性以及执法环境的复杂性，对于刑事错案的预防持消极怀疑态度。这种消极悲观态度不利于刑事错案的预防。实际上，通过系统的对策措施的共同作用，减少刑事错案的发生，及时发现和纠正已经发生的错案，这完全是可能的。第一，刑事错案本质上是一种认识错误，是人们对案件事实的认识错误或者是对于法律的理解错误。人们的认识尚未到达尽头，人们认识案件事实的手段尚未穷尽，通过改变认识态度、改进认识手段和认识方法，可以提高诉讼认识的真理性程度，从而降低错误发生的频率和程度。第二，不合理的诉讼机制和工作机制增加了错案形成和发展的可能性，因而通过诉讼机制的完善和刑事司法机关工作机制的改革，可以提高各个诉讼环节上错案预防的效率，降低错案发生、发展的风险，而在改革完善诉讼机制和刑事司法机关的工作机制方面我们显然还有许多工作可做。第三，刑事司法人员是错案预防最重要的主体力量，提升刑事司法人员的素质是错案预防的重要手段。只要普遍提高刑事司法人员的职业道德素质和司法业务素质，完全可以降低各个环节上诉讼决策错误的发生率。第四，防止刑事错案的发生、发展，符合最广大人民群众的利益，也是党对刑事司法工作加强领导的目的之一。因而，有效预防刑事错案的一切努力均将得到人们的理解和支持，也将得到各级党委的重视和支持，一切不利于公正司法的执法环境

---

① 赵雯、高洪海：《预防错案，检察官能发挥重要作用——访韩国驻华大使馆法律参赞朴兴植》，载《检察日报》2005 年 5 月 24 日。

将会逐步得到改善。第五，通过公、检、法三机关强化法律共同体意识，通过加强三机关之间的沟通联系，增进共识，可以减少纯粹的刑事错案，增强错案预防的效果。

近年来，刑事司法机关通过规范执法行为，提升司法水平，加强了错案预防工作，已经收到了明显的成效，错案率逐年下降，错案被发现和纠正的环节也在提前。同时，各种容易导致错案的程序违法行为也在减少，严格的程序控制减少了错案形成的条件。实践表明，刑事司法机关通过自身努力，加之外部执法环境的逐步改善，可以在各自的诉讼环节上有效地预防错案，将刑事错案的发生率降低到最低限度。

四、选题的意义

因刑事司法运作的失误致使无罪的人被错误追究刑事责任，是任何一种刑事司法制度和诉讼模式都难以绝对避免的。古今中外，错案一直是刑事司法领域中难以禁绝的现象。因此，对刑事错案的研究一直以来受到刑事法学者的关注，但是目前来看，对刑事错案进行全面系统研究的较少，因此，将刑事错案作为博士学位论文的题目，系统地研究刑事错案现象，对于丰富刑事司法理论和刑事诉讼法学，具有一定的理论意义。刑事错案侵犯了无辜者的人权，降低了诉讼效率，增大了诉讼成本，影响了民众对我国刑事司法活动的公信力，对构建和谐社会有很大的消极作用。本书从厘清刑事错案的概念等基本问题入手，介绍了刑事错案的分类、常见情形以及危害，从七个方面分析了刑事错案产生的原因，提出了刑事错案的预防体系，并对刑事错案责任追究制度及刑事错案的赔偿等问题进行了分析和探讨，期望对预防刑事错案有所裨益，对于深化我国刑事司法改革，提高我国刑事司法的公正性水平，具有重要的实践意义。

五、研究方法

历史考察、比较研究、实证分析是本书的主要研究方法。历史考察法是通过对中国古代冤案进行研究来考察我国刑事司法活动自古以来就存在的错案现象，从中揭示若干规律。比较研究法是在历史考察的基础上，对我国刑事错案进行纵向比较，与国外刑事错案进行横向比较，从中发现刑事错案的共性和差异。实证分析法是在基础理论的支撑下，通过大量的刑事错案案例来进行研究，本着理论研究源于实践并最终应用于实践的原则。

第一章　什么是刑事错案

第一节　刑事错案的定义

错误无处不在，刑事司法活动中也有错误。刑事司法活动中的错误产生的结果之一便是刑事错案。古往今来，严重的刑事错案，或者导致受害人终身冤狱，或者发生人头落地等无可挽回的可怕后果。虽然客观上存在错判无辜等习惯上所称的刑事错案现象，但理论界关于是否存在刑事错案或者说是否应当用错案来表达那些非正常结案或者无罪判决等现象，并无一致的认识。对错案持否定观点的学者认为没有错案而只有违法审判。他们认为此概念隐含着这样一个理论，即一个案件只能有一个唯一正确的判决，否则就是错误的判决。然而，由于法律和刑事政策的变化和不确定性，不同刑事司法人员法律限度内许可的认识上的差异性，以及自由裁量权的存在，“唯一正确的裁决”并不存在。[①] 还有学者认为，“错案是一个具有很大模糊性与流动性的非科学的概念。”[②] 然而，刑事司法过程中存在错案现象是一个不可回避、不可否认的客观事实。首先，法律事实和法律规范具有相对的确定性。依照法定程序和证据规则认定的案件事实毕竟不是一种主观随意的假设或推测，法律规范的适用也有着相对确定的是非界限。因而，司法决定的正确与错误并非无法判断。其次，从诉讼认识规律看，案件事实及其法律性质是可以认识的，但诉讼认识活动的困难性和复杂性决定了不可能永远不犯认识错误，无法保证每一个案件都不被误认。认识错误的不可避免性决定了错案发生的不可避免性。最后，刑事司法过程无法完全排除种种非理性因素的干扰，因而，刑事司法有时难免背离自己的宗旨和原则，作出错误的司法决定。

一、错误与错案

（一）错误

研究错案，首先要了解什么叫做“错误”，以及人为什么会犯错误。所谓错误，是指“在同一关系中与事物的客观规律或状况

---

① 不少学者反对使用错案概念，认为错案概念不科学，因为事实和法律具有不确定性的特点决定了很难判定何为错案。王晨光：《法律运行中的不确定性与“错案追究制”的误区》，载《法学》1997年第3期，第35页；王晨光：《错案追究制的误区：兼谈法律运行中的不确定性》，载张卫平主编：《司法改革评论（第一辑）》，中国法制出版社2001年版，第35页；贺日开、贺岩：《错案追究制实际运行状况探析》，载《政法论坛》2004年第1期，第34页；王琳：《错案追究：谨防“钱穆制度陷阱”》，载《人民检察》2005年第12期（上），第21页；陈东超：《现行错案责任追究制的法理思考》，载《法商研究》2000年第6期，第45页。

② 廖永安：《关于错案责任追究制度的反思》，载《江苏社会科学》1999年第3期，第23页。

不相符合的认识和行动”。[①] 人要从事有意识、有目的的活动，要认识世界和改造世界，因而遇到了主观与客观的矛盾。人的主观认识不可能在任何问题上都与客观实际完全符合，这样就必然会发生错误。因此，所谓“犯错误”的问题，仅仅是对人来说的，其他动物则不存在犯不犯错误的问题。由于世界是无限广大的，事物是无限繁多的，矛盾是无所不在的，时间是无限久远的，运动是没有止境的，这些都是在人的主观意识之外的客观实际。而人的认识能力，总是一方面在客观上被历史状况所限制，不可能尽知过去、现在和未来的一切事情；另一方面人的认识能力在主观上又受到自身状况的限制，不可能全知全能。因此，人在认识世界时，总会不自觉地发生这样那样的错误。只有两种人不会犯错误——尚未出生的人和已经死去的人。除此之外，任何人都要犯错误。我们承认任何人都会犯错误，但是应当力求不犯那种可能带来严重危害后果的错误。

（二）错案

所谓“错案”，广义而言，是指在办理各类案件时（此处的“案件”，泛指一切被立案调查，需要作出结论的待处理事项，包括进入诉讼程序的刑事、民事和行政诉讼案件以及未进入诉讼程序的纪律检查、行政监察、政治审查和历次政治运动中处理过的各式各样的案件），由于对问题的性质判断错误或者对事实的认定发生错误，或者对政策法律适用错误，从而对审查的问题作出错误结论以致给予当事人错误处理的案件。无论任何错案，都是由于办案人员在主客观各种因素的影响下，对问题的性质或案件中的事实判断发生错误，或者对政策法律的适用发生错误而造成的，总体来说，都属于人的主观认识与客观实际情况不符而产生的错误。因而从广义而言，错案也属于“错误”，不过它是一种特殊形态的错误。之所以说它“特殊”，是因为它不同于一般的认识错误，一旦铸成错

① 文援朝：《超越错误》，中南工业大学出版社 1997 年版，第 25 页。

案，必定会使当事人受到冤枉，给其带来难以名状的痛苦，严重者甚至可能会使无辜者被错杀，使当事人倾家荡产、家破人亡，并且给整个国家带来巨大的伤害。

二、刑事错案

在古代，刑事错案一般分为两种情况。第一种情况，是将无辜者错定为有罪或者将轻罪错定为重罪，最终对当事人做了错误的处理，有的甚至被冤杀[①]或错杀[②]。按照《唐律》的规定，这种情况称为“入罪”（包括“故入人罪”和“失入人罪”）。第二种情况，则是将有罪者错判为无罪或者将罪重者以轻罪论处，这种情况称为“出罪”（包括“故出人罪”和“失出人罪”）。总之，凡对进入了刑事诉讼程序中的案件，做了错误定性或者错误处理的，都属于“刑事错案”。中国古代对刑事错案界定得较宽，特别强调包括故意或者过失“出、入人罪”的各种情形。无论出罪或者入罪，皆属错案；无论故意或者过失，只要是造成了出入人罪的事实，主管机关和直接责任人员，都要受到法律的制裁。

西方学者对刑事错案的关注也是由来已久，但迄今为止对于这一概念仍然存在技术层面的分歧。总的来看，学者们基于不同的立场，大体作出了两种截然不同的选择。[③] 对刑事错案持狭义观点的人从纠错防错和遏制死刑的角度提出，认为无辜者被误判为有罪的乃至处死刑的才是刑事错案。对于错误定罪的定义，仅限于已经确

---

① 所谓“冤杀”，是指因定性错误或者对案件的事实认定错误，将毫无过错或不构成犯罪的无辜者判处死刑。

② 所谓“错杀”，广义而言，包括了一切原本不应该判处死刑的人被错判了死刑。从这个意义上说，无辜被冤杀也属于错杀。但从狭义上来说，“错杀”特指对犯有轻罪但依法不应该判处死刑的人错判了死刑。

③ 刘品新：《当代英美刑事错案的实证研究》，载张德利、陈连福主编：《非法取证与刑事错案问题研究》，中国检察出版社 2007 年版，第 253 ~ 265 页。

知被定罪人未实施被认定的罪行的情况。具体有以下限定：第一，仅限于被定罪者是否有罪的错误，不包括量刑和罪名的错误。例如，不该判死刑的人判了死刑，也属于错误案件，但不属于这里讨论的错误定罪。第二，仅限于穷尽了所有救济手段之后（post - conviction）仍然未能纠正实体认定错误的情况。第三，仅限于实体法错误，不包括程序法错误。第四，仅限于已经确知真正犯罪者是被定罪的人以外的人的情况，不包括新发现的证据会导致陪审团不作出有罪裁决的情况（英国、美国），更不包括上级法院在几十年后认为控方的证据不足以认定被告人有罪的情况（日本）。对刑事错案持广义观点的人基于考察司法体制的内在效率出发，将刑事错案的标准确定为形式标准。这又可以具体区分为中义说和广义说。中义说认为，刑事错案指原审被判有罪而后被改判的案件；广义说则认为，刑事错案包括中义说的刑事错案和原审定罪后量刑有误的案件。

笔者认为，刑事错案是错案的一种，是刑事诉讼过程中产生的客观现象。具体是指公安机关（包括具有部分侦查权的监狱、民航、森林、海关等部门的行业警察部门）、国家安全机关、人民检察院和人民法院以及刑罚执行机关，在办理刑事案件以及刑罚执行的过程中，对案件事实认定发生重大错误，或对证据采信出现重大错误，或者适用法律错误，或者违反法定诉讼程序，导致犯罪嫌疑人、被告人被错误地采取强制措施或被错误地定罪、判刑的案件。

具体来说，认定事实错误，是指无罪认定为有罪、有罪认定为无罪、此罪认定为彼罪、轻罪认定为重罪、重罪认定为轻罪等。适用法律错误则包括错误地适用刑事实体法和刑事程序法。错误的强制措施，是指案件在侦查、起诉阶段，未经法院审判时，采取的监视居住、取保候审、拘传、搜查、拘留、逮捕等强制措施发生错误。错误的定罪，是指审判机关将无罪认定为有罪、有罪认定为无罪、此罪认定为彼罪。而错误的判刑则是指应当判刑而不判刑、不应当判刑而判刑、量刑畸轻畸重，甚至判处死刑的案件。此外，在刑罚执行过程中，如果发生重大错误，同样形成错案。最后，办案人员在诉讼过程中，主观上对案件错误的产生是故意、过失或者是既无故意也无过失，而是一种意外心理，这并不影响刑事错案的认定。刑事错案的本质是“错误”。这里的“错误”有特定的内容，即对案件基本事实、基本证据认定错误，或者适用法律错误，才可能导致对刑事案件的追诉或者审判发生错误。由于刑事错案的情况复杂、类型众多，若将所有的刑事错案都纳入本书的研究范围不太可能，所以，本书主要研究那些事实认定错误、案件定性错误、情节恶劣、影响巨大的刑事错案。

三、不同语境下对刑事错案有不同的理解

在不同的语言环境下，人们对刑事错案的理解也是不同的，这缘于不同语境中的话语主体的立场、背景、法律素养等各方面因素的不同，导致对刑事案件正确与否的判断标准不甚相同。有学者说：“刑事错案本身是一个很复杂的概念，在不同的语境下，错案有不同的含义和不同的判断标准。”[①] 研究刑事错案，可以将判断刑事错案的语言环境分为诉讼语境和诉讼外语境。

（一）诉讼语境中的刑事错案

诉讼语境存在于刑事诉讼过程中，话语主体为刑事司法人员。他们认为刑事案件的事实既不是客观真实，更不是主观真实，而是法律真实，这是一种超越客观和主观的另一种真实。“在现代社会的刑事活动中，作为定罪依据的事实只能在法律允许的框架内认定，只要认定过程合法，认定结论自然合法有效，完全可以也必须作为定罪依据，至于合法认定的事实与客观的事实是否一致，并不是诉讼所关心的，也是诉讼没有能力关心的。”[②] 在法律意义上哪

---

① 陈学权：《刑事错案：三种语境下的三重标准》，载《检察日报》2006年2月18日。

② 董玉庭：《疑罪论》，载《公法》2004年第5期，第34页。

一个判决是有效力的，那么，该判决所认定的案件事实就是真实的，不能将法律意义上的错案简单地理解为一个有罪的人被宣判无罪或一个无罪的人被宣判有罪。也就是说，不能仅仅以裁判结果作为评定错案的标准。对因认定事实错误形成的错案，从证据裁判的角度可以分为两类，一类是依据诉讼中已经核实的证据，司法人员得出的结论是明显错误的，即推理错了，这是错案；另一类是依据现有证据，得出的事实是法律上的真实，却不是案件的客观真实，即在推理和证据都对的情况下，出现的裁判事实与生活事实不符的案件。

（二）诉讼外语境中的刑事错案

诉讼外语境存在于刑事诉讼过程之外，其话语主体为普通民众。在诉讼外语境中，人们思维中的真实是客观真实或主观真实，判断一个刑事案件对错的标准是刑事案件所认定的事实是否符合客观真实或主观真实。当刑事司法机关对案件事实的认定结论与普通民众的判断不一致时，人们就把该案件看成是刑事错案。在诉讼外语境中，由于普通民众身份立场的不同，对刑事错案的判断标准也有很大差异。作为参与到刑事诉讼过程中的犯罪嫌疑人、被告人、被害人、自诉人、证人、鉴定人等，他们希望司法机关所认定的案件事实必须绝对符合客观真实，这是一般人共同的思维习惯和对司法机关办理案件的心理预期，[①] 在正常情况下，当司法机关认定的事实不符合客观真实时，他们就认定此刑事案件为错案。

此外，关注案件的普通民众也会对案件的对错作出判断。他们希望刑事司法所认定的案件事实符合他们对此刑事案件所能认识到的事实和主观判断，当司法机关认定的事实不符合他们认识到的事

① 但是，在司法实践中，确实存在某些对于案件处理结果与其有利害关系的人可能不希望司法机关认定的案件事实符合客观真实，以使其逃避罪责或者实现报复、诬陷等目的。陈学权：《刑事错案：三种语境下的三重标准》，载《检察日报》2006 年 2 月 18 日。

实时，他们也会认定此刑事案件属于错案。他们从一个较为中立的角度来认识、分析由刑事证据所描述的客观事实。然而，这种认识和分析由于受思维方式、法律素养、情感因素等诸多因素影响，所得出的结论与法律最终对案件作出的判断会有所不同，甚至截然相反。

四、冤假错案与刑事错案

“冤假错案”这一说法自古就有，中国古代几千年的历史产生了数不清的冤假错案。“文化大革命”期间，中国司法陷入全面混乱中，乱捕乱押、刑讯逼供、主观断案、乱扣反革命帽子，制造了大量的冤假错案。十一届三中全会召开时，“审查和纠正了过去对彭德怀、陶铸、薄一波、杨尚昆等同志所作的错误结论”，提出“解决历史遗留问题必须遵循毛泽东同志一贯倡导的实事求是、有错必纠的原则，要坚决地平反假案、纠正错案、昭雪冤案”。[①] 此后，全国政法系统集中开展“平反”工作。

在刑事司法领域，人们常把冤假错案等同于刑事错案。所谓“冤假错案”，泛指对案件的性质判断发生错误，或对案件的事实认定错误，或者由于对政策和法律运用失误，最终对当事人作出错误处理的各式各样的冤案、假案和错案。例如，在“文化大革命”中，林彪、江青两个反革命集团，利用党内的“左”倾错误，煽动怀疑一切，打倒一切，对广大干部和群众进行残酷迫害，制造了大量冤假错案。仅国家机关干部被立案审查的就占当时国家干部人数的17.5%，特别是党、政、军副部长以上和地方副省长以上的高级干部，被立案审查的竟高达75%[②]。其他许多干部虽然未被正式立案审查，但也受到错误的批判斗争。粉碎“四人帮”以后到

① 中共中央书记处研究室综合组编：《党的十一届三中全会以来的大事记（1978—1985）》，红旗出版社1987年版，第56页。

② 参见新华网：《新华资料—平反冤假错案》。

1982 年年底，全国进行了大规模的平反冤假错案工作。据不完全统计，经中央批准平反的影响较大的冤假错案 30 余件，全国共平反纠正 300 余万名干部的冤假错案，47 万余名共产党员恢复了党籍，数以千万计的无辜受株连的干部和群众得到解脱。① 平反冤假错案在改革开放之初的中国社会政治生活中占有极其重要的位置，它对于“思想解放”以及随之而来的改革开放和构建和谐社会，具有无可估量的意义。“冤假错案”是一种高度概括而较为笼统的概念，实际上它包括了“冤案”、“假案”和“错案”三种不尽相同的情况，我们有必要对这三种情况做进一步的划分和科学的解释。

（一）冤案

简单地说，由于司法机关工作失误或者其他客观原因导致被追诉者被错误追诉，被认定为有罪的基本事实和基本证据根本不存在，即被追诉者没有实施犯罪而被认定实施了犯罪，或者其行为根本不构成犯罪，那么这起案件就是一场冤案。“冤案”就是颠倒黑白，子虚乌有，或者误信了虚假的证言和不实的证据，张冠李戴，将无辜者误指为罪犯（或者胡乱扣上各种可怕的政治帽子，混我为敌）的案件。最典型的是魏清安“强奸、抢劫”案和佘祥林“杀妻”案。好端端的青年农民魏清安，没有任何过错，却被诬指为强奸、抢劫的罪犯，被判处了死刑，后来真正的罪犯田玉修被抓获并供述了作案的经过，交出了抢得的手表等物，魏清安的冤案才得以平反；佘祥林则被误认为是杀害妻子张在玉的凶手，几经周折，最终被判处有期徒刑 15 年。入狱服刑 10 年后，当初认定“被杀害”的张在玉“死而复生”重现人间，确凿的事实证明原来认定佘祥林“杀妻”的罪行子虚乌有，是货真价实的“冤案”。此外，有些犯罪嫌疑人虽然犯有某种罪行，但依法不构成死罪，却由

① 转引自高成：《让沉重的历史永远沉重—许戴煌：〈胡耀邦与平反冤假错案〉》，载《方法》1998 年第 6 期。

于某种原因被任意拔高判处了死刑的案件（如“严打”中将可杀可不杀的人杀掉，或者为了完成上级下达的指标，将原判刑罚已经执行完毕的案犯，又抓回来改判死刑的案件），亦应归之于冤案。

在西方，用“冤狱”（即将无辜者被判有罪，wrongful conviction）来指冤案，并且认为，把一个事实上无罪的人投入监狱甚至处以死刑，是最大的不公正。美国已经认识到，设计一个“有罪者都受到刑罚制裁、无罪者不会被冤枉”的刑事司法体系是不可能的任务，于是，人们把这个目标改为“刑事司法体系是为了防止冤枉无辜而设立的”。但是，大量对无辜者错误定罪的现象，却击碎了人们的这个梦想。①

（二）假案

也有的刑事错案是由于某人（包括办案人员）出于某种意愿或为了达到某种目的而故意制造的，实际上，所谓的犯罪嫌疑人根本没有犯罪。通俗地讲，“假案”就是“指鹿为马”，明知被审查人并无被指控的罪行，由于出于某种目的，硬要给其强加上某种“莫须有”的罪名，最后弄假成真，对被审查人做了错误处理的案件。由于此类案件中被指控的罪行是凭空捏造的，没有任何事实根据，故为“假案”。如果被告人犯有某些罪行，又被故意制造了一些犯罪事实和犯罪证据，并被错误追诉，这起错案就属于部分假案。

最典型的假案是“文革”期间诬指刘少奇为“大叛徒、大工贼、反革命修正主义分子和全国最大的走资派”，由党的八届十二中全会正式宣布“永远开除出党”，最后被折磨致死的案例。刘少奇多年跟随毛泽东，他的历史是清白的，从未背叛过党，更无反党或者阴谋篡党夺权的言行，只是由于在某些问题上与毛泽东的看法

① 刘品新：《当代英美刑事错案的实证研究》，载张德利、陈连福主编：《非法取证与刑事错案问题研究》，中国检察出版社 2007 年版，第 253 ~ 265 页。

和见解不一致，就被无端扣上那么多可怕的罪名，说他是“睡在身边的赫鲁晓夫”云云。当时，有关人员深知刘少奇在历史上毫无问题，原来还被称为“白区正确路线的代表”，但为了打倒和搞臭他，硬是编造了许多假证据，制造出这起天字第一号的大假案。再如，“文革”期间，原中央政法干部学校政治部副主任苏枚（女）于1976年4月6日吞服大量安眠药自杀身亡。苏枚的姐夫康生是“中央文革”顾问，位极人臣。他明知苏枚是自杀，却利用他在当时的显赫地位，硬说苏枚是“被谋杀”，指令“破案、抓凶手、揪坏人”，要求“中央政法干校的‘文化大革命运动’始终要围绕这个案子进行”。为此，他下令正式逮捕了七人，在校内关押批斗了数十人，牵连了一百余人，整死两人，一人被迫害导致终身残疾，两人被逼疯，制造了一起骇人听闻的大假案。此案直到粉碎“四人帮”并揭发了康生的问题后才最终得以平反。[①] 诸如此类以“莫须有”罪名陷害人的案件，皆为“假案”。不难看出，假案对于被害人来说，也纯属冤案，因此可以说，假案也是冤案的一种表现形式。

（三）“冤、假、错案”与刑事错案的关系

“错案”是一个宽泛的概念，它包括了前述“冤案”和“假案”。所有的“冤案”和“假案”都属于“错案”。“如果由于公检法机关的工作失误，造成认定基本事实、基本证据错误或者适用法律、定罪量刑错误，只要案件的实质或最终的结果是错误的，就属于错案。假案也是冤案，而假案、冤案也都是错案。”[②] 错案包括“冤案”和“假案”，并被人们习惯地称为“冤假错案”。很多人也把冤案、假案和错案混为一谈，认为冤案即错案或假案，完全忽视了它们之间的区别。诚然，它们之间有着密切的联系，冤案、

① 参见：《说一说康生与小姨子苏枚》，载华声论坛网，《参考文摘》栏目。

② 张军：《刑事错案研究》，群众出版社1990年版，第9页。

假案是错案，但错案不仅仅包含冤案、假案，冤案、假案只能说是错案的一部分。冤案强调办案人员枉法进行司法活动而致使案件成为错案；而假案是公安司法人员对原本无罪的人进行追诉所造成的错案。

有学者将冤案、假案、错案之间的关系用司法人员的主观状态加以说明，认为："错案、冤案、假案之间的区别和关系是：如果刑事错案系司法工作人员工作失误或客观原因造成的，被告人纯属冤枉，则这起错案系冤案；反之，错案系有关人员故意制造，被告人被错误追究的，则这起错案属于假案。由此可见，有关受害人被错误地追究是属于冤案还是假案，关键在于这起错案系司法工作人员工作失误或客观原因造成的，还是有关人员故意制造、策划的。"① 如此解释冤假错案的关系不甚合理。如果被告人确实有罪，但对他适用法律错误以致轻罪重判，将这种情形称为错案比称为冤案更为合适，毕竟"错"并不能简单地等同于"冤"。

冤假错案与刑事错案的内涵有很大的交叉性，所以，这两个概念常常被误用或者混用，事实上，二者还是有一定的区别，不能完全等同。比较而言，冤假错案所包含的内容更为宽泛，可以包括各种性质的案件，可以是政治案件，也可以是进入诉讼程序的刑事案件、民事案件、行政案件，等等。而刑事错案仅指进入刑事诉讼程序的，并且由于认定事实错误、证据采信错误或者适用法律错误等情形发生的错案，其表现有可能是冤案，也可能是假案。本书研究的对象是刑事错案，而不是一般人所理解的冤假错案。

第二节　刑事错案的判断标准

什么是刑事错案，也即什么样的案件可以定为刑事错案，就涉

---

① 陈波、陈正云：《刑事错案探究与判解》，工商出版社 1999 年版，第 5 页。

及刑事错案的判断标准问题。当前理论界关于刑事错案判定标准的代表性观点有以下几种：

一、客观说

这种观点强调某一案件是否属于错案，关键要看案件的处理结果情况。具体又可分为两种观点：一种是“诉讼结果说”，即认为司法机关最终作无罪处理的即为错案，认为：“错案是指公安机关、人民检察院、人民法院和监狱管理机关违法行使职权，在认定事实，适用法律上确有错误的案件。”① 这种观点着重强调判断一个案件是否是错案，关键要看案件的处理结果对案件事实的认定是否与客观事实相符，如果相符就不是错案，反之则是错案。另一种是“刑事赔偿标准说”，即认为司法机关最终进行刑事赔偿的案件为错案，以是否予以刑事赔偿为判定标准。

“诉讼结果说”在判定错案时比较容易把握，但缺乏足够的合理性，因为在刑事诉讼活动中，我们对案件事实的认识活动是逆向的，往往会受到各种条件的限制，人们只能尽量去接近案件事实真相本身，而无法保证其所认识的案件事实与客观事实完全一致。此外，法律对不同诉讼阶段规定了不同的诉讼任务和证明要求，不能因为不符合后阶段的处理结果，而判断前一诉讼阶段的案件即为错案。因此，把符合案件客观事实与否作为认定错案的标准缺乏现实的可操作性和合理性。

“刑事赔偿标准说”则不能涵盖刑事错案的全部，而且有本末倒置之嫌。首先，需要赔偿的案件并不一定是错案，错案也不限于诉讼参与人应当得到赔偿的案件，如《国家赔偿法》关于对刑讯逼供、违法使用武器警械造成伤害或死亡的案件，国家虽承担刑事赔偿义务，但这是违法侵权行为，而非刑事错案；其次，错案与赔偿的关系是：“错案”得以确定之后才产生赔偿问题，而以是否赔偿来作为

① 金汉标：《错案的界定》，载《法学》1997 年第 9 期，第 56 页。

判断错案的标准是本末倒置，因此，这一判断标准也不科学。

二、主观说

“主观说”也称“实质说”，即判断案件是否为错案，以司法人员主观上是否存在过错为标准，把强调案件处理结果转移到强调对司法人员行为的监控上来，认为：“应该把对结果的关怀转移到对行为的监控上来”,[①] 即认为司法人员在刑事诉讼的立案、起诉、审理和执行过程中，故意或过失违反程序法或实体法规定，都属于错案，也就是说，只要司法人员主观上存在过错，即使案件处理结果与事实相符也应当认定为错案。

司法人员作为处理案件的主体，其主观行为的正当性和合法性是影响案件能否得到正确处理的一个重要因素，但这并不意味着它就可以作为判定错案的标准，因为在面对每一个具体案件的时候，我们不仅要保证公安司法人员在主观上没有过错，最终还要保证在有限的时空范围内对案件作出相应的处理。而仅仅因为司法人员主观上存在过错，就将处理结果与客观事实相符的案件认定为错案，这一点也与我国实事求是的刑事政策不符，此外，这种观点完全忽视了案件实体裁判结果的正误，因此，这种观点无法成立。

三、主客观统一说

“主客观统一说”也可称“要件说”，即认为刑事错案的界定应当坚持错案的法律标准、客观标准、主观标准相互统一，系统全面地考察司法人员办理案件的过程及结果是否违反法律规定，是否侵犯了当事人的合法权益，案件承办人是否具有主观故意或者重大过失。这种观点认为，在错案判定标准上仅采取客观标准或主观标准均显片面，应将主观过错与客观结果结合起来进行综合的考察。

---

① 周永坤：《错案追究制与法制国家建设》，载《法学》1997 年第 9 期，第 9 页。

目前在我国，学者们较多地采纳这种观点。有学者认为，所谓刑事错案，是指公、检、法机关（包括国家安全机关）在办理刑事案件过程中，对于案件的基本事实或者基本证据认定错误，或者适用法律错误，进而导致刑事追诉或者定罪量刑出现错误的案件。[①] 这种折中观点貌似合理，实则仍有一定片面性，实践中将那些无主观过错但客观结果与客观事实相悖的错案排除在外了。

四、三重标准说

近年来，又有学者提出了判定刑事错案的“三重标准说”[②]，认为由于刑事证明标准呈现出层次性的特点，决定认定错案的标准应分为错案纠正、错案赔偿和错案追究三种标准。这种观点有独到之处，可以较好地处理在不同情形下判定错案的需要，但其毕竟无法替代错案判定的一般标准，而且其主张以司法机关最终作无罪处理作为错案判定标准之一，不符合错案的多样性与阶段性特征，这种观点也无法令人信服。

在司法实践中，各地法院也自行制定了一些规定用以判定“错案”。山西省高级人民法院把它界定为：“审判人员在审理案件过程中，违反实体法或程序法，致使案件出现明显错误或造成不良影响，应由审判人员承担责任的案件。”内蒙古自治区高级人民法院在其制定的经济庭审判方式改革实施意见中采用列举法，将认定的基本事实错误，是非责任颠倒，造成裁判严重不公，适用法律明显错误，导致错误裁判，严重违反诉讼程序，影响案件实体审理公正裁判 7 种情况列为“错案”。[③]

---

① 张军：《刑事错案研究》，群众出版社 1990 年版，第 3 页。

② 陈学权：《刑事错案的三重标准》，载《法学杂志》2005 年第 4 期，第 21 页。

③ 顾永忠：《中国疑难刑事名案程序与证据问题研究》，北京大学出版社 2008 年版，第 348 页。

通过对上述各种判断标准的观点进行评析，笔者认为，错案的判定标准应当把客观方面和主观过错结合起来，并充分考虑错案形成的具体原因来判断案件是否属于错案。凡是由于办案人员主观过错造成对案件的事实认定错误，或对法律适用错误的案件一律是错案，对此类错案要追究办案人员的责任，对错案的受害人要给予赔偿，并对案件的错误及时纠正；对于办案人员主观无过错，但是由于其他原因确实导致了对案件事实认定错误，或者对法律的适用发生错误的案件也属于错案，对此错案要予以纠正，对错案受害人要给予赔偿，但不是必须追究办案人员的责任，要结合案情具体考虑。总之，判断错案要结合案情，充分考虑主客观因素来进行综合判断。

第三节　刑事错案的表现形式

一、刑事错案的具体表现

刑事错案产生于刑事诉讼过程中，所以在刑事诉讼程序的每一个环节都可能发生刑事错案，据此，刑事错案有下列表现形式：一是立案无据或立案不实，对无辜者展开错误的追诉，或者对依法应当追诉的案件不予立案。二是侦查阶段的错拘、错捕（基于诬告或张冠李戴、未经正式批准任意羁押，等等）。三是审查起诉阶段把关不严，导致对无辜者错误起诉，或者对依法必须追究刑事责任的人决定不起诉。四是审判阶段一审、二审、死刑复核中的错案。这又包括三种情形：一审判决将无罪的人错判有罪，或者因对证据认定错误或者案件的定性错误而将轻罪错定为重罪，或者故意包庇将有罪者裁判为无罪或将重罪判处轻刑；二审法院把关不严，对一审作出的错误判决维持原判，导致当事人最终被错误处理（如佘祥林案）；在死刑复核程序中不负责任，导致对无辜者核准死刑（如魏清安案，死刑复核程序只是走过场，最终将无辜青年魏清安核准了死刑），或者将犯有轻罪者错杀。五是刑罚执行中的错误。

刑罚执行中，有些执法人员收受贿赂，编造假证据，将不具备减刑、假释条件的罪犯私自释放。六是无论在任何诉讼阶段，办案人员因吃请受贿等原因，制造伪证故意陷害他人，使有罪者逃避法律制裁，或者陷害他人，对犯有轻罪者量刑畸重，或者故意包庇犯罪，对有罪者不予追诉或对犯有重罪者判刑畸轻，均属于错案。

二、不属于刑事错案的“错误”情形

在刑事司法实践中，还存在某些错误的情形，但是，这些情形并不是本书所研究的“刑事错案”范畴。

（一）非办案人员故意的“漏罪、漏人”情形

在刑事诉讼过程中，由于各种客观情况导致的漏罪、漏人情形不属于刑事错案的范围，但是由于办案人员为了犯罪嫌疑人或被告人的利益而故意漏罪、漏人的，则属于放纵犯罪，是对本来有罪的人不予追诉，或者不完全追诉，这就属于刑事错案。

1. 漏罪情形

由于主客观原因，司法机关对被告人犯数项同种罪行或不同种罪行，只发现了其中一项或几项，而没有全部发现，司法机关仅对所发现的并且得以证实的罪行，对被告人依法作出了定罪量刑。例如，王某犯有强奸罪和故意杀人罪，但司法机关只发现了王某的故意杀人罪，并依法定罪判刑，而对于王某所犯的强奸罪，由于王某没有供述，受害人当时也没有报案，导致司法机关在审理王某故意杀人罪时没有对其及时查处。直至几年以后，才发现王某还犯有强奸罪。对于这种情况，不能认为司法机关对王某故意杀人罪的定罪量刑属于错案。因为司法机关对王某故意杀人罪的事实认定、法律适用、程序适用都是正确的，因而不属于错案。至于王某的漏罪，应根据刑法的有关规定，再次审理定罪量刑，并依据数罪并罚的有关规定处罚。同理，如果张某一年内曾盗窃 5 次，且每次数额都达到较大，但司法机关当时只查处了其中 3 次盗窃行为，对张某另外 2 次盗窃行为没有发现。对于这种遗漏同种数罪的，也不能认为司

法机关的案件处理为刑事错案。对张某所漏的同种数罪应予以查处，根据刑法的规定定罪量刑。

2. 漏人情形

某项犯罪行为系数人所为，但司法机关当时只发现了其中一名或部分犯罪分子，并没有发现所有犯罪分子，因而对已发现的犯罪分子依法进行了定罪量刑。事后发现还遗漏了一名或数名犯罪分子，此种情况下，如果司法工作人员主观上没有放纵犯罪分子的故意或重大过失，客观上根据犯罪分子的供述和其他证据追究了部分犯罪分子的刑事责任，此案的前期认定就不是错案。对这种情况，司法机关可依法对遗漏的犯罪分子进行惩处，根据其在共同犯罪中的地位、作用进行定罪量刑即可，司法机关先前的判决是根据事实和法律作出的，因而不是错案。

（二）量刑偏重偏轻

刑事案件呈现出纷繁复杂的外在形式，而刑事法律规定不能涵盖所有的现实情况。由于刑事司法人员对案件的认识、判断不一致，导致对案件事实认识上的差异，从而对犯罪分子量刑上存在区别，但这种量刑上的不同只要是在犯罪分子应受刑罚的上下幅度之内，就不应认定为错案。例如，法定的量刑幅度为有期徒刑 3 年至 7 年，假定对同样的罪行，甲地法院判处有期徒刑 3 年，乙地法院则判处有期徒刑 7 年，3 年可视为“偏轻”，7 年则可视为“偏重”，但都是在法定的量刑幅度之内，因而不能说某一法院的判决就是错案。如何适度量刑，避免偏轻或偏重，这属于总结经验的问题，但不能认为原来的某一判决是办了错案。对所有司法人员要求的达到一致认识水平是不现实的。

（三）存疑案件

存疑案件，是指犯罪嫌疑人被逮捕后，因事实不清、证据不足，不能认定犯罪嫌疑人有罪而作出撤案、不起诉或宣告无罪决定的案件。存疑不起诉的诉讼结果不是对“没有犯罪事实”的确认，而是因为案件事实不清、证据不足，仅是一种暂时、存疑的阶段性结论，而不等于实际无罪，不能作为被羁押人最终无罪的最终结论。疑罪从无一般认为是程序法规定特有的内容，其立法目的在于防止无限制地追查或案件久拖不决。这种立法规定是以牺牲制裁某些真正罪犯为代价的。

陈光中先生认为，对于证据不足的撤案、不起诉、无罪判决来说，犯罪事实肯定证明不了，但也不是证明到肯定没有犯罪事实，而是于两种可能性之间，本着宁纵毋枉的价值选择而作的无罪处理。至于对存疑案件认定之前的逮捕是否属于错误逮捕，则应按当时法律规定的要求来判断是否为错误逮捕。逮捕的标准与起诉、判刑的标准不一样，逮捕标准低于起诉、有罪判决标准，因此，逮捕时就应该预见到可能对犯罪嫌疑人做不起诉、无罪判决等决定。在西方逮捕后交钱释放的情况很多，而我国对逮捕羁押卡得比较严，逮得了就得诉得了、判得了，实际上不符合刑事诉讼的规律。[①] 或许若干年后，司法机关获得新的足够的证据证实犯罪嫌疑人或被告人确实构成犯罪，因而对其提起公诉或者定罪量刑，在这种情况下，不能认为司法机关先前作出的不起诉决定或无罪判决不正确，是一件刑事错案。因为客观事实是变化的，人们的认识水平也在不断提高，人们的侦查和技术水平也是在不断提高和进步的。司法机关在不同时期的不同处理方式和结果是符合客观事实和规律的，并且符合法律的规定，因而是正确的。不能因为后来司法机关认定犯罪嫌疑人或者被告人有罪，从而认为先前司法机关因客观原因而在特定条件下所作出的认定该犯罪嫌疑人不构成犯罪因而作出不起诉决定或者无罪判决是错误的。

（四）一般性违反刑事诉讼程序的行为

刑事诉讼程序是保证刑事案件得到正确处理的程序保障，从某种意义上说，没有合法的诉讼程序，则不可能有刑事案件的公正合

---

① 陈光中：《刑事赔偿析疑（上）》，载《检察日报》2002 年 5 月 10 日。

理的解决。由此可见，刑事诉讼程序在刑事案件处理过程中具有重要作用。严重违反刑事诉讼程序，其结果必然是导致刑事案件的处理错误，或者损害诉讼参与人的合法权益，因而是刑事错案的表现之一，如违反程序法的规定，对犯罪嫌疑人错误拘留、逮捕的（如对怀孕的妇女、患重病的人进行拘留、逮捕），即使犯罪嫌疑人最终被判有罪的，拘留、逮捕的行为本身也构成刑事错案。当然，违反程序法的规定，错误拘留、逮捕的人最终被判无罪的，则是错上加错，是最严重的违反诉讼程序的刑事错案。

严重违反诉讼程序构成的刑事错案与违反刑事诉讼程序的一般行为要有所区别。在司法实践中，常常存在违反刑事诉讼程序的情况，但由于这些违反刑事诉讼程序的行为本身不会直接导致案件的错误处理或者直接侵害有关诉讼参与人的人身、财产权益，因而不属于刑事错案。例如，同级管辖机关错误，应由甲市司法机关管辖，却违法让同级别的乙市司法机关管辖；对不应公开审理的案件公开审理；未依法为被告人指定辩护人；对采取拘留、逮捕强制措施的刑事案件，未依法在24小时内通知被拘留人、被逮捕人的家属或者他的所在单位；等等。

（五）未进入下一诉讼程序的若干情形

1. 立案后撤案

依据法定程序立案后，发现依法不应追诉的情形，及时做撤案处理的，一般不应认定为错案，但应对当事人做好善后工作。

2. 拘留后未能逮捕

在发现重大犯罪嫌疑的现场（例如，发现某人携带毒品）将犯罪嫌疑人拘留，但由于某种情形（例如，认定明知、故意的证据不足，或者因检察机关和公安机关对证据是否充分的认识存在分歧等），其后未能被批准逮捕的，一般不能认为原来的拘留就是“错拘”。但不能一概而论，要区分具体情形。如果原来拘留时所依据的犯罪事实并不存在，或者当事人没有任何过错，后来被检察院不批准逮捕，则原来将无辜者拘留就属于错误拘留。

3．被逮捕后未进入诉讼程序或者决定不起诉

被依法批准逮捕后，由于某种情形，未能进入起诉程序，由公安机关依法做其他处理，或者被人民检察院决定不起诉的，一般不能认为原来的逮捕就是错捕。但也要区分具体情形，不能一概而论。如果原来报请批准逮捕时所依据的犯罪事实并不存在，或者证据并不确实，后来被检察院不起诉或者被法院判决无罪，则原来将无辜者逮捕就属于错捕。

4．部分无罪判决

人民检察院依法提起公诉后，经人民法院开庭审判，认为起诉书认定的犯罪事实存在疑问，或证据不足，最终以证据不足，指控的犯罪不能成立作出无罪判决的，一般不能界定为人民检察院办了错案，但应对当事人做好善后工作。

5．部分上级法院改判或者发回重审的案件

第一审人民法院判决后，被告人提出上诉或者人民检察院提出抗诉，经上级法院第二审改判或者发回重审的案件，只要第一审判决是依法审理和依法裁判的，不能认为一审法院是办了错案。除非一审法官贪赃枉法、故意歪曲或隐瞒犯罪事实、蓄意陷害或者故意包庇当事人。要追究一审错判的责任，必须以查明一审法官确有贪赃枉法、故意歪曲或隐瞒案件中的犯罪事实、蓄意陷害或者故意包庇当事人为前提。

（六）法律的变化导致刑罚变化

由于法律规定的变化，过去有些案件依据旧法的规定判处了重刑（例如，刑法曾对盗窃罪规定有死刑，当时的司法解释规定盗窃数额超过人民币 3 万元的即可判处死刑），而新法对同样的犯罪减轻了处罚（现行刑法规定对一般盗窃罪取消了死刑），则不能认为过去判处了重刑（甚至死刑）的案件属于错案。

另外，对于司法文书中出现错别字的情况，尽管也是诉讼过程中的错误，但是不能将其当做错案。

第二章　刑事错案分类、常见情形与危害

第一节　刑事错案的分类

“错案”这两个字，会使人想到一个无辜者在黑牢里服刑的情景，而实际上他并没有犯罪。有人认为，错误裁判的受害人，就是那些不应该判刑而被判了刑的人。其实，这种看法是不全面的。错案还包括其他一些情形。[①] 刑事错案可谓千奇百怪、各式各样，研究刑事错案，有必要对各种各样的刑事错案进行分类，这样才能有针对性地预防错案、纠正错案。

一、根据错误发生的诉讼环节分类

根据错案发生的诉讼环节不同，可将刑事错案分为侦查中的刑事错案，审查批捕、审查起诉中的刑事错案，审判中的刑事错案和混合错案。除了错误立案之外，其他环节上的错案都具有重复性错案的性质。后续的诉讼环节具有审核、检验、评价前面诉讼环节上司法决定的任务，同时，又具有启动下一诉讼环节的功能。

（一）侦查中的错案

侦查中的刑事错案主要表现为该立案的不立案，不该立案的却

---

① ［法］勒内·弗洛里奥：《错案》，赵淑美译，法律出版社 1984 年版，第 2 页。

立了案，以及错误采取强制措施等。错误拘留是侦查阶段较容易出现的错案，是指犯罪嫌疑人没有犯罪事实或没有相当确实、可靠的证据证明行为人可能实施了某种犯罪行为而被拘留的。

（二）审查批捕、审查起诉中的错案

审查批捕、审查起诉中的错案，是指检察院在审查批捕、审查起诉过程中发生的错案。主要表现为该批捕的不批捕；不该批捕的却批捕；应当作出起诉决定的不起诉；不应起诉的却作出起诉的决定。我国《刑事诉讼法》第 60 条第 1 款对逮捕的条件作了规定，即："对有证据证明有犯罪事实，可能判处徒刑以上刑罚的犯罪嫌疑人、被告人，采取取保候审、监视居住等方法，尚不足以防止发生社会危险性，而有逮捕必要的，应即依法逮捕。"审查批准逮捕权是法律赋予检察机关的神圣职权，然而实践中却存在不严格按照逮捕条件执行逮捕的情况，对应该逮捕的犯罪嫌疑人不予逮捕，不该作出逮捕决定的却批准逮捕。提起公诉是检察机关的一项重要任务，在实践中，就有检察机关不严格按照国家法律规定，滥用起诉条件，使得该起诉的案件不起诉，不该起诉的案件却起诉了，造成了错案。

（三）审判中的错案

审判中的刑事错案，主要表现为对案件的基本事实认定错误、法律适用错误，从而导致罪与非罪的认定错误，此罪与彼罪的判决错误，重罪与轻罪的量刑错误。

（四）多个诉讼环节导致的错案

多个诉讼环节导致的错案，是指在侦查、起诉、审判过程中，由两个以上司法机关共同造成的错案。例如，侦查机关将没有犯罪事实认定为有犯罪发生，检察机关在审查时未能发现，而批准予以逮捕。侦查机关侦查终结又将案件移送检察院，要求追究其刑事责任，而检察院经审查作出起诉决定又向人民法院提起公诉。人民法院的一、二审都对其作了有罪判决，这就是典型的多个诉讼环节导致的错案。这类错案有时是两个机关造成的，有时则是公、检、法三机关造成的，即一错到底的错案。

二、根据错误的内容分类

按错误的内容划分，可将刑事错案分为实体性刑事错案和程序性刑事错案。实体性刑事错案，是指在实体性问题上出现错误的刑事案件，即在罪与非罪、此罪与彼罪、重罪与轻罪的认定上出现错误的案件。程序性刑事错案，是指违反刑事诉讼程序上的有关规定，产生的错案。例如，该立案的不立案，该逮捕的不批捕等情形。① 一般来说，实体性刑事错案所产生的消极后果和影响要重于程序性刑事错案。司法机关对刑事案件的基本事实和基本证据认定错误，必然会导致案件的最终错误，侵害相关当事人合法的人身财产权利甚至生命权，同时也是对真正犯罪分子的放纵，使其逍遥法外，真正损害了司法的严肃性。而程序性刑事错案的发生妨碍了司法机关准确、及时地查明犯罪事实，错误地适用法律，侵害了公民的人身权利、民主权利和其他权利。

三、根据错案的表现形式分类

按刑事错案的表现形式不同，可将刑事错案分为对犯罪的基本事实认定错误、对证明案件主要情况的基本证据认定错误、适用法律错误和严重违反诉讼程序，严重侵犯他人合法权益的刑事错案。错误认定证据或根据不确实、不充分的证据作出错误的事实推论，导致对案件事实的错误认定，这是最为常见的错案。适用法律错误包括错误定罪和错误量刑，表现为将非罪认定为犯罪、轻罪误定为重罪或者轻罪重判。以错误认定的案件事实为根据适用法律，表面上看可能适用法律并无错误，但是事实是根据错了，适用法律在本质上必然产生错误。所以，从某种意义上也可以说，认定事实错误

---

① 陈波、陈正云：《刑事错案探究与判解》，工商出版社 1999 年版，第 14～18 页。

的错案同时也是适用法律错误的错案。

四、根据办案人员是否具有主观过错分类

根据办案人员主观是否具有过错，可以分为故意错案、过失错案和无过错错案。故意错案，是指案件承办人员对错案的形成持故意的态度，即在明知的情况下故意促成或者放任错案的形成。过失错案，是指承办人对形成错案持过失态度。具体表现为因疏忽而对案件事实认定错误，抑或是对法律的理解不准确而造成的错案。无过错错案，是指案件承办人对错案的造成在主观上无过错。其最典型的表现是犯罪嫌疑人或被告人自己故意作虚伪陈述，或者伪造其他有罪证据而被判处刑罚的案件。在这种情况下，案件承办人主观上是无过错的。

第二节　刑事错案的常见情形

把握刑事错案的常见情形对于研究刑事错案具有重要的意义。通过对刑事错案常见情形的理解和把握，有助于刑事司法人员在诉讼过程中预防和避免刑事错案的发生和发展。一般来说，刑事错案常有以下的情形。

一、大部分刑事错案是对案件事实认定错误

任何刑事案件的存在，都是以犯罪事实客观存在为前提。没有犯罪事实，就没有刑事案件。所谓犯罪事实，是指那些得以确定某人是否构成犯罪、构成何罪、犯罪形态等的客观根据。一般包括犯罪起因、过程、后果、情节、数额等。例如，指控某人犯杀人罪，就必须列举出该嫌疑人杀人的起因、过程及后果、情节等事实，以便划分罪与非罪、此罪与彼罪、重罪与轻罪的界限。例如，杀人的起因就有图财害命与正当防卫致人死亡的不同。两者的区别就是罪与非罪的根本区别；杀人的过程往往还表明行为人是故意杀人还是故意伤害致人死亡，关系到此罪与彼罪的界限；杀人的后果是将人已杀死还是未杀死，关系到故意杀人既遂还是未遂，从而关系到刑罚轻重的问题；在未将人杀死的情况下，是行为人意志原因造成的，还是行为人意志以外的违背行为人主观愿望的因素造成的，这关系到对未遂和中止的界定。司法实践中，对案件基本事实认定错误，不仅包括把存在的事实认定为不存在，导致应予立案查处的而未立案，致使造成放纵犯罪分子的结果；或者相反，把根本不存在的"犯罪"事实认定为确实发生过，从而本不应该立案追究的却予以立案，导致追究无辜的情形。

二、有些刑事错案是对法律适用错误

任何刑事案件，如果基本事实和基本证据证明被告人确实犯有刑法所规定的某项或某几项罪名，那么，该被告人将根据刑法的规定，受到相应的刑事处罚。然而，当被告人构成犯罪的基本事实或基本证据在认定过程中发生错误，其结果也必然导致法律适用上的错误。具体包括：（1）此罪与彼罪错误。例如，把抢夺罪当做抢劫罪处罚，把盗窃罪当做贪污罪处罚等。（2）重罪与轻罪错误。例如，把盗窃数额巨大的情形，按照盗窃数额较小的情形处罚，把情节严重的挪用特定款物的情形当做情节特别严重的情形处罚等。（3）一罪与数罪错误。例如，把一年内三次共贪污 50,000 元的犯罪，当做犯三个贪污罪，对犯罪分子予以并罚；把被告人因交通肇事后又故意将受害人轧死的构成交通肇事罪、故意杀人罪数罪的情形当做情节特别恶劣的交通肇事罪一罪论处等。（4）对于从轻、减轻、免除处罚或者从重等刑法规定，没有依法适用。例如，对未满 18 周岁的人犯罪，没有从轻或者减轻处罚，对共同犯罪中的从犯，没有从轻、减轻或者免除处罚，对国家机关工作人员犯诬告陷害罪的没有从重处罚等。（5）对于禁用刑种、刑罚制度规定的违反。例如，对犯罪的时候不满 18 周岁的人和审判的时候怀孕的妇女适用了死刑，对累犯适用了缓刑，等等。

三、刑事错案常常发生在严重罪案中，导致无辜者被处以重刑

近年来曝光的一些错案，受害人均因严重犯罪被起诉，并被判以重刑。具体案件列举如下：1998 年 11 月 18 日，山西省临汾地区中级人民法院以抢劫罪判处郝金安死刑，缓期二年执行，剥夺政治权利终身。2008 年 1 月 25 日，山西省高级人民法院开庭再审郝金安抢劫案，撤销山西省高级人民法院〔1998〕晋刑核字第 84 号刑事裁定及原临汾地区中级人民法院〔1998〕临刑初字第 49 号刑事判决，宣判郝金安无罪。佘祥林于 1998 年 6 月 15 日被湖北省京山县人民法院以故意杀人罪判处有期徒刑 15 年，剥夺政治权利 5 年。2005 年 4 月 13 日，湖北省京山县人民法院宣布佘祥林无罪，当庭将他释放。李久明于 2002 年 7 月 16 日被南堡分局以涉嫌非法持有、私藏枪支罪刑事拘留。2002 年 8 月 26 日，李久明被正式逮捕。2003 年 11 月 26 日，唐山市中级人民法院一审判处李久明死刑，缓期二年执行，剥夺政治权利终身，附带民事赔偿102,976.58 元。2004 年 11 月 26 日，李久明被河北省有关部门宣布无罪释放。1999 年 2 月 5 日，昆明市中级人民法院以“故意杀人罪”判处杜培武死刑。同年 10 月 20 日，他被云南省高级人民法院改判为死缓。2000 年 7 月 6 日，云南省高级人民法院再审宣告杜培武无罪。1996 年 9 月 20 日，孙万刚因涉嫌强奸、杀害女友陈兴会，被昭通市中级人民法院判处死刑。1998 年 11 月，云南省高级人民法院终审判决认为，“原审判决定罪准确，审判程序合法”，但同时却“根据本案的具体情节”而撤销原判，改判孙万刚死刑，缓期二年执行。2004 年 1 月 15 日，云南省高级人民法院认为原判“证据不足”，最终认定孙万刚无罪。胥敬祥于 1997 年 3 月 7 日被河南省鹿邑县人民法院以“抢劫罪、盗窃罪”合并判处有期徒刑 16 年。2005 年 3 月 15 日，河南省人民检察院督促鹿邑县人民检察院向胥敬祥宣读了“不起诉”决定书。当晚，他被释放。王树红于 2002 年 9 月 4 日，因涉嫌参与云南省丘北县抢劫杀人案被抓获，10 月

10日，被丘北县人民检察院逮捕，2003年6月24日，真凶被抓获。6月30日丘北县人民检察院撤销对王树红的逮捕决定，至此他已被无罪关押299天。

国内的刑事错案是这样的一种状况，国外发生的错案，情况同样如此。《美国错案报告》指出，几乎所有的错案，即97%的错案，发生在两类最严重的常见暴力犯罪中：在被调查的328件案件中，有199件是杀人案件（占所有错案的61%），涉及了73名被判处死刑的无辜的被告人（占所有错案的22%）；有120件强奸案件（占所有错案的37%），另有6件错案是涉及其他暴力犯罪的，有3件是涉及毒品或财产犯罪的。1989年以来，已知的有关个人被告人的97%的错案中，要么是杀人罪案，占61%（199/328）（包括被判过失杀人的被告人）；要么是强奸罪或者其他性侵犯犯罪案件，占37%（120/328）。剩下的9件案件中大部分是暴力性犯罪——3个抢劫罪，2个杀人未遂罪和1个绑架罪——加上1个盗窃案件和2个毒品案件。①

四、被错误追诉的对象不确定

被错误追诉的对象不确定，每个人都可能成为错案的受害者，这也是刑事错案最大的危害之一，它使每个公民都成为潜在的错案受害者。勒内·弗洛里奥在《错案》中就说："请不要以为您是一位行为端正的好父亲、好丈夫、好公民，就一辈子不会与当地的法官打交道。实际上，即使是最诚实、最受尊敬的人，也有可能成为司法部门的受害者。""不要以为您的声誉、您工作上的成绩和社会关系可以保护您。您如果以为这种司法裁判的错误只会被那些地位低下和倒霉的人碰上，那就大错特错了。这种错误不分青红皂白地打击着各种人，既有权贵，也有平民。……一些实业家、医生、

---

① 甄贞等编译：《法律能还你清白吗？——美国刑事司法实证研究》，法律出版社2006年版，第4～12页。

工程师、教授也是某些骇人听闻的错案的受害者，司法活动的记录上填满了他们的名字。”① 美国科特勒教授在其《美国八大冤假错案》中披露的错案对象也很广泛，涉及政府雇员、申请护照的出国人士、劳工领袖、美国共产党领导人的辩护人、中国问题专家和新闻工作者。“我们永不可能完全估算出官方的恶行和压制企图的影响范围!”② 在我国近年来暴露的刑事错案中也发现错案的受害者有农民、大学生、警察等，可以说，错案的受害人并不像有人认为的那样，只存在于弱势群体当中，每个人都可能成为错案的受害者。德国社会学家贝克认为，在风险社会中，谁都是风险的制造者，也是风险的受害者。他说：“在现代化风险的屋檐下，罪魁祸首与受害者迟早会同一起来”，因此，“今天的受害者就是明天的自己”。③ 这正如英国诗人约翰·多恩所说的，“任何人的死亡都使我受到损失，因为我包孕在人类之中，所以别去打听丧钟为谁而鸣，它为你敲响。”④ 有学者就说，“犯罪嫌疑人”、“被告人”这些称呼本身并不意味着什么，它们只是暂时贴在我们当中某些人身上的标签，一旦这些标签某一天不幸地贴在了我们自己身上，那么我们同样可能会承受曾经施加给别人的痛苦。⑤ 美国联邦最高法院

① ［法］勒内·弗洛里奥：《错案》，赵淑美译，法律出版社 1984 年版，第 1 页。

② ［美］柯特勒：《美国八大冤假错案》，刘末译，刘绪贻校，商务印书馆 1997 年版，第 312 页。

③ 高鸿钧、张建伟主编：《清华法治论衡第九辑——冤狱是怎样造成的(上)》，清华大学出版社 2008 年版，第 157 页。

④ 英国诗人约翰·多恩《没有人是孤岛》中的诗句。美国著名作家海明威在其小说《丧钟为谁而鸣》的扉页中引用了这首诗。［美］海明威：《丧钟为谁而鸣》，程中瑞译，上海译文出版社 2004 年版，扉页。

⑤ 魏晓娜：《我们为什么反对刑讯》，载高鸿钧、张建伟主编：《清华法治论衡第十辑——冤狱是怎样造成的（下)》，清华大学出版社 2008 年版，第 102 页。

大法官威廉·道格拉斯有句名言：除非所有人的自由都得到了保护，否则没有任何人的自由是安全的。[①] 在这个意义上，我们每个人都是不安全和不自由的，都是潜在的嫌疑人和被告人。

第三节 刑事错案的危害

刑事错案混淆了是非，颠倒了黑白，极大地损害了法律的尊严和司法机关的威信和形象，严重影响了司法公正的实现，破坏了社会正义。刑事错案不利于诉讼参与人尤其是犯罪嫌疑人和被告人合法权益的保护，并往往带来放纵真凶、殃及无辜的危害后果，使得人们对司法的权威性和公正性产生怀疑，危及人们对法律的信仰。因此，无论专家学者还是普通民众对刑事错案都广为诟病。[②]

一、刑事错案的多层次危害

（一）侵犯人权，当事人是直接的受害者

刑事诉讼的基本功能是惩罚犯罪和保护人权，“国家尊重和保护人权”已经在我国宪法中有明文规定。然而，刑事错案产生的过程中对无辜的人错误逮捕、错误羁押，在侦查的过程中对其刑讯逼供，这是对“嫌疑人”（其有可能是无罪的）的人权的侵犯。可以毫不夸张地说，在每一起刑事错案的产生过程中都有不同程度的刑讯逼供，这与联合国《公民权利和政治权利国际公约》的规定背道而驰，也与我国刑事诉讼的根本职能不符。一起刑事错案发生以后，无论是刚刚立案，还是已经作出了终审判决，甚至刑罚已

① 封丽霞：《并非停留于历史的记忆里》，载高鸿钧、张建伟主编：《清华法治论衡第九辑——冤狱是怎样造成的（上）》，清华大学出版社 2008 年版，第 40 页。

② 张德利、陈连福主编：《非法取证与刑事错案问题研究》，中国检察出版社 2007 年版，第 266 页。

经执行完毕，首先深受其害的无疑是当事人了。无辜冤杀，无辜受刑，当事人首当其冲，总是刑事错案的直接受害者。而且，当事人所遭受的损失还不仅仅止于冤枉被杀或冤枉坐牢。有时候刑罚已经执行完毕，当事人还要背几年甚至几十年的黑锅。有的冤假错案平反纠正了，却还有一些损失无法弥补。然而，刑事错案的危害性却不仅仅止于当事人无端受审查，无辜受羁押，无罪受处罚。当事人本身可能由此一蹶不振，命运多舛，每一起刑事错案，无论是否被平反纠正，当事人都会受到人格、名誉、财产、健康乃至生命权利的损失，他们是刑事错案最直接的、无法避免的受害者。

（二）累及亲属及证人

在刑事错案中，受害者并不仅仅限于当事人，当事人的亲属甚至证人都会因案件的牵连而受害。刑事错案累及亲属及证人，主要表现为当事人的亲属或与案件相关的人及证人为帮助当事人洗冤而受到司法机关的非法伤害甚至刑讯逼供，这一点在很多错案中都有体现。

我国《刑事诉讼法》第 49 条规定：“人民法院、人民检察院和公安机关应当保障证人及其近亲属的安全。对证人及其近亲属进行威胁、侮辱、殴打或者打击报复，构成犯罪的，依法追究刑事责任；尚不够刑事处罚的，依法给予治安管理处罚。”然而，在众多错案中，都发生了错案受害人亲属及证人无端遭受迫害的情形。王树红被关押期间，负责该案的专案组负责人径直来到看守所威胁王树红。不仅如此，在王树红被关押期间，他的亲属和周边村寨知情人分批多达几十人主动到公安局作证反映情况，但却被警察威胁说：王树红一个人进来还不够吗？你们也想进来吗？即便在补充侦查期间，侦查机关对村民反映的问题也是置之不理。当公安人员到寨子里调查时，一个案发当天和王树红一起放牛的邻村村长主动找到专案组告知该事实时，专案组的警察威胁他说，我看你家养着过年的猪啊，你是不是想在看守所里过年啊？佘祥林案中，佘祥林的大哥佘锁林由于为弟弟上访申诉而在 1995 年 5 月被警方叫走后关押了41天；两天后，其母杨五香也以“包庇犯罪”、“妨害司法公正”之名被警方带走。走时正在地里插秧的杨五香被关在看守所达9个多月，放出来时已经又聋又哑且无法走路，被家人背回家3个月后去世，年仅54岁。几乎在佘祥林家人被抓的同时，为杨五香出具“见过张在玉”证明的几名外地村民也被警方抓走关押并被逼承认作假证，身体和精神受到极大迫害。其中，聂麦清和倪新海分别落下了心脏病、神经官能症和终日咳嗽的毛病。即使在后来佘祥林恢复自由，他们获得赔偿后，这些人对曾经发生的事情也是三缄其口。聂麦清曾说，“不能说，说出来很丑。”①

我国《刑事诉讼法》第97条第1款规定：侦查人员询问证人，可以到证人的所在单位或者住处进行，但是必须出示人民检察院或者公安机关的证明文件。在必要的时候，也可以通知证人到人民检察院或者公安机关提供证言。然而，在李久明案中，李久明的妻子写了一份《控告书》，详细描述了南堡公安分局警察多次限制其人身自由，并对其进行恐吓辱骂和逼供的事实。李久明妻子自述，她以协助调查的证人身份被警察从单位、家里带走，每次都没有向其出示过任何证件和手续。其中第一次限制其人身自由长达36小时。另外一次，作为证人的李妻竟被戴铐讯问，警察还用铁丝衣架对其进行抽打，并将其铐在室外整整一夜，导致其被蚊虫叮咬起包，这一次她被非法羁押长达65小时。无独有偶，在胥敬祥抢劫盗窃案中，胥敬祥的妻子也受到了刑讯，被迫提供对胥敬祥不利的证言。事实上，为了掩盖有罪口供的非法性以及证据的真实性，警方对关键证人多会采用上述方法，以保证各司法机关可依据得之不易的“口供”将错案顺理成章地办成“铁案”。有律师曾说过，实际上，在我们日常的律师实务中，恐吓、威胁证人、暴力取证的情况非常普遍，甚至出现过为了让嫌疑人招供而对其未成年

① 中国刑事诉讼法修订及人权保护项目课题组编：《刑事诉讼中若干权利问题立法建议与论证》，中国民主法制出版社2007年版，第255页。

亲属非法羁押和施暴的个案。①

刑事错案受害人的亲属受到伤害还体现为在日常生活中，因为是罪犯的亲属而受到心理上的伤害。一个人受到司法机关指控和审判时，特别是判处刑罚时，公众一般不会怀疑是错案，他们相信当事人就是盗窃犯，就是强奸犯，就是凶手……一个得到荣誉、受到社会赞扬的人，无疑会给他的家庭增加光彩。同样地，一个被认为有罪的人，也会给他的家庭添上耻辱。于是，一个家庭成员成为刑事错案的当事人时，家庭的其他成员就可能被他人用异样的眼光看待，并很可能在一些场合成为非议的对象。这对家庭成员至少是一种心理上的压力和心灵上的打击。

刑事错案对受害人亲属及其家庭的危害有时甚至是毁灭性的。在河北张新亮杀妻错案中，妻子韩淑娟被害时，她的一双儿女分别是12 岁和8 岁。韩淑娟被杀害，张新亮被指为杀人凶手而被关押2000 多天。收留孩子的爷爷在此期间又突发脑溢血去世，这样的悲剧究竟是什么造成的？郝金安冤案同样如此，刑事错案给他们的家庭造成了无法弥补的损失。事实上，错案受害人被无罪改判后，并不能使生活回复到冤案未发生之前，有的家庭因为错案而遭受的伤害是毁灭性的。

（三）妨碍刑事诉讼任务的实现

我国《刑事诉讼法》的立法目的包括三个方面：一是保证准确及时地查明犯罪事实，正确运用法律，惩罚犯罪分子；二是保障无辜的人不受刑事追究；三是教育公民自觉遵守法律，积极同犯罪行为作斗争。刑事诉讼最首要的任务就是要准确及时地查明犯罪事实，正确应用法律，惩罚犯罪分子。刑事错案的出现意味着没有准确查明犯罪分子，也没有正确应用法律，正确地惩罚犯罪分子，而且，办了刑事错案的司法机关，一般不会很快发现自己办了错案，

① 中国刑事诉讼法修订及人权保护项目课题组编：《刑事诉讼中若干权利问题立法建议与论证》，中国民主法制出版社2007 年版，第256 页。

这样，如果客观上确实有犯罪事实的存在，那么必然使真正的犯罪分子逍遥法外；如果本来就没有发生犯罪事实，那就更无从查明犯罪事实，更无正确应用法律和正确惩罚犯罪分子可言了。

准确查明犯罪事实，正确应用法律，惩罚犯罪分子，与保障无罪的人不受刑事追究，是一个问题的两个方面，而且是互为条件的。所以，保障公民不受刑事追究，也是我国刑事诉讼的一项重要任务。保障无罪公民不受刑事追究，就要求司法机关努力避免刑事错案，避免错误立案、错误起诉、审判。因为刑事错案最主要、最常见的表现形式就是将无罪的公民作为被告人进行刑事追究，当然，刑事错案的范围还包括对有罪公民追究刑事责任时适用法律上的严重错误。例如，不该适用刑罚而判处刑罚，犯罪性质认定上的严重错误、量刑上的畸重，等等。刑事错案可以使无罪的公民受到刑事追究，而可能使有罪的人由此而逃脱惩罚，惩罚犯罪的手段变成伤害无辜的后果。

刑事诉讼过程本来具有教育公民自觉遵守法律，积极同犯罪行为作斗争的功能，然而，如果这个诉讼过程是完全错误的，且导致了一起刑事错案，那么它就既不能正确地打击真正的犯罪分子，也不能保障无辜的人不受刑事追究，当然也就不能对公民产生积极的教育作用。如果对刑事错案加以总结，我们可以看出，每一起刑事错案都在一定范围的群众中造成了不良影响。很难设想，在这种情形下，这些群众还能从中接受守法教育，还能提高与犯罪分子作斗争的积极性。

（四）损害司法机关的威信、破坏法制尊严

司法机关是法律的执行机构，在人们心目中是公平、正义的殿堂；是惩恶扬善的独角神兽；是伸张社会正义、正气，保护国家、人民利益的使者；是民众寻求法律保护和援助救济的庇护所。司法机关在社会生活中享有崇高的威信和至尊的地位，具有极大的威信和权威。刑事错案的发生必然使司法机关自身的威信和形象受到严重的损害。司法机关要得到人民的信任和支持，就要树立和维护自己的威信，司法机关的威信固然来自于司法机关作为国家政权机关的权威性，来自于司法机关对于人民意志、人民利益的代表性，但是，更重要的是依赖于司法机关执法的严肃性和正确性。就刑事司法而言，就是要做到不错不漏、不枉不纵；既准确及时地查明犯罪事实，惩罚犯罪分子，又保障无罪的人不受刑事追究。由此可见，刑事司法中的错案，必然极大地损害司法机关的威信，使人民对司法机关产生不信任。司法机关应当做到的事情没有做到，应当避免的事情没能避免，司法机关乃至整个法制在人民心目中的地位就大大降低。人们既然对司法机关和整个法制产生了不信任，就难以设想他们还能积极地支持与配合司法机关的司法活动，难以设想他们还能积极地与犯罪行为和其他违法行为作斗争，还能自觉地遵守社会主义法制。所以说，刑事错案损害司法机关的威信，并最终破坏法制的尊严。

法制的尊严，表现在它对于违法行为的严厉否定和对合法行为的充分肯定；表现在要求一切机关、团体和个人都认真遵守法律，正确应用法律。刑事错案混淆了是非界限，对人们行为的法律性质作出错误的评价，运用法律手段制裁的，恰恰是法律所保护的，这样就大大损害了法制的严肃性，破坏了法制本身应有的尊严。法制本身应该是公平的、公正的、不偏不倚的，刑事错案则是对法制宗旨的破坏，导致人们对法制产生不良印象，从而导致社会主义法制遭受破坏。刑事错案是对法制的破坏，还因为冤假错案影响法律的统一正确实施。司法机关的活动就是法律的实施活动，如果司法机关办了冤假错案，那就说明司法机关没有正确地执行法律。社会主义法制要求法律统一正确实施，刑事错案的发生则使社会主义法律实施的同一性、正确性遭到破坏。刑事错案不仅对社会主义法律的统一正确实施造成了破坏，而且由于刑事错案损害了法制的严肃性、损害了法制的形象，必然对其他机关、团体和个人自觉遵守法律，正确应用法律产生消极的破坏作用。

（五）影响社会安定，不利于构建和谐社会

实际上，错案问题不仅是刑事法学的研究对象，更是一个全社会普遍关注的社会学问题，因为它关乎每一个普通公民的安全与自由。近年来不断曝光的错案在全社会所引发的前所未有的关注，实际上是因为错案的频发造成了社会公众在心理上对法制的公正性所产生的强烈的担忧与焦虑。这种对法制的潜在信任危机，对于我们构建和谐社会，是一种灾难性的威胁。[①] 全社会的安定团结，是从事建设事业和进行体制改革的基本条件，是人民群众的基本政治愿望。加强法制、打击犯罪，其主要目的就是维护社会的安定团结。犯罪行为破坏社会秩序，破坏社会的安定团结，这已经为人们所充分认识。打击犯罪，正确地惩罚犯罪分子，能够有效地维护安定团结的局面。然而，刑事错案的发生，虽然不像犯罪那样直接破坏社会的安定团结，却也能成为影响社会安定团结的一个消极因素。

首先，如果确实有犯罪事实存在，但未能准确地查明案件事实，正确地查获和惩罚犯罪分子，相反，对无罪公民错捕错押，错判错罚，就不能对犯罪分子进行有效的打击，防止他们继续危害社会，就不能及时地消除破坏社会安定团结的消极因素。有罪不罚、重罪轻罚，使罪犯逃脱法律应有的制裁，使人们缺乏起码的安全感。只有做到有罪必罚、罚当其罪，才能使民众切实地享受到安全感，才能使其对于经由正当途径获取的财富、依法享有的人格尊严和人身自由的保障充满信心。一旦犯罪分子因刑事错案的发生而逃脱法律制裁，社会治安状况必然不尽如人意，人们必然丧失起码的安全感，造成人心惶惶的后果。这仅是罪犯得不到及时处罚所致。如果罪犯是因为司法机关导致的刑事错案而得不到制裁，尤其是司法人员故意使罪犯逃脱制裁的话，那么，罪犯的嚣张气焰将更加猖狂，对社会安定破坏更大。

---

① 甄贞等编译：《法律能还你清白吗？——美国刑事司法实证研究》，法律出版社 2006 年版，第 2 页。

其次，刑事错案必然带来大量的申诉，而申诉现象的增多，也是社会不安定的一种表现。刑事错案形成以后，司法机关自己很难及时发现并迅速加以纠正，而作为当事人及其家属，绝不会忍气吞声，含冤千古，这就必然导致当事人及其家属充分运用法律规定的申诉权利，向各级司法机关和有关部门提出申诉。由于主客观方面的原因，当事人或其家属的申诉，不一定能使刑事错案得到及时平反纠正。刑事错案一旦形成，特别是时过境迁以后，纠正刑事错案就困难得多，这就必然会使申诉现象增多。大量的申诉在客观上表现了部分社会成员的痛苦和冤屈，表达了他们对司法机关的愤懑，所以这种申诉现象同社会的安定团结并不是成正比的，并不是申诉越多，社会越安定团结。

再次，刑事错案使人们同国家和社会之间产生一种离心力。刑事错案造成了部分社会成员物质生活方面的损失和身心上的痛苦，那么，错案受害人对国家就会产生一种不信任的情绪，对社会的不公平必然产生不满情绪。人们希望国家能保护他们，不希望国家加害他们；人们希望社会公道，不希望社会是非不辨，冤枉好人。那么，既然国家不能保护他们，既然社会做出不公道的事来，他们对国家和社会就会产生一种离心力，尽管这种离心力不一定发展成与国家和社会的严重对立情绪，但毕竟会使安定团结的政治局面出现细微的裂缝。刑事错案冤枉无辜者势必造成被冤屈者对国家公信力和法治的不信任，甚至敌视的态度，这就形成了社会不稳定因素，一旦有机会爆发，则必然破坏社会主义法制建设进程。无罪被惩罚、轻罪被重罚可能导致受害者报复社会的心理，从而造成对社会安定的潜在威胁。如果无罪者被刑事制裁，轻罪的罪犯被错误地重判，这些刑事错案的受害者将会产生抵触心理，产生被冤枉的心理，从而产生对司法机关及其工作人员不满的情绪。一旦他们这些抵触心理、受冤心理、不满心理不能被及时化解，尤其是反而被进一步强化的时候，他们将把对司法机关及其工作人员的不满转为憎恨社会和对社会的不满，产生报复政府和社会的心理。当报复心理进一步强化时，必然是这些受害者实施有关危害社会的行为，从而走上犯罪道路，使自己由受害者变成侵害者。由此可见，刑事错案导致对无辜者、轻罪者惩罚或重罚，是对社会安定的一个潜在的威胁。正如有学者所指出的："……被侵害的弱者只能选择两种道路：要么愁肠百结地诅咒自己的命运，要么暗暗地图谋报复，即使被害者不这样做，周围热爱被害者的人也会这样做的。"① 无罪被罚、有罪不罚、重罪轻罚可能导致受害人采取极端措施，从而危及社会安全。当恶没有被惩，善没有被扬，无辜者受罚，有罪者逍遥，轻罪重罪混淆，那么，当这些刑事错案的无辜者、犯罪行为的受害者们不能通过刑事诉讼讨回正义和公道，不能维护自己正当合法的权益的时候，这很可能导致他们对法律和社会公平、正义的失望甚至绝望，他们必然被迫地采取合法途径以外的乃至非法的方式自行解决与犯罪者或者制造刑事错案者之间的冲突，以寻求自己正当利益的保护，这样做的后果便是破坏社会的秩序和稳定。

最后，刑事错案人为地造成对无辜公民的加害，造成对人民群众生活秩序的破坏。一个无辜公民被立案追究，被押进看守所，被起诉审判，科处刑罚，除了对这个公民本人造成痛苦和损失以外，还给其家属子女带来生活上的困难和精神上的痛苦。一人遭殃，全家不安，这本身就是社会安定团结受到破坏的局部表现。社会安定团结就是国泰民安，如果许多无辜公民身陷囹圄，许多幸福家庭为之妻离子散、家破人亡，这至少不能说是真正的安定团结。

二、刑事错案危害的经济学分析

刑事错案的危害除了上述几个方面之外，更为直接、更为具体的危害可以从经济学的角度予以分析。功利主义性质的经济分析方

---

① 郭云忠：《刑事裁判中的有限理性和非理性》，载高鸿钧、张建伟主编：《清华法治论衡第十辑——冤狱是怎样造成的（上）》，清华大学出版社2008年版，第82页。

法认为，错误的有罪判决和错误的无罪判决都导致了司法资源的无效率利用，因而也产生了成本。但就经济成本而言，对无罪者定罪的成本要高于对有罪者不治罪的成本。波斯纳指出，刑事案件中“排除合理怀疑”的证明标准含蓄地表明，它更重视错误定罪，而不太重视错误开释，因为对有罪者不治罪不会影响到刑罚的威慑功能，其主要成本只是犯罪率的提高。德沃金更进一步指出，无论它们各自的经济成本有多少，对无罪者定罪的判决通常比对犯罪者不治罪的判决更为糟糕，因为它损害了无辜者不受治罪的权利。这种对权利的侵犯是一种道德成本。①

（一）降低诉讼效率，浪费司法资源

所谓“刑事诉讼效率”，一般是指司法资源在刑事诉讼中的合理配置问题，即在刑事诉讼中投入的司法资源（包括人力、财力、设备等）与所得成果之比率。追求诉讼效率，就是希望能以一定的司法资源投入，去换取尽可能多而好的经济效益和社会效益。之所以要采取诉讼的机制来解决纠纷，根本目的就是要使争议的案件得到公正的处理。诉讼是解决社会矛盾的最高方式和最后手段，如果诉讼的结果不能使案件得到公正的处理，甚至造成错案，导致不断的申诉或引起社会的逆反心理，对社会安定产生负面影响，那么就谈不上什么效率，就好比工厂生产的次品越多，工厂倒闭得越快，谈何“效率”。② 在诉讼效率的概念中，本身包含对于司法公正的追求。假定有一起冤案经过了几十年以后终于得到了平反，但无辜者蒙受了几十年的冤枉，当他接到平反通知时已进入垂暮之年，那他该如何评价司法机关的诉讼效率？人们自然会认为这种制造出冤案的诉讼，就是没有效率。正是从这个意义上，英国有一句

① 魏晓娜：《我们为什么反对刑讯》，载高鸿钧、张建伟主编：《清华法治论衡第十辑——冤狱是怎样造成的（下）》，清华大学出版社 2008 年版，第 101 页。

② 崔敏：《求真集》，中国人民公安大学出版社 2006 年版，第 456 页。

著名的谚语："迟到的正义即非正义。"由此可见，诉讼效率与司法公正密不可分，二者理应是一致的。

刑事错案浪费司法资源具体体现在三个方面：其一，刑事错案在错案产生、纠正的整个过程中，实际上是对于一起案件经过第一轮程序的诉讼过程，又经历了第二甚至是第三轮程序，这对于司法资源确实是一种浪费，倘若对此案件从开始就避免其错误的产生，则经过第一轮程序以后，此案就归于结束，司法机关就不至于在若干年之后对此案再行诉讼程序。从这个角度来说，司法资源对于此案件的投入是双倍的甚至是更多，也占用了司法力量对于其他案件的分配。其二，错案的犯罪嫌疑人可能已经被判入狱若干年，在对其羁押的过程中，客观上增加了羁押场所的压力，使本来不堪重负的羁押场所雪上加霜。错案的产生过程往往由于事实不清、证据不足而造成案件的无限制拖延，使被追诉人无限期地处于诉讼的不确定状态之中，这些都在一定程度上造成了对司法资源的浪费。其三，错案在得到纠正以后，往往还涉及对受害人的赔偿，这等于是在对前期的司法资源浪费的前提基础上再次加大了成本，可以说，刑事错案是对司法资源的极大浪费。

（二）错案赔偿给国家带来经济负担

频繁发生的刑事错案，使冤狱赔偿给国家造成很大的经济压力。下面用国内外一系列案例予以说明。《环球时报》2005 年 4 月 20 日有一篇题为《欧洲也出过不少冤案》的报道，德国国际记者协会日前在欧洲范围内进行了一次调查，调查对象是欧洲各国的检察官、法官等执法人员以及一些律师组织。调查的内容是刑事重罪案件的误判比率。调查结果出人意料，这类案件的误判率为 0.5%。德国记者协会据此得出结论：欧洲每年至少有数百起重罪案件存在误判现象，欧洲各国政府将为此支付上亿欧元的"赔偿金"。[①] 2005 年 4 月 13 日，佘祥林被湖北省京山县人民法院宣布无

① 青木：《欧洲也出过不少冤案》，载《环球时报》2005 年 4 月 20 日。

罪当庭释放。10 天后判决生效，佘祥林提出包括精神损害赔偿在内共计 437 万元的国家赔偿申请。同年 9 月，佘祥林从荆州市中级人民法院领取人身侵权损害赔偿金 25 万元后自动放弃其赔偿请求。此前，佘祥林已经从京山县雁口镇政府领取了 20 万元的生活困难补助金。同年 10 月，京山县公安局一次性补偿佘祥林 22.6 万元，赔偿其母 22 万元整，赔偿其兄佘锁林 4,000 元整。同时，京山县公安局还分别赔偿证人倪新海、聂麦清 3,000 元和 22,000 元整。郝金安案中，郝金安能够得到赔偿的天数，是 3,618 天。根据《国家赔偿法》第 33 条的规定，“侵犯公民人身自由的，每日赔偿金按照国家上年度职工日平均工资计算。”如果暂且按照每天 93 元的标准赔偿，仅此方面，郝金安将获得 336,474 元的赔偿数额。另外，郝金安还将获得伤残补助款项。依据《国家赔偿法》第 34 条的规定，“……（一）造成身体伤害的，应当支付医疗费、护理费，以及赔偿因误工减少的收入。减少的收入每日的赔偿金按照国家上年度职工日平均工资计算，最高额为国家上年度职工年平均工资的五倍；（二）造成部分或者全部丧失劳动能力的，应当支付医疗费、护理费、残疾生活辅助具费、康复费等因残疾而增加的必要支出和继续治疗所必需的费用，以及残疾赔偿金。残疾赔偿金根据丧失劳动能力的程度，按照国家规定的伤残等级确定，最高不超过国家上年度职工年平均工资的二十倍……”郝金安案的律师李万忠说：“法院有可能在 5 至 10 倍之间，根据实际情况选择一个倍数。”如果以 8 倍计算，伤残补偿的费用为 197,160 元；如果以最低 5 倍标准的话，费用为 123,225 元。但是李律师强调，伤残等级的鉴定程序较慢，将视情况作出决定。如此一来，郝金安累计获得赔偿的数额将在 45 万至 53 万元之间，如果再加上医疗费等费用，总数也可能更高。据此，郝金安向山西省高级人民法院提出了 100 余万元的国家赔偿请求。此外，对于公众比较关注的精神损害赔偿问题，李律师认为应当借鉴最高人民法院民事精神伤害抚慰金的司法解释，适当理算。

从上述案例可以看出，错案受害人在案情得以昭雪以后，国家用以赔偿的冤狱赔偿金数额还是比较大的，在此，我们不谈错案受害人遭遇的损害是否可以用金钱来衡量和弥补，仅从赔偿金的数额来看，客观上确实是对国家财政一笔不小的开支。

（三）放纵真凶产生安全隐患和物质损失

刑事错案的出现意味着没有准确查明犯罪分子，也就没有正确应用法律，正确地惩罚犯罪分子，而且，办了错案的司法机关，一般不会很快发现自己办了错案，这样，如果客观上确实有犯罪事实的存在，那么必然使真正的犯罪分子逍遥法外；众多案例显示，错案中的真凶在没有被抓获之前，往往继续犯罪，由此在先前犯罪的基础上给社会造成更大的损失。例如，杜培武案中的杀害“二王”的真凶杨天勇劫车杀人团伙，郝金安案中的真凶牛金贺、蔡德民、张广荣三人；还有李久明案中曾屡屡抢劫、强奸和杀人的蔡明新……包括尚存疑问的聂树斌案中的王书金，先后奸杀4名妇女……都是因为新的犯罪被抓获，从而使得案情真相大白。倘若能够在第一时间就将这些真凶抓获，第一，不会冤枉无辜，从而避免产生上述一系列的诉讼成本；第二，也杜绝了真凶再次犯罪的可能（如果被判有期徒刑，则在服刑期间再犯新罪的可能性较小；如果被判处死刑，则从根本上消灭了再次犯罪的可能）。

在介绍日本著名的错案——松尾政夫案的《还你清白》一书中有这样的描写：据说在事件发生的那段时间，有一个20岁左右的男子，精神有些变态，曾经出没于小川街的犯罪现场附近。据说由于这个人的出现，那里的妇女的内衣裤经常被窃，并且丢失的内衣裤在这个事件的案发现场附近堤坝草丛中被发现过。居住在附近的人们好像都知道这件事。[①] 作为罪犯，应该说这个人比松尾更加可疑。逮捕了松尾之后，警察便就此满足，不再去认真追查真正的

① ［日］屈田宗路：《还你清白》，张爱平、冯峰译，法律出版社1997年版，第106页。

罪犯了。如果当时做彻底调查的话，也许真正的罪犯早就落入法网了。有可能错抓了嫌疑人，而导致真正的犯罪分子落网，从而给其创造了更多的犯罪时间，从另一个角度来说，错抓了嫌疑人，使得真正的犯罪分子更加有恃无恐，有可能变本加厉地继续犯罪，这无疑又扩大了犯罪对正常社会秩序的损害程度，增大了犯罪的危害。

第三章 刑事错案产生的原因

第一节 传统积习和落后的司法理念

刑事诉讼领域认识对象的极端复杂性与人的认识手段、认识能力的局限性之间的矛盾是刑事错案产生的根本原因。每一起刑事错案都有一个复杂的原因系统，是多种复杂的原因共同作用的结果。认识能力与认识对象之间的矛盾是所有认识领域的共性矛盾，在此，不作为刑事错案的原因进行探讨。“公正的审判是不容易的事情。许多外界因素会欺骗那些最认真、最审慎的法官。不确切的资料、可疑的证据、假证人，以及得出了错误结论的鉴定，等等，都可能导致对无辜者判刑。”①

诉讼活动从古至今延续了上千年，刑事诉讼在不断地完善和革新的过程中，仍然无法彻底摆脱传统积习的影响，这些传统积习进入办案人员的思想中，对错案的形成起到了推波助澜的作用。理念，“主要指一种完美的或指导性的观念形态”。② 一种理想的指导刑事诉讼制度建设、机制运作和诉讼行为实施的观念形态，就是诉讼理念。我国刑事司法人员当前的诉讼理念还存在不少问题，而这些问题的存在正是刑事错案发生的深层次原因，或者说是根本原

---

① ［法］勒内·弗洛里奥：《错案》，赵淑美译，法律出版社 1984 年版，第 1 页。

② 宋英辉：《刑事诉讼原理》，法律出版社 2003 年版，第 14 页。

因。同时，我国司法人员当前司法理念方面存在的问题，如漠视人权、有罪推定等，是同我国几千年来刑事司法中所形成的传统积习密不可分的，同传统积习中的诸多消极因素正是一脉相承的。

一、“重打击、轻保护”、“怕漏不怕错”

着眼于传统文化价值取向，中国一直走的是重人治、轻人权的道路。我国一直存在的重实体、轻程序的思想使得类似刑讯逼供这样的违法行为虽然已明文禁止，但实际上仍然影响着人们的思维、生活。况且，中华法系是典型的国家权利本位主义，强调国家对公民个人权利的干涉，在保护人权、强调公民个人权利与自由和惩罚犯罪、必要时牺牲个人利益之间，我国选择了后者。也正是在这种思维导向下，我国在保障人权和惩罚犯罪这两项基本价值取向中选择了犯罪控制观，认为犯罪是害群之马，应当群起而诛之。基于此观念，人们对犯罪的憎恨远远超过对国家官员惩治犯罪时可能滥用权力的惧怕。我国控制犯罪的价值取向在某种程度上使刑事诉讼程序沦为实现犯罪控制的工具，参与诉讼活动的机关和个人也为实现控制犯罪这个目标而运行。

法治的出发点、核心和终级价值都应是保障人权，司法、执法工作应当始终围绕这个核心来开展。然而，在诉讼观念历史积淀的作用下，部分执法者的执法思想严重偏离了这一本源。一是将执法权视为特权，带着强烈的心理优势执法。受封建特权思想的影响，执法者的“权利本位”意识严重，认为“我就是法”、“我就是管人者”，认为执法对象必须听我的，我要如何办就如何办，重权利、轻义务，漠视执法对象的合法权益。二是重专政、轻民主，带着强烈的专政思想执法。在新中国成立以后相当长的一个时期，我们一直强调司法机关尤其是公安机关是国家的专政工具，忽视了司法机关的人权保障职能，缺乏真正意义上的现代法治观念，刑事侦查程序的人权保障机制几乎废弛。其现实影响表现在日常执法工作中，就是讲打击多、讲服务少，讲限制多、讲保护少，讲专政多、讲平等少。部分执法者认为："为了抓住坏人，抓错好人也不要紧"，"为了稳定大局，侵犯一些人的权利也在所难免"，导致刑讯逼供、体罚或变相体罚、滥用强制措施等问题的发生，最终酿成了错案。

二、"重视集体、轻视个体"

"重视集体，轻视个体"，是中国传统文化的一个重要特征，这反映在诉讼活动中就是当大多数人的利益和个体利益发生冲突的时候，往往会为了照顾集体利益而放弃个体利益，这也是刑事错案发生的一个深层次原因。这实际上体现在传统文化对于"民"和"人"的态度上。对于"民"的认识，在一些思想家那里，君轻民贵，有着可贵的民本思想，在老百姓的传统心理中，也不会自轻自贱，视自身为草芥。但在掌握国家权力，也就是公权力的统治者眼里，由于千百年的专制性权力结构，"官尊民卑"成为根深蒂固的观念，形成了一种"官本位"的权力文化。它延续几千年，形成传统，并非通过几十年的改造就可以根除。一个进入公权力体系的人，身处在这种权力文化中，一旦受到浸染，就会自觉不自觉地自"重"起来——权力意识膨胀，"官"与"民"的天平倾斜，官重而民轻。如果把办案当做为民做主，而不是为民服务，骄横之风自然难免。在形形色色的错案中，正是由于那些司法人员居于"官"的位置而在内心深处缺乏对"民"的尊重，所以工作作风简单而粗暴，屡屡越过"权"的界限，把司法之剑挥成喝问当事人的狼牙棒。而当司法活动的对象不能得到尊重时，司法者在挥舞司法的利器时，就不会诚惶诚恐、如履薄冰，即使其行为关乎行为对象的人生命运甚至身家性命，也事不关己、恣意妄为。在公权力面前，"民"仅仅是受公权力管束的对象。在受到公权力追究时，"人"被对象化为受到轻视的"民"。在几乎所有的错案中，首先表现出来的就是公权力对"民"的人格及利益的极度不尊重。作风粗暴，不尊重当事人，只是上述权力文化"遗风"的表象。

在我国的传统政治文化中，公权力对于民意、民生是很看重的，并非在任何方面都不尊重“民”，但这并非源于“以民为本”，而是因为民意、民生关系到社会的稳定，亦即关系到公权力的稳固。因此，为了求得整体的“民”的安定，不惜牺牲个体的“人”的利益，也即个体“人”的利益消解在对整体“民”的安定的追求中。如果发生命案，民愤很大，为了社会安定，司法机关就一定要有所交代，要不惜一切代价抓到犯罪嫌疑人，而此时，作为嫌疑人的个体的“人”的利益可以被牺牲掉。这种观念的曲折表现就是“命案必破”。然而，为了大多数人的利益，就可以牺牲个别人的利益，对其“不利益”吗？那么这所谓的“别人”可能随时都会降临到我们的头上，因此，这是我们不能接受的。

三、人权观念淡漠

分析一些错案的形成与发展可以看出，执法人员往往打击犯罪的目的很明确，但保障诉讼人权的观念很淡薄。这主要反映在两个方面：一是对犯罪嫌疑人可能因为错误的司法行为而使人权遭受严重侵害不关心、不重视。他们关心的首先是让犯罪嫌疑人受到应有的惩罚。保障无罪的人不受刑事追究没有成为一种明确而深刻的理念。二是容忍程序非法行为对诉讼参与人人权的侵犯。杜培武受到逼供后让驻所检察人员照了相，办案人员明知口供是刑讯逼供而来，但打击犯罪的理念使检察官无视杜培武的人权，公诉时这些刑讯逼供得来的口供依然被作为控诉证据提出。无视诉讼中人权保护的理念，直接导致了检察官对可能发生的错案风险掉以轻心。

刑法和刑事诉讼法兼具打击犯罪和保障人权的双重功能，但长期以来，重实体、轻程序，重惩罚、轻保障，强调打击、惩罚犯罪，而对人权保障尤其是对犯罪嫌疑人和被告人的诉讼权利的保障却极为漠视。中国经历了漫长的封建社会，而封建社会具有专制性、不平等性、等级性及普通百姓缺乏法律主体资格和地位的特点，其法律制度具有实体至上、程序发育不全的鲜明特征。其法文化是一种法律道德化和道德法律化的人情法治社会。发源于西方国家的人权观念在这种伦理型社会里是难以形成的。相反，无视及抹杀个人权利却是自然而然的。在法律价值的选择上，长期的封建专制统治及严格的宗法家族观念，造成安全至上以及国家权利至上的诉讼观念由来已久，自由及个人利益总是居于次要甚至极其弱小的位置。受此遗毒影响，为维护社会稳定和安全，我国刑事诉讼法在打击犯罪与保障人权的价值冲突中，强调赋予侦控机关强大的权力，把打击犯罪作为司法活动的唯一目标，弱化犯罪嫌疑人、被告人的权利，使得整个诉讼程序是实现犯罪控制的工具，所有参与刑事诉讼活动的机关和司法人员也完全是为了实现这个目标而努力。尽管改革开放这么多年来，包括犯罪嫌疑人、被告人在内的公民权利意识在觉醒并逐渐强化，但是，根深蒂固的无视个人权利以及社会本位而非个人本位的传统法律文化仍有着强大的生命力，并一直对诉讼活动产生影响。在许多人包括司法人员看来，面对国家利益和社会利益，牺牲犯罪嫌疑人利益不算什么。任何个人利益，特别是已经成为国家权力约束对象的犯罪嫌疑人的利益，与惩罚犯罪的需要相比，当然应被置于次要的而绝不可能是同等重要的位置，几乎不从犯罪嫌疑人或被告人权利的角度进行思考和行动，在这种背景下，刑事错案的发生也就不足为奇了。

四、有罪推定

从帝制时代起，中国便长期采用有罪推定原则。一旦抓住某人，便推定他有罪，除非他能够证明自己是清白的。有罪推定建立于这样的意识形态之上："宁可错判有罪，也不可放任罪犯逃脱司法制裁。"[①]《窦娥冤》中，法官桃杌审理案件时，只注重有罪证

① 麦高伟、蔡云迪：《无罪推定与刑事诉讼》，载陈光中、陈泽宪主编：《比较与借鉴——从各国经验看中国刑事诉讼法改革路径》，中国政法大学出版社 2007 年版，第 227 页。

据，对无罪证据一概不予认定，对窦娥完全是有罪推定，这应该是导致窦娥冤案的最根本原因。在案件审理过程中，窦娥自己曾经提出一个强有力的质疑，即“我这小妇人毒药来从何处也”，这也是窦天章在复查案件时提出的疑问和极力追查的。桃杌在初审时却未予理会，遑论“虚衷审办”、“细心酌核”！① 此外，蔡婆婆的陈述中对于她们婆媳何以与张驴儿父子同住一个屋檐下的释问和窦娥自己对犯罪的否认，乃是有利于窦娥的证据，桃杌也显然听不进去。②

英国著名的法律改革家丹宁勋爵曾说过，“推理往往使人误入歧途，最初的印象往往是错误的，人们的认识会被偏见所歪曲。”③ 有罪推定是封建纠问式诉讼运作的指导思想和基本原则，其主要表现有：被告人主要作为诉讼客体而存在，没有辩护权；被告人是主要证据来源，其认罪口供是最有价值的证据之一，为取得口供可以刑讯；审判无须公开；司法程序缺乏公正的保障，司法与行政不分，控诉与审判不分；被指控犯罪的人，可以不经其他司法程序而被拥有审判权的机关确定为犯罪；等等。所有这些均体现了一种观念，即被指控犯罪的人，在法律上可以被视为罪犯，并给予相应的处遇。④ 通俗地讲，有罪推定就是先将一个人的行为认定是犯罪，然后围绕“犯罪”的定论寻找法律和事实依据。犯罪嫌疑人、被

---

① “虚衷审办、细心酌核”语出清代王又槐：“毒药杀人有故买制和秘密谋害者；有备毒禽虫兽物，收藏不妥，因而误杀者。此乃罪名攸关，秉钧者当虚衷审办，握管者需细心酌核。”（清）王又槐：《办案要略》，九州出版社1998年版，第6页。

② 张建伟：《窦娥的“二度被害”——读朱苏力〈窦娥的悲剧——传统司法中的证据问题〉》，载高鸿钧、张建伟主编：《清华法治论衡第九辑——冤狱是怎样造成的（上）》，清华大学出版社2008年版，第16页。

③ ［英］丹宁：《法律的训诫》，杨百揆译，法律出版社2002年版，第2页。

④ 宋英辉：《刑事诉讼原理》，法律出版社2004年版，第89页。

告人被先入为主地推定为有罪，尽管还没有足够的甚至最起码的证据，但在执法者的意识里，讯问对象已根本不是什么犯罪嫌疑人，而是一个“百分之百”的罪犯了，于是当被讯问者不能按照讯问人的推断招供的时候，刑讯逼供就在这种状态下发生了。

长期以来，有罪推定的惯性思维模式深深影响着公安机关的侦查、检察院的起诉和法院的审判工作，面对具体刑事案件的定罪量刑，宁肯信其有、不肯信其无，宁可重判、不可轻罚，唯恐“打击不力”。在“有罪推定”思想的指导下，警察和检察官往往习惯于只收集有罪证据，而对于无罪证据，则不去查证，不予理会，从而容易造成错案。佘祥林案中，在证据前后矛盾、破绽百出的情况下，湖北省高级人民法院不是作出无罪的判决，而是发回原审法院重审，原审法院又违法将案件移送基层人民法院审理，由重审法院作出“疑罪从轻”的判决。审理的过程清晰地表明了有罪推定是审判该案的基本精神。佘祥林案中表现出来的“疑罪不敢从无”、“法官不愿悔判”一类的潜规则，使人触目惊心。佘祥林案发生后，湖北荆门市政法委曾经在湖北省政法工作座谈会上公开总结佘祥林冤案的教训，认为尽管当时存在一些客观因素，但更多的是执法办案中的主观原因，其中，首先是主观臆断、有罪推定。其具体表现为：一是公安机关没有做DNA鉴定，却主观确定女尸就是张在玉；二是在证据不足的情况下对佘祥林采取了强制措施；三是在佘祥林口供前后矛盾时先入为主，选择有罪供述；四是法医鉴定有误；五是在起诉和审判时只重视有罪证据，轻视无罪辩解。

在司法实践中，有罪推定的观念渗透到每一个具体的诉讼过程当中，主要表现有：

（一）口供情结难除

我国的封建司法制度十分重视口供的证据价值，认为口供是最好的证据，亲口供述的犯罪事实无疑是真实可信的，以致形成了“罪从供定，犯供最关紧要”、“无供不录案”的传统积习。为了获取口供，不惜动用酷刑、重刑。在现代司法实践中，口供仍然还有重要作用，有罪的供述可以直接揭开犯罪的真相，并使执法人员掌握取得其他证据的线索。个别案件如果没有犯罪嫌疑人的供认，就无法定案。即使无口供但其他证据确实充分的案件，执法者也期待着能获取口供，否则在定罪量刑时连法官也会感到不踏实。历史积习和现实的需要，延续了对口供的崇拜和追求，在获取口供遇到被讯问者的抗拒时，必然导致刑讯逼供，口供至上主义导致对口供的过分崇拜和过分倚重的结果必然是错案的产生。

我国《刑事诉讼法》第 46 条规定：对一切案件的判处都要重证据，重调查研究，不轻信口供。只有被告人供述，没有其他证据的，不能认定被告人有罪和处以刑罚；没有被告人供述，证据充分确实的，可以认定被告人有罪和处以刑罚。但是分析众多刑事错案可以发现，司法机关对口供的依赖性非常强，有时候竟成了某些公检法三机关的唯一法宝，即便其他关键证据，如作案工具、现场遗留物、技术鉴定结论等或不能起获或明显存在漏洞，即便证据链断裂，只要有了嫌疑人的口供，三机关就能联手将其定罪判刑。河北张新亮杀妻错案的辩护人顾永忠律师在谈及该案时说，法官对被告人的口供看得非常重，这也是为什么该案一审法院知错不改的原因所在。该案中，虽然张新亮后来推翻了自己的供述，但是，办案人员信奉的是“只要你承认过，我们就相信”的信条，这也应该是众多错案中司法人员支持的信条吧。

仅仅依据有罪供述定罪，存在于大部分刑事错案中。

在李久明案中，李久明的律师李树亭发现，在多达 11 份的讯问笔录中，李久明只做了一次“有罪供述”，而唯一的这份有罪口供还是在公安机关严酷的逼供、诱供下作出的。其后，公安机关又以李久明自己的头发、血液与现场遗留毛发做比对进行了 DNA 鉴定，得出完全一致的司法鉴定结果。而为了让李久明穿上现场勘验提取的 40 码的鞋子，警察强迫其硬穿进去，随后照相留证，但对李久明工作单位提供的李久明的鞋码证明不予采纳。种种事实表明，在事实不清、证据不足的情况下，即使经过了多次退侦，最后公检法三机关仍合力将李久明送入了监狱。从案卷中我们了解到，这种判决结果主要依据的仍是李久明唯一的一次“有罪供述”。正像李树亭律师所言，如果不考虑有罪口供，其他证据的漏洞一目了然，如没有作案动机，关键证据缺失，现场勘验和司法鉴定程序违法等，但是最后，李久明仍以“非法持有枪支罪、故意杀人罪”被终审判处死缓。

在胥敬祥案中，该案的检察官蒋汉生说，在他看到的卷宗中，除了一份承认诈骗的口供笔录是胥敬祥亲笔签名外，其余10多份讯问笔录的签名笔迹各不相同，显然为他人代签，而上面的手印据胥敬祥讲是警察强行拉着他的手按上的。《刑事诉讼法》第42条不仅规定了证据的种类，而且强调证据必须经过查证属实才能作为定案依据。《刑事诉讼法》第162条规定，对于证据不足，不能认定被告人有罪的，应当作出证据不足、指控的犯罪不能成立的无罪判决。在胥敬祥案中，法院认定的胥敬祥伙同他人持械入室抢劫8次，至今所谓的4名同伙一个也没有查清；认定的作案凶器利刃、枪支、铁棍等，一件也未能找到；从胥敬祥家中搜查到的35件物品中，没有一件能够确认为赃物；被告人口供和被害人陈述的事实经过，没有一起能相互吻合印证。所谓的8起入室抢劫案，属于无据可证犯罪。即使如此，法院还是做了有罪判决。

在王树红案中，办案人员仅凭王树红与模拟画像相像这一点就把王树红扣押在公安局内，并在没有其他合法证据的前提下，拘留了王树红，随后在公安局办公室内，对王树红进行逼供、诱供，从而造成王树红终身残疾的严重后果。公安机关在拿到他们亲自“炮制”的口供后，在缺少DNA比对鉴定、作案工具、作案所穿的“白球鞋”等关键证据的情况下，仅根据这份矛盾百出的口供便将王树红起诉到了州检察院。更让人哭笑不得的是，公安局补充侦查后补充了DNA鉴定一项，但结果却是“现场精斑与王树红不是一个人”，而公安机关竟拿着这样的结果再次移送起诉，导致检察院第二次退侦。[1]

在孙万刚案中，在证据并非确实充分、证据链严重断裂的情况下，法院依据口供定罪判决。虽然法院最后没有认定起诉书中提及的“强奸罪”一项，但在认定“故意杀人罪”方面的证据仍是疑点重重，如现场血迹的唯一性被排除、涉案凶器和被害人器官等关键证据的缺失。因此，在几次法庭审理过程中，对于上述证据都没有也无法进行质证，最后四次审理三次定罪的主要证据都出自于孙万刚的那两份有罪供述。

（二）选择性移送案卷

一般来说，在刑事错案的诉讼过程中，犯罪嫌疑人在整个侦查过程中都会出现反复供述和翻供的情况，这与他们被刑讯的程度有关，受不了时就招供，清醒时就翻供。因此，很多当事人都出现过反复供述和翻供的情况。但是，侦查机关通常选择能将其治罪的证据和供述移送检察院和法院，而故意隐匿那些可以证明其无罪的案卷。这种选择性移送案卷的行为不但可以将嫌疑人置于死地，也不动声色地掩盖了警方非法获取口供的行为。在所发现的错案中，几乎都存在选择性移送案卷的情况，公安机关甚至检察机关选择性地移送对其侦查和起诉有用的案卷，而不考虑这些案卷中相关证据取得的非法性以及证据链的断裂。公安机关的侦查工作围绕着破案定罪而展开，因此，其侦查方向是趋于如何使犯罪嫌疑人作案证据确凿，甚至为了破案而隐匿或故意对某些对犯罪嫌疑人有利的证据视而不见。同样地，检察机关有时也会为了完善起诉指控的内容所需，故意忽略对犯罪嫌疑人有利的证据，如犯罪嫌疑人的自首情节、立功情节等罪轻情节。

实际上，我国现行法律的漏洞也为侦查、起诉机关选择性地移送案卷的做法找到了合理缝隙，《刑事诉讼法》第 150 条规定：

---

① 刑事诉讼法修订及人权保护项目课题组编：《刑事诉讼中若干权利问题立法建议与论证》，中国民主法制出版社 2007 年版，第 262 页。

“人民法院对提起公诉的案件进行审查后，对于起诉书中有明确的指控犯罪事实并且附有证据目录、证人名单和主要证据复印件或者照片的，应当决定开庭审判。”最高人民法院、最高人民检察院、公安部、国家安全部、司法部、全国人大常委会法制工作委员会《关于〈中华人民共和国刑事诉讼法〉实施中若干问题的规定》第35条规定，人民检察院提起公诉的案件应当向人民法院移送起诉书、证据目录、证人名单和所有犯罪事实的主要证据。这就为其主要移送犯罪嫌疑人有罪证据，而忽略或不移送证明犯罪嫌疑人无罪或罪轻的证据找到了很好的借口。①

第二节 刑事司法人员业务素质不高、职业操守不良

“徒法不足以自行”。即便有了完善而公正的程序，也并不必然导致正确的结果。执法人员作为法律的操作者和执行者，其自身业务素质与职业操守决定着法律实施的恰当与否，与司法公正有着直接的关系。错案的形成固然有一定的客观因素，但与执法者的业务素质和职业操守也有很大的关系。

一、业务素质不高铸成错案

从公检法三机关整体业务素质来看，公安机关相对较差，这与公安机关的进人标准设定的门槛过低有关。按照我国《人民警察法》第26条规定，担任人民警察具有高中毕业以上文化程度即可，他们中的大多数没有接受过正规系统的法学教育，对法律的理解都是通过在办案中获得的感性认识，以后又在类似的案件中重复使用前一案件的办理经验，对立法宗旨和法律精神的理解不够透

① 刑事诉讼法修订及人权保护项目课题组编：《刑事诉讼中若干权利问题立法建议与论证》，中国民主法制出版社2007年版，第262页。

彻。较低的业务素质与错案数量常常是成正比的，大部分刑事错案也是从公安机关侦查阶段开始形成的。即使是在业务素质相对较高的法院系统，法官的业务素质与现代法治的要求还有很大一段差距，从某种意义上来说，法官的业务素质对防止错案更为重要，因为法官是法律最后一道防线的守卫者，毕竟错案的最终铸成是由法官“一锤定音”的。

执法者业务素质不高还表现为法律运用能力差。正确运用法律对案件事实进行定性研究，是刑事司法人员必须具备的能力。如果花大量的人力、物力去查究一起实际上不具有犯罪性质的事件，则不仅浪费司法资源，而且极有可能造成对公民合法权益的侵害而形成错案。例如，南京市某区人民检察院立案查处的赵某等四人贪污案中，赵某作为国有公司的总经理，与其他三位公司领导研究后，将公司在业务中取得的回扣、技术费等账外收入作为奖金在职工中分发，赵某等四人也在其中。检察机关认定该行为构成贪污，法院判决认定为违反财经制度但不构成犯罪。该案中检察人员无力将违反财经制度的行为与贪污罪加以区分，反映出相关办案人员法律运用能力差的现实。

审查判断证据能力差也是刑事司法人员业务水平差的一个表现。对证据的审查判断并据此进行有效的把关，防止形成错案，及时发现和纠正错案，是刑事司法机关的职责所在。任何认定事实错误的错案归根结底都是证据审查判断错误。在现实中，还有相当一些刑事司法人员凭直觉思维，凭经验办案，对证据的客观性、相关性和合法性的审查判断难以准确把握，缺乏透过现象看本质的分析能力和严密连贯的逻辑思维能力，往往看不出证据材料有何问题（姑且不去考虑是否是故意看不出），以致一些不难发现的错案得不到及时纠正。例如，1999 年广西河池市覃俊虎、兰永奎抢劫、故意杀人案中，案内作为重要物证的犯罪嫌疑人在现场留下的鞋印为 42 码，而两犯罪嫌疑人的鞋只有 38 码和 39 码，同时有证据表明侦查人员有刑讯逼供的行为。检察人员在审查、批捕、起诉和支持公诉中均未能发现证据方面的这一重要疑点，以致错失了及时发现和纠正错案的机会。

二、缺乏责任心导致错案

刑事司法人员缺乏对事实和法律高度负责的责任心，这也是导致错案的一个原因，具体表现有：

一是工作粗疏以致案件事实和证据材料中的疑点难以发现。凡是错案，通常在案件事实和证据材料方面会存在疑点，但疑点只能被具有高度工作责任心的人发现。而对那些工作马虎、缺乏认真负责态度的办案人员来说，他们可能按照常规例行公事，却不可能认真研究、洞察细节，因而难以发现哪怕是明显的疑点和矛盾之处。1991 年，江苏省沛县发生一起杀人案，案犯袁兴国被判处死缓，同案犯袁兴立则长期潜逃。2001 年，云南警方将一个与袁兴立相貌相似并供认自己就是袁兴立的男子抓获并移送江苏警方。警方轻松完成了侦查，在审查批捕和审查起诉中，检察人员也无半点怀疑，直至一审庭审结束准备判处死刑时，审判人员才发现了重大的疑点。被告人口音与沛县当地口音完全不同，对指控不做任何辩护。后经查明，该被告人是四川人，叫袁兴文，与所审案件毫不相干，是云南当地派出所将其抓获后刑讯逼供之下才按讯问人员的意思承认了自己叫袁兴立以及所谓的杀人事实。显而易见，如果检察人员有高度的责任心，这一荒诞的错误完全不必在法院由法官来发现和纠正。

二是发现错案风险时抱侥幸心理。工作责任心不强的办案人员可能不在排除疑点、解决矛盾上下工夫，而是寄希望于法院在审判时同意和接受自己的观点，寄希望于在出现争议时与法官沟通或者请纪委或政法委出面协调，以达到让法院作出有罪判决的目的。2000 年，海南省三亚市的黄圣全、黄圣育抢劫案死刑改判无罪的情况就是典型案例。检察院在办理此案时，曾发现案件事实不清、证据不足，并两次将案件退回公安机关补充侦查，要求查清两人是否有作案时间、被害人死亡的具体时间、肥料袋是谁遗留在现场等问题，但公安机关未补充任何新证据，检察机关也就没有进行深入追究，草率提起公诉，从而失去了及时纠正错案的一次机会。

三是将矛盾上交，转移决策风险。一旦发现存在认定事实或定性方面的困难，办案人员不是努力去排除矛盾、化解风险，而是采取向上级请示汇报，让分管领导或检察委员会、审判委员会集体决策等方式转移风险。只要别人决策了，即使办案人员自己意识到了存在错案的风险也不再提出异议。例如，南京市陈元芳走私一案，在批捕环节，办案人员认为犯罪嫌疑人缺乏走私的主观故意，难以认定犯罪，于是向上级请示。南京市人民检察院检委会研究后又决定向省检察院请示，省检察院检委会批复“构成犯罪，应当批捕”。审查起诉时证据困难仍未解决，但因已有省检察院批示，便勉强起诉，结果因证据不充分被法院作出了无罪判决。

三、缺乏同情心酿成错案

刑事司法人员需要有憎恨犯罪的心理，否则追究犯罪就会缺乏动力、智慧、工作热情和顽强意志；但另一方面，也需要具有对犯罪嫌疑人和被告人的同情心。缺乏同情心的办案人员会强化有罪推定的心理，习惯于把犯罪嫌疑人的自我辩护一概视为狡辩、抵赖、顽抗，听不进半点辩护意见，一意孤行地将错案进行到底。可以说，有点必要的同情心，办案人员就会设身处地地对证明犯罪事实的证据持谨慎态度，就不会心安理得地使用可能甚至显然存在刑讯逼供问题的口供，不会牵强地认定犯罪事实和刑事责任。杜培武案的检察人员明知刑讯逼供有违原则，明知案情疑点重重，但对杜培武毫无同情之心，以致将杜培武及其辩护人的辩护斥为“纯属狡辩”，直至将杜培武判处死刑。办案人员正是由于缺乏同情心，才会心安理得地采用非法证据定案，才会置错案将给当事人造成的悲剧于不顾。

四、职业操守不良造成错案

刑事司法人员应具有刚正不阿、秉公执法、不徇私情、不畏权势的职业道德，永远保持清醒的头脑和公正的良知。但在司法实践中，一部分执法者或为各种利益所诱，或为人情关系所累，或为权势地位所迫，滥用执法权、索贿受贿、贪赃枉法，人为制造错案，严重败坏了司法机关的声誉和形象，损害了法律的尊严。还有部分执法者工作责任心不强，对证据的审查、判断不经过去伪存真、由表及里、由浅入深、由现象到本质的认真而艰苦的思考过程，对复杂的案情草率作出结论，以致出现错案。

第三节　非法取证和证据运用不当

刑事错案中有很多是因为非法取证、对证据的运用不当而造成的。非法取证，是指违反法定程序和方法调查收集证据。每一种证据都有其特定的存在方式和表现形式。只有采取正确的取证方式，才能保证证据的证明力，否则可能不被采纳。刑事诉讼法规定的取证方式就是取证必须遵守的程序。言词证据多是通过询问或讯问的方式获得，而实物证据则通过搜查和扣押的方式提取。在取得言词证据过程中的取证程序不合法的现象，严重的有刑讯逼供、暴力取证以及威胁、引诱、欺骗等非法方法。而涉及实物证据取证不合法的情形，主要有无证搜查，无见证人情况下的搜查和扣押等。一般来讲，只要违反了我国刑事诉讼法规定的取证主体、取证对象、取证形式、取证方式中任何一个条件，就构成非法取证行为。证据运用不当，则是指检察院、法院在审查证据、运用证据过程中的违法或者不当情形。

一、非法取证

刑事司法人员之所以非法取证，原因是多方面的，既有落后的办案观念（如有罪推定观念）的影响；也有急于破案的功利思想的作用；还有党政机关和社会舆论要求快速破案的压力。当然，法律对非法取证规定的模糊；证据规则的不完善，如非法证据排除规则的不完善；错案责任制度的负面影响等，这些都是非法取证赖以存在和恣意而生的土壤。各国法律及国际性文件对非法取证的范围界定有所不同，如联合国《禁止酷刑公约》中的“非法取证”范围，是指以酷刑、残忍及其他不人道的方式取得的被告人或第三人的口供或情报；美国非法证据排除规则中的非法取证概念包括以违反被取证人的宪法性权利而获取言词证据和实物证据；[①] 德国《刑事诉讼法》将非法取证手段限定为诸如“虐待、疲劳战术、伤害身体、服用药物、折磨、欺诈或者催眠等方法”，其特点是对身体和意志的强制，违反人道和程序公正。[②]

在我国，较为突出的非法取证有下列情形：

（一）刑讯逼供

各国侦查实践均已表明，负责讯问的侦查人员往往具有较强的追诉倾向，并已经初步形成了“犯罪嫌疑人就是犯罪人”这样一个假设，并急于寻求有罪证据来证实犯罪。正因为如此，在讯问过程中，侦查人员就有可能动用一切可能的手段促使犯罪嫌疑人开口陈述，而被讯问的犯罪嫌疑人为了自我保护往往拒绝作出有罪供述，从而使侦查讯问活动充满着激烈的冲突乃至对抗。在这种情况下，侦查人员往往将犯罪嫌疑人的抗拒视为认罪态度不好，而不认真听取犯罪嫌疑人的辩解，一些被激怒的侦查人员便会使用暴力手段迫使犯罪嫌疑人“认罪服法”，如此，犯罪嫌疑人就可能彻底丧失防御能力，错案发生的概率得以上升。

在探析刑事错案的成因时，人们总是不可避免、无一例外地论

---

① 杨宇冠：《非法证据排除规则研究》，中国人民公安大学出版社 2002 年版，第 5 页。

② 何家弘：《证人制度研究》，人民法院出版社 2004 年版，第 112 页。

及刑讯逼供是产生错案的原因之一。诚然，从杜培武在法庭上向法官展示的被打成布条的血衣，到胥敬祥、佘祥林至释放时仍清晰可见的满身伤疤，几乎每一起错案都与刑讯逼供有关。我国《刑事诉讼法》第43条明确规定："审判人员、检察人员、侦查人员必须依照法定程序，收集能够证实犯罪嫌疑人、被告人有罪或者无罪，犯罪情节轻重的各种证据。严禁刑讯逼供和以威胁、引诱、欺骗以及其他非法的方法收集证据。"1998年6月最高人民法院颁布的《关于执行〈中华人民共和国刑事诉讼法〉若干问题的解释》第61条进一步明确规定："严禁以非法的方法收集证据。凡经查证确实属于采用刑讯逼供或者威胁、引诱、欺骗等非法的方法取得的证人证言、被害人陈述、被告人供述，不能作为定案的根据。"虽然法律上明文禁止刑讯逼供，但在司法实践中，这些禁止性规定并没有削弱刑讯逼供的功利性色彩，尤其是侦查机关，大多仍以口供作为破案的主要依据，而为了撬开犯罪嫌疑人的嘴巴，通常就会使用各种刑讯逼供手段。

刑讯逼供能够造成冤案，古已有之。中国古代的《窦娥冤》中，窦娥就是因为被屈打成招而遭受了冤狱之灾。窦娥的主审法官桃杌说：人是贱虫，不打不招，便命衙役选刑具大打出手。窦娥被打得三次晕了过去，都被衙役用水泼醒。桃杌一看窦娥仍然不招，便要打蔡婆婆。窦娥因心疼蔡婆婆，不得已招认是自己药死了张驴儿的父亲，结果被桃杌判处死刑。[①]《资治通鉴》记载：自张蕴古之死，法官以出罪为戒；时有失入者，又不如罪。上尝问大理卿刘德威曰：近日刑网稍密，何也？对曰："此在圣上不在群臣，人主好宽则宽，好急则急。律文：失入减三等，失出减三等。今失入无辜，失出更获大罪，是以吏各求自免，竟就深文，非有教使之然，畏罪故而，笔下傥一断以律，此风立变矣。"上悦，从之。由是断

① 易延友：《冤狱是怎样炼成的——从〈窦娥冤〉中的举证责任谈起》，载《政法论坛》2006年第4期，第35页。

狱平允。[1] 这段话的意思是，如果审判者将无罪判有罪，轻罪判重罪，是不追究责任的；但如果将有罪的判为无罪，或将重罪判为轻罪，则要追究其责任。这样，出于保住官位和获得晋升的目的，各级官吏宁愿“竟就深文”，轻罪判重罪，无罪判有罪。而“断罪必取输服供词”，于是乎，为了保住“乌纱帽”，屈打成招成了必然的选择，冤狱的发生也就在所难免。

英美国家研究错案也得出结论，刑讯逼供在错案形成过程中起了重要作用。《美国错案报告》指出：“通常在恶性案件尤其是被害人死亡的谋杀案中，在难以找到目击证人，难以收集到其他高采信力的证据的情况下，警方由于破案的巨大压力，往往对被告人进行连续的高强度讯问，甚至诱供、骗供，导致本来清白的被告人经受不了巨大的精神压力而进行了虚假的有罪供述。”[2] 古罗马有句名言：“严刑之究下，能忍痛者不吐实；而不能忍痛者吐不实。”16 世纪的蒙田认为：“刑讯不足考察真实，只可测验堪忍。”贝卡里亚在《论犯罪与刑罚》一书中亦明确地指出，刑讯之下，“痛苦的影响可以增加到这种地步：它占据了人的整个感觉，给受折磨者留下的唯一自由只是选择眼前摆脱惩罚的最短的捷径，这时候，犯人的回答是必然的，就像在火与水的考验中所出现的情况一样。有感性的无辜者以为认了罪就可以不再受折磨，因而称自己为罪犯。罪犯与无辜者间的任何差别，都被意图查明差别的同一方式所消灭了”。因此，刑讯逼供只会走向查明案情真相的反面，即用肉体折磨来制造冤案，使得强壮的罪犯获得释放，并使软弱的无辜者被定罪处罚。他还忠告世人：“酷刑的场面给予人们的常常是一副铁石心肠，而不是叫人悔过。”“对于犯罪最强有力的约束力量不是刑罚的严酷性，而是刑罚的必定性。”

---

① 《资治通鉴》卷一百九十四。

② 甄贞等编译：《法律能还你清白吗？——美国刑事司法实证研究》，法律出版社 2006 年版，第 5 页。

2000 年，全国人大常委会对刑事诉讼法实施情况进行执法大检查，结果表明，刑讯逼供是与超期羁押和律师执业难相并列的当前刑事诉讼活动的三大突出问题之一。[①] 刑讯逼供包括肉体上的摧残和精神上的折磨，除了各种方式的拷打外，还有连续多日的突击讯问，车轮战，不让睡觉，不给饭吃，不给水喝以及冻、晒、烤、蹲等方法。近年来不断曝光的刑事错案，几乎无不与刑讯逼供有关。在这些曝光的刑事错案中，刑讯逼供所采用的手段花样繁多，残酷到令人发指。从众多刑事错案中可以发现，几乎每一起刑事错案背后都存在刑讯逼供的情节，花样繁多、手段残忍的刑讯逼供，侵害了受讯者的人身权和生命健康权，直至超出了受讯者的身体和精神的忍耐极限，使受讯者丧失了作为人的基本尊严，最终丧失了生存的希望，并在遭受了生不如死的刑讯逼供后，作出足以获死罪的有罪供述，刑事错案因此而产生。

2001 年 6 月 21 日和 27 日，昆明市五华区人民法院开庭审理两名警官涉嫌对杜培武进行刑讯逼供的案件。检察官在起诉书中说，昆明市公安局戒毒所警员杜培武被拘留后，在刑侦三大队办公室，被告人秦伯联、宁兴华采用不准睡觉、连续讯问、拳打脚踢或者指使、纵容办案人员对杜培武滥施拳脚，用手铐把杜培武吊在防盗门上，反复抽去凳子或拉拽拴在杜培武脚上的绳子，致使杜培武双脚悬空、全身重量落在被铐的双手上。杜培武难以忍受折磨，喊叫时却被毛巾堵住嘴巴，还被罚跪、遭电警棍击打，直至屈打成招，承认了“杀人”的犯罪“事实”，指认了“作案现场”[②]。

佘祥林同样遭受了残酷的刑讯逼供。据佘祥林陈述，在他被警

---

① 《全国人大常委会执法检查组关于检查〈中华人民共和国刑事诉讼法〉实施情况的报告》，载《全国人民代表大会常务委员会公报》2001 年第 1 期，第 15 页。

② 殷红：《杜培武冤案：警察对警察的刑讯逼供》，载《中国青年报》2001 年 7 月 20 日。

方带走后，便遭受了10天11夜的刑讯逼供。在后来的案件侦查和起诉过程中，又遭受了刑讯逼供。据他讲，他所遭受的刑讯逼供包括：不让睡觉、狠踢膝盖骨、拳打脚踢、蹲马步、喝洗澡水等，佘祥林精神恍惚，最后双腿肿胀得脱不下裤子，里面全是血。佘祥林的体检报告中显示，他的双颌部位发生关节病变，无法正常张开嘴巴吃东西或者笑。据佘祥林讲，这是当时警察狂抽嘴巴时打坏的。佘祥林出狱后接受记者采访时这样描述他的经历："他们关了我10天10夜，轮流审问，连打带骂，不让睡觉，谁能受得了呀？""你看看我这指头，已经有一节丢在监狱里面了。你看看我这脚趾，到现在还没长齐整。你再看看我这腿，这儿，这儿，都是伤疤。能不挨打吗？"①

李久明案中，据李久明自书的《控告书》和曾与李久明关押在同一监室的四名证人的证言，他们均亲眼目睹了李久明遭受刑讯逼供后的惨状。据了解，李久明先后遭受了两轮包括电击，噪声，灌盐水、芥末水、矿泉水，打火机烧，不让呼吸，不让睡觉，捆绑，抽打等多种酷刑，而李久明在第一轮酷刑折磨下作了有罪供述。这次口供在讯问警察的诱导下不断进行修改，不符合要求时，李久明仍要接受电击和噪声的双重折磨。据李久明自述，电击部位不但在手指和脚趾，甚至耳朵和舌头也被通电。第二次逼供手段更为残忍。据李久明自述，警察大多在酒后对其折磨，给他灌矿泉水、辣椒水、芥末油等各种刺激性的液体，导致他耳朵不停往外冒水，大便解的也全是液体。但是这次，尽管李久明遭受了长达7天8夜的折磨和恐吓，他也再没有做有罪供述。②

在胥敬祥案中，根据胥敬祥的自述以及当年手写的《刑讯逼

① 《佘祥林案：有无刑讯逼供急需调查澄清》，载《新京报》2005年4月4日。

② 中国刑事诉讼法修订及人权保护项目课题组编：《刑事诉讼中若干权利问题立法建议与论证》，中国民主法制出版社2007年版，第205页。

供控告书》记载，当天在去派出所的车上以及在县派出所、县刑警队，他遭受了螺丝刀、鞋子、手枪等击打头和嘴，“上大菜”，“啃猪蹄”，喝洗脸水等各种酷刑。他被打得满头是包，皮开肉绽，多次昏死过去。特别是“啃猪蹄”的刑罚，警察用木棍把胥敬祥的右踝骨打烂后，再用皮鞋在上面一边踩踏一边拧压，这种酷刑会导致人钻心刺骨的疼痛。甚至，他们还用烧化的塑料袋上流下的油滴烫他。被连续折磨了3天3夜的胥敬祥，在求死不能的情况下，根据道听途说和警察的提示做了有罪供述。

在孙万刚案中，孙万刚被抓当晚即在县公安局治安大队被打得口鼻出血。随后，他在看守所的提审室和拘留所之间被频繁转移，连续审讯，期间遭受了长达14昼夜的折磨。为了让孙万刚尽快承认强奸杀人的事实，警察不给他饭吃，不给水喝，更不让其睡觉。与此同时，侦查人员不停地用上肩铐、绳吊、鞭子抽、钳子夹手指、水泼伤口、喝盐水等各种残酷刑罚折磨他，导致孙万刚多次昏迷。

2005年9月9日，安徽省巢湖市公安局居巢分局在办理一起故意伤害致死案件中错捕了四位少年。刑讯逼供、引供诱供使得这四位少年被迫承认自己是杀人凶手。所幸的是，在他们被拘押百天后真凶落网，四位少年才被释放。① 同样存在靠刑讯逼供获取口供的还有河北张新亮案。②

---

① 《安徽一桩“罕见”冤案，四少年无辜被拘百日》，载《杭州日报》2006年11月2日。

② 河北清河县农民张新亮涉嫌杀害妻子韩淑娟于1999年10月19日被抓，2001年3月27日被邢台市中级人民法院以故意杀人罪一审判处死刑。河北省高级人民法院两次发回重审后，邢台市中级人民法院判处其无期徒刑。2005年8月8日，河北省高级人民法院宣判张新亮无罪。案情详见李秀平：《无罪判决为何姗姗来迟——三轮车夫张新亮“杀妻”案之思》，载高鸿钧、张建伟主编：《清华法治论衡第十辑——冤狱是怎样造成的（下）》，清华大学出版社2008年版，第103页。

上述刑事错案的被害人在案件办理过程中都受到了严酷的刑讯逼供，而通过刑讯所逼取的认罪供述正是被定罪的直接证据。这一点在后来的错案纠正过程中也得到了司法机关的确认。在杜培武案中，其本身就是一名警察，在被确定为犯罪嫌疑人后——仅仅是犯罪嫌疑人而已，昔日的同事对其就毫不手软，如果是普通民众被确定为犯罪嫌疑人，刑讯岂非更是必经的程序？可以毫不夸张地说，刑讯逼供与刑事错案往往是相伴相生的，它是刑事错案产生的重要原因之一。有学者就将因刑讯逼供而造成的刑事错案称为“法西斯式的冤案”。[①] 这种冤案有两个特点：一是采取法西斯式的审讯方式，即刑讯逼供；二是在侦查、起诉、审判的诉讼过程中，其他办案人员对刑讯逼供行为及其结果的容忍。有学者进而总结出：“在公检法相互制约的现代诉讼制度下，个别人的刑讯逼供行为通常不足以造成冤案，只有当整个司法系统默认刑讯逼供及其结果的场合，才会造成冤案。”[②]

（二）威胁、欺骗、引供、指供

刑讯逼供并不会孤立发生，一定伴有指供和非法制作、伪造笔录、导演现场指认、非法鉴定等一系列程序违法行为。而这一系列程序性违法行为无非都是为了掩盖刑讯逼供非法获取口供的真相，其结果必然造成证据链存在巨大漏洞、主要犯罪事实严重不清。可是作为监督部门的检察机关和作为拥有独立审判权的法院对这些存在明显漏洞的证据和事实却采取全盘采信的态度，而对嫌疑人或被告人及其辩护律师提出的合理合法的证据和辩护意见却不予采信，

① 阮齐林：《有一种冤案可以避免》，载高鸿钧、张建伟主编：《清华法治论衡第十辑——冤狱是怎样造成的（下）》，清华大学出版社2008年版，第115页。

② 阮齐林：《有一种冤案可以避免》，载高鸿钧、张建伟主编：《清华法治论衡第十辑——冤狱是怎样造成的（下）》，清华大学出版社2008年版，第115页。

使刑讯逼供等非法获取证据的行为最终披上了合法的外衣。

尽管《刑事诉讼法》第43条明确规定，禁止以威胁、引诱、欺骗的方法收集证据，但在实践中以威胁、引诱、欺骗等心理强制手段获取言词证据却很常见。这是因为，人们对威胁、引诱、欺骗等心理强制手段的界定和评价不同，这些手段具有一定的社会容忍度。另外，对于何为威胁、何为引诱、何为欺骗，社会公众对此认识模糊，即使是专家学者也认识不一。龙宗智教授认为刑事审讯不可避免地带有欺骗的成分，根据我国不承认沉默权和“坦白从宽、抗拒从严”的政策，认为威胁和引诱的审讯方法在我国刑事审讯中具有一定的容忍度。[①] 还有学者认为，对于带有欺骗性成分的讯问方法，不能一概而论，而应区别对待，只是禁止那些严重危害社会公共道德，可能导致虚假陈述的欺骗、威胁、引诱的讯问方法，并提出修改《刑事诉讼法》第43条的建议，即严禁刑讯逼供，严禁以严重违背社会公共道德和可能导致虚假陈述的欺骗、引诱、威胁的方法收集证据。[②] 还有学者则认为，威胁、引诱、欺骗这三种取证方法具有合法与非法之分。[③] 更有一些学者从联合国刑事司法准则的角度提出自己的观点，即《公民权利和政治权利国际公约》、《保护人人不受酷刑和其他残忍、不人道或有辱人格的待遇或处罚宣言》、《执法人员行为守则》等国际法律文件中，均只是禁止酷刑和其他不人道及有辱人格的待遇，而并没有禁止欺骗性审讯方法的规定。

对于使用威胁、引诱、欺骗等手段获取证据的做法在各国和地

---

① 龙宗智：《欺骗与刑事司法行为的道德界限》，载《法学研究》2002年第4期，第25页。

② 刘梅湘：《论讯问策略与非法讯问方法的界限》，载《中国人民公安大学学报》2004年第5期，第38页。

③ 杨宇冠：《非法证据排除规则》，中国人民公安大学出版社2002年版，第256～258页。

区的法律中一般都是予以禁止的。我国台湾地区“刑事诉讼法”第98条明确规定：“讯问被告应当以恳切之态度，不得用强暴、胁迫、利诱、诈欺、疲劳讯问或其他不正之方法。”[①] 并且第156条第1项规定，被告人之自白，非出于强暴、胁迫、利诱、诈欺、疲劳讯问或其他不正之方法，且与事实相符者，得为证据。林钰雄教授称该条为迄今为止台湾法上最为重要的法定之证据使用之禁止规定。[②]《日本刑事诉讼法》第319条第1款规定，出于强制、拷问或者胁迫的自白，在经过不适当的长期扣留或者拘禁后的自白，以及其他可以怀疑为并非出于自由意志的自白，都不得作为证据。但松尾浩也认为：“如果高度化的技术被滥用于获取口供上时，就会成为取代身体强制的心理‘强制’，而这作为审讯技术，是不能容许的。”[③]

威胁、引诱、欺骗的取证方法，之所以被我国刑事诉讼法明文禁止，其原因在于这种取证方法，使本来具有作证条件的证人，因威胁、引诱和欺骗性询问方式，而可能提供虚假证言，从而埋下错

---

① 关于何为“其他不正之方法”，夏勤先生认为，凡非诚恳切实之方法，似均属之。于此，不得不申言者，即讯问被告，若完全禁用不正之方法，则有时真相至难求得。欲从被告口中取得证据材料，势所不能。故富有经验之推检，讯问被告，往往用不正之方法引导之，即所谓引供是也。此种实情，不独我国为然，即法、德、日诸国，亦莫不如是也，此可于各该国之著作见之。关于同一事实，以同一语言，再三穷诘，能否认定强暴胁迫之方法，夏勤先生认为，此种情况不能视为强暴胁迫之方法。譬如杀人案件，对于被告始而问“某某是否汝杀死”，继又问“某某是否汝杀死”，后复问“某某是否汝杀死”，苟别无强暴胁迫之情形，不得视为强暴胁迫之方法。盖所谓“强暴”、所谓“胁迫”有一定意义，追问事实不能即视为强暴、胁迫也。夏勤：《刑事诉讼法释疑》，中国人民大学出版社2005年版，第147页。

② 林钰雄：《刑事诉讼法》，中国人民大学出版社2005年版，第147页。

③ ［日］松尾浩也：《日本刑事诉讼法》，中国人民大学出版社2005年版，第70~71页。

案的隐患。因此，对于以上述方法获取证据的行为应当予以禁止，对于取得的证据应当作为非法证据予以排除。

从佘祥林所写的申诉材料中我们看到，逼供同时还夹杂了指供，被打得出现了幻觉的佘祥林最后也记不清供述了什么。而在卷宗中，里面还有一份自己画的作案线路图，但据他说，那个图是专案组的人画好后让他照着画的，最后指认现场的时候也是警方带着让他去哪便去哪。而湖北省高级人民法院发回重审时也指出：被告人佘祥林的有罪供述多达四五种，内容却各不相同，在没有充分证据和理由的前提下，仅择其一认定不妥。[①] 在王树红冤案中，王树红被关押期间，听说王树红向检察院喊冤情况的专案组负责人径直来到看守所威胁王树红。不仅如此，在王树红被关押期间，王树红的亲属和周边村寨知情人分批多达几十人主动到公安局作证反映情况，但却遭到办案警察的威胁。

（三）取证主体违法

取证主体违法在非法取证现象中也是一个重要的表现形式，主要是侦查人员的不合法。例如，有些地方、有些单位让治安协管员或者不具备警察身份的借调人员，甚至临时工参与侦查。《刑事诉讼法》第43条只授权给审判人员、检察人员和侦查人员取证的权利，而且必须是依照法定程序进行。但是，实际上有些被害人、自诉人、辩护人等为了使犯罪分子早日受到法律的惩罚，自己调查收集证据。此外，有些企事业单位采用调查取证手段，通过发布“悬赏通告”等方法来获取证据；还有私人侦探机构也通过一些职业技术手段为委托人提供证据材料。中国现行法律并未确认他们可以作为收集刑事证据的主体，即使对于律师，也只是规定经人民检察院或人民法院许可，并经被害人及其近亲属、被害人提供的证人同意，经证人或其他单位和个人同意，才可以收集与本案有关的材

---

① 中国刑事诉讼法修订及人权保护项目课题组编：《刑事诉讼中若干权利问题立法建议与论证》，中国民主法制出版社2007年版，第253页。

料，而且也不是可以无限制地去收集证据。换言之，并非任何人都有权收集刑事诉讼证据。可见，当前某些依靠社会力量来调查收集的证据，相当一部分是不合法的，而且这些非法取证行为不仅可能导致错案，往往还会侵犯他人的合法权益。

我国《刑事诉讼法》第 82 条第 1 项规定，侦查主体是公安机关、人民检察院，国家安全机关和军事机关以及监狱也依法享有侦查权，除此之外，其他任何主体都不具有侦查权。取证主体不适格，是当前非法取证的一种表现形式。例如，在职务犯罪侦查过程中，取证主体不合法，主要是纪委监察机关不是司法机关，其在查办党员干部违法违纪案件中提取的证据，就会因为取证主体不合法而不能作为诉讼证据使用。如果要作为诉讼证据使用，必须由侦查人员按照刑事诉讼法的规定，重新提取，从而转化为取证主体适格的证据，否则将因取证主体不适格而被排除。

（四）取证对象违法

侦查行为具有一定的强制性，存在侵犯公民基本人权的可能，因此，只能依法针对特定的对象进行，但是实践中却有对证人或犯罪嫌疑人的家属随意关押讯问等情况的发生。从言词证据的角度来看，犯罪嫌疑人必须在立案之后才能成为讯问的对象。同样地，在询问证人时，也必须事先有根据地确定该人是案件的知情人，否则就不能强制某个公民作证。从实物证据来看，搜查和扣押都只能针对特定的涉案物品。根据《刑事诉讼法》第 114 条的规定，扣押的物品应该是可以用来证明犯罪嫌疑人有罪或者无罪的各种物品和文件，与案件无关的物品、文件不得扣押。《刑事诉讼法》第 118 条规定，对于扣押的物品、文件、邮件、电报或者冻结的存款、汇款，经查确实与案件无关的，应当在三日内解除扣押、冻结、退还原主或者原邮电机关。即使是犯罪嫌疑人所有的物品或文件，如果与案件无关，也不属于搜查、扣押的对象。从这一点来看，取证的对象必须与案件有关，凡提取了与案件无关的言词证据和实物证据，就属于取证对象违法，属于非法取证的范围。

二、证据运用不当

在错案形成的过程中，往往由于对证据的使用不当，以及没有执行彻底的非法证据排除规则，而导致了错案的发生。

（一）对主观性证据审查失误

证人证言、被害人陈述与鉴定结论是我国《刑事诉讼法》第42条规定的三种重要证据形式，必须经过查证属实，才能作为定案的根据。由于这三类证据具备主观性的特点，因而在使用前必须认真地审查，以防止错案的发生。刑事诉讼中的错案很大比例是由证人证言、被害人陈述失真以及鉴定结论不实而造成的。勒内·弗洛里奥说："假证是大多数裁判错误的起因。"① 对这类证据的收集、审查、判断和采信必须遵循正确的程序和规则，否则就会导致认定事实和适用法律的错误。

1. 对言词证据审查判断失误而歪曲了事实真相

证人证言、被害人陈述在刑事证据中占有相当的分量与比例，对刑事司法的公正性往往起着决定作用。习惯中，人们总认为"眼见为实，耳听为虚"，然而由于人的错觉以及条件环境等因素的影响，亲眼所见的未必就是事实，更不能以此作为判断是非曲直和认定真假的唯一根据。导致言词证据失真的主客观因素较多，如果执法人员忽视各种主客观因素对言词证据的影响，就极有可能歪曲事实真相，导致错案的发生。

2. 对鉴定结论不做审查而盲目轻信

鉴定技术对准确定案有十分重要的意义。但是，在现实的司法办案中，由于办案经费紧张等各种各样的原因造成有些案件难以进行精确的司法鉴定。试想在佘祥林案中，如果一开始就能够对尸体进行精确的司法鉴定，怎么会有后来的错拘、错捕和错判呢？然

---

① ［法］勒内·弗洛里奥：《错案》，赵淑美译，法律出版社1984年版，第112页。

而，即使作出了鉴定结论，如果对鉴定结论盲目轻信，不去认真审查，往往也容易造成错误。对于鉴定结论，人们往往更多地注意它的客观性和科学性，忽视它的主观性。鉴定结论是鉴定人依据科学原理和规范标准对被检事项检验、解释、评判推定的结果，任何鉴定结论都离不开鉴定人的智能作用，因而不可避免地带有选择性、倾向性。鉴定结论的主观性最终决定了鉴定结论具有不稳定性，这种不稳定性贯穿于鉴定过程的始终。鉴定结论的不稳定性，表现之一即重复鉴定的结论不同一问题。例如，卢伯成诉胡尚军故意伤害案就是一个典型的案例，该案拖了 7 年，围绕被害人的伤势问题先后进行了 8 次鉴定，作出 8 份鉴定结论，公、检、法三家各自作出的或委托作出的鉴定结论各不相同、互相矛盾，最后到了不知道该采用哪份鉴定结论的地步。[①] 同时，由于司法鉴定机构本身存在的管理问题以及鉴定过程的多环节性，也必然使鉴定结论本身具有更多的影响因素，有的无限制地重复鉴定使案件久拖不决。因此，鉴定结论摆在法官面前时，需要由法官对其客观性、关联性、合法性、主观性等方面进行认真的审查，而不是被动地完全相信和采用。

（二）控辩双方各自垄断证据信息

在审前阶段，检察机关掌握着指控犯罪的证据，而且辩护方对此信息无从知晓。检察机关对于证据信息的垄断增强了其有效指控的把握，也强化了其在庭审中的主动和优势。但是，这种信息垄断同样也给检察机关的指控带来了某种不确定性，而且同样可能使检察机关在审判阶段陷入被动。因为如果检察机关将证据信息垄断，辩护方自然也会垄断辩护证据信息。一旦辩护方掌握了重要的辩护证据，而控方对此一无所知，那么在庭审阶段辩护方提出这类证据时，控方的主动很可能立刻变为被动，辩护方掌握了主动。正是这

① 岳耀勇、韦靖：《一件伤害案拖七年，八份鉴定书谁为准》，载《法制日报》1999 年 11 月 30 日。

种审前阶段双方证据信息互相保密的习惯做法，使一些本可以避免的无罪判决或者撤诉变得不可避免。可见，缺乏审前阶段证据交换程序也是检察环节难以有效预防错案的原因之一。

（三）不彻底的非法证据排除规则

对司法权力肆意行使的结果如果缺乏相应的纠正机制，便会使之愈演愈烈。当前的现实正是如此。一方面，对于刑讯逼供和其他非法手段取得的证据，即“毒树之果”，根据我国目前的司法解释，除口供无效以外，其他书证和物证是有效的，因为这些书证和物证能够证明客观事实。这看似实事求是，实际上同样助长了刑讯逼供。因为可以通过刑讯逼供获取的口供寻找相关的书证与物证，而这些书证与物证被认为能够证明案件真实，是合法有效的，在这种情况下，刑讯逼供对司法人员来说仍是有效果并且有效率的。另一方面，对刑讯者查处不严。在我们已经知道的这些冤案中，虽然当事者陈述受到了刑讯逼供，有的在开庭时甚至当庭呈露伤痕，但很多都不了了之，而法庭认定未采取刑讯逼供的依据竟然是讯问者出具的表示未进行刑讯逼供的说明，而以此作为未进行刑讯逼供的证据在实践中是较为普遍的。这固然与问题查处难度大有关，但更重要的是与有关部门缺乏查处决心有关。查处不严，就大大降低了刑讯者的违法成本，助长了刑讯逼供。

我国《刑事诉讼法》第43条明确规定：“严禁刑讯逼供和以威胁、引诱、欺骗以及其他非法的方法收集证据。”该法条对于非法证据能否在程序法上被排除没作具体规定，相关司法解释中的规定虽然对此有所补益，但显然不敷实践所需，以致“在司法实践中，即使是非法获得的证据，只要查证属实，仍然可以作为定案的根据，办案人员照样可以因破案率的提高而获奖”。① 非法证据排除规则没有严格地确立，不仅直接导致错案发生，而且也是导致刑

① 樊崇义：《刑事诉讼法实施问题与对策研究》，中国人民大学出版社2001年版，第321页。

讯逼供不能从根本上杜绝的重要原因，而刑讯逼供毫无争议地成为通向错案的“捷径”。

第四节 程序性违法

程序性违法行为是造成刑事错案的重要原因之一。在刑事错案中常常存在诸如超期羁押、连续传唤、异地拘传、拘捕后不送入看守所，长期羁押在其他场所进行讯问或者从看守所提出来到无人监督的场所进行讯问，没有合法的批准程序随意拘捕人进行讯问等情形。

一、侦查中的违法情形

侦查过程中，侦查机关往往打着“侦查控制”、“交代行踪”的旗号进行非法侦查。通常来讲，这个阶段会成为警方获取被“侦查”人有罪口供的重要机会，而绝大多数刑讯逼供也发生在这个阶段。警方通常会通过逼取口供获取有罪口供，然后再根据口供采取拘留和逮捕措施，传唤地点通常安排在专案组所在地，因此，刑讯逼供多发生在非常秘密的场合，导致被讯问方事后除了自述控告外，没有任何能力和条件保存并出示被刑讯逼供的证据。

（一）不在法定地点讯问

我国《刑事诉讼法》第92条规定：对于不需要逮捕、拘留的犯罪嫌疑人，可以传唤到犯罪嫌疑人所在市、县内的指定地点或者到他的住处进行讯问，但是应当出示人民检察院或者公安机关的证明文件。传唤、拘传持续的时间最长不得超过12小时。不得以连续传唤、拘传的形式变相拘禁犯罪嫌疑人。在众多的刑事错案中，均存在提讯和收押过程中不符合刑事诉讼法规定的情形，而被告人自述的刑讯逼供也多发生在看守所以外的羁押场所。而一些当事人被刑讯逼供后，看守所在羁押时或者对其视而不见或者听从公安机关领导的统一安排，使刑讯逼供最有力的证据——嫌疑人的伤情记录归于消灭和隐匿。

佘祥林案中，专案组直接将其带到了当地的温泉山庄，在那里，佘祥林遭受了10天10夜的刑讯逼供。两年后，案件被退侦后，专案组再次把佘祥林从看守所押送到温泉山庄审问了5天6夜。据佘祥林讲，他被羁押在温泉山庄审问的时候，时常会听到其他房间传来的喊叫声。他在事后与同押犯的交流中得知，这家温泉山庄是重大要案专案组特别设立的专门讯问地点。

孙万刚案同样存在这种情形。孙万刚被抓当晚即在县公安局治安大队被打得口鼻出血。随后，他在看守所的提审室和拘留所之间被频繁转移，连续审讯，期间遭受了长达14昼夜的折磨。在感觉生不如死的情况下，对案情一无所知的孙万刚，只得根据警察的授意和提示，猜着说，说着想，供述、出错、否定、再供述，反反复复直到最后说对了符合案情的所有关键细节。在这样的“供述”过程中，每当说不对案情时，孙万刚便会遭受更为严厉的惩罚。孙万刚本人不记得做了多少份笔录，最后更记不得自己是如何“招认”的，是否在笔录上签过字、按过手印。直到再审程序启动后，他的辩护律师从卷宗中发现，其中有罪笔录只有两份，但正是这两份笔录最终被移送到了检察机关。而在省检察院复查阶段，因为考虑到刑讯逼供存在的可能性，经办人员特别对这两份有罪笔录的签名进行了司法鉴定。结果发现，签名并非孙万刚本人所签，而是当时办案承办人代签。省检察院的办案人员还当着孙万刚父亲的面，对公安人员移送“有用”卷宗导致案卷残缺不全及代签笔录行为进行了严厉的责问。对此，当年的侦查人员无以应对，场面十分尴尬。

李久明案的侦查过程中，公安机关不向看守所履行任何手续便在非法地点提讯李久明，李久明因涉嫌非法持有和私藏枪支罪被刑事拘留，并被送入唐山市第二看守所羁押。南堡公安分局局长杨策、刑警大队队长卢卫东在李久明被拘留后的第7天，在未向看守所履行任何手续的情况下，便从该看守所将李久明提讯到唐山市公安局刑警支队一大队所在的一间办公室内。就在这间办公室内，李久明遭受了 3 天 4 夜的第一轮刑讯逼供。李久明无法忍受酷刑的折磨，最后做了有罪供述后，又被送入玉田县看守所羁押。2002 年 8 月 26 日，李久明被口头宣布逮捕，而就在同一天，他被侦查人员再次带出玉田县看守所，在玉田县刑警大队一楼一间提讯室内受到羁押提讯。就在此处，李久明遭受了第二轮更为残酷的刑讯逼供，他被捆在一把椅子上达 7 天 8 夜。我国《刑事诉讼法》规定，对于已经被刑事拘留和逮捕的犯罪嫌疑人必须在 24 小时内讯问，而对提讯地点并没有详细规定。《公安机关办理刑事案件程序规定》第 176 条规定：提讯在押的犯罪嫌疑人，应当填写《提讯证》，在看守所或者公安机关的工作场所进行讯问。本案中，李久明被拘留后的第 7 日才被提讯审问，而侦查人员从两处看守所将其提到刑警支队和大队所在地时均未履行任何提讯手续。

（二）连续传唤、“侦查控制”

在杜培武案中，警方在非法拘押地点连续传唤杜培武多日，并自创“侦查控制”之非法程序。杜培武被以吃饭为名抓走后，侦查人员直接将其带到了严家地市公安局刑侦支队 4 楼，那里是专案组所在地。开始的 3 天 4 夜内，专案组成员不许杜培武睡觉，令其交代行踪和问题。第 4 天他们让杜培武休息了三四个小时后又继续不间断地讯问，这样的传唤时间共持续了 10 天 10 夜。了解侦查程序的杜培武多次指出他们的非法传讯行为并索要有关法律手续，无奈之下，当地公安局补开了一张《传唤证》。而当杜培武质问警方“你们仅凭一张《传唤证》对我传唤 10 天 10 夜是严重违法”时，警方的回答是“我们想扣你就扣你，要什么法律手续”。由于杜培武是以和领导吃饭为名被抓走的，所以，他始终不知道罪名为何。在不停传唤的 10 天 10 夜期间，警方透露了“二王”被杀的事情，杜培武才知道自己被抓的案由。随后，因案情重大又缺少足够证据，杜培武被“侦查控制”在其工作所在地——昆明市公安局戒毒所长达两个月时间。在这期间，他完全失去人身自由，并要随时接受专案组的讯问。

我国《刑事诉讼法》第 92 条规定：对于不需要逮捕、拘留的犯罪嫌疑人，可以传唤到犯罪嫌疑人所在市、县内的指定地点或者到他的住处进行讯问，但是应当出示人民检察院或者公安机关的证明文件。传唤、拘传持续的时间最长不得超过 12 小时。不得以连续传唤、拘传的形式变相拘禁犯罪嫌疑人。在杜培武案中，他实际上已被警方以“侦查控制”为由变相拘禁长达两个多月。

（三）反复退侦、超期羁押

根据《刑事诉讼法》第 140 条以及《人民检察院刑事诉讼规则》相关规定：对于退回公安机关补充侦查的案件，应当在 1 个月以内补充侦查完毕。补充侦查以两次为限。根据《刑事诉讼法》第 124 ~ 127 条之规定，对犯罪嫌疑人的侦查羁押期限最多不能超过 7 个月。但是在刑事错案中，往往存在数次退回补充侦查并超期羁押的情形。

在李久明案中，南堡公安分局移送的案卷曾被路南区人民检察院和唐山市人民检察院先后 4 次退卷补充侦查，此时，李久明被羁押近 1 年时间。警察出身的李久明曾就超期羁押问题提出过控告，但没有收到任何反馈。胥敬祥一案在 4 年多时间内多达被退侦 7 次，但是，他仍被超期羁押 5 年。胥敬祥案从 1992 年 8 月鹿邑县公安局将此案首次移送鹿邑县人民检察院开始，在 1 年 4 个月时间内，县人民检察院先后 5 次以事实不清、证据不足为由退回补充侦查。1993 年 12 月底，鹿邑县人民检察院不再退侦，将案卷报送周口市分院起诉，周口市分院于 1994 年 1 月和 1996 年 12 月又先后两次退侦。至此，此案已经被县和市两级检察院在 4 年多的时间里先后退侦多达 7 次，严重超过了现行《刑事诉讼法》关于退回补充侦查两次为限的有关规定。在多次退侦后，胥敬祥被超期羁押了 5 年却无法被提起公诉。

反复、多次退侦的背后实际上就是侦查机关非法获取证据的事实。因刑讯逼供、诱供、指供获得口供后，其他证据无法与其形成完整证据链，所以，起诉的案卷常常会发生事实严重不清、证据严重不足甚至关键证据缺失的情况，因此只能反复退侦，补充侦查。为了退侦后能够填补证据链上的漏洞，有些侦查机关不惜以威胁证人，再对嫌疑人刑讯逼供、自行制作笔录、藏匿不利证据等种种手段炮制虚假事实和证据，竭尽全力“证明”嫌疑人有罪。实际上，一次非法获取证据的行为（如刑讯逼供）必然需要多次程序性违法行为来掩盖，这也是胥敬祥案退侦多达7次无法搞清嫌疑人基本犯罪事实的重要原因。事实上，由于主客观因素的限制，并不是所有的案件都能达到事实清楚、证据充分的要求，如果对于证据不足的案件反复退回补充侦查，不但浪费有限的司法资源，而且会使犯罪嫌疑人长期处于不确定的状态，不利于社会关系的稳定。

二、审查批捕、审查起诉中的程序违法情形

审查批捕，是检察院对公安机关侦查行为主要的监督制约形式，但是，在审查批捕这一环节，存在一些程序性违法情形，最终导致错案的发生，佘祥林案就是如此。按照1979年《刑事诉讼法》的规定，逮捕的条件是“主要犯罪事实已经查清”，这比1996年《刑事诉讼法》规定的逮捕条件严格很多。佘祥林案发生在1994年4月11日，由于被发现的尸体被错误地认定为张在玉，侦查机关经过排查后认为，佘祥林具有杀人嫌疑。佘祥林被刑事拘留是在4月22日，被正式逮捕是在4月28日。在逮捕之前，侦查机关是否已经把主要犯罪事实查清了呢？从本案的案卷材料来看，侦查机关所获得的“证据”基本上都是在4月28日以后，所谓的物证、书证都是通过逼取口供后获得的。也就是说，在逮捕犯罪嫌疑人之前，侦查机关根本没有查清主要的犯罪事实，甚至连证明犯罪事实是犯罪嫌疑人实施的证据也没有。在不符合逮捕条件之下对犯罪嫌疑人进行逮捕，其主要目的无非是通过口供获得相关证据，这是刑事侦查中“由供到人”观念的反映。

人民检察院在审查起诉的时候，必须查明以下内容：犯罪事

实、情节是否清楚，证据是否确实、充分，犯罪性质和罪名的认定是否正确；有无遗漏罪行和其他应当追究刑事责任的人；是否属于不应追究刑事责任的情形；有无附带民事诉讼；侦查活动是否合法。人民检察院审查案件，应当讯问犯罪嫌疑人，听取被害人和犯罪嫌疑人、被害人委托的人的意见，最终把那些构成犯罪并应该追究刑事责任的案件起诉到法院，而对那些达不到起诉标准或者不需要起诉到法院的案件，则应该或可以不向法院起诉。但是，在错案形成的过程中，检察院往往不遵循这些规定，而将不具备起诉条件的案件勉强起诉到法院，从而造成错案。在佘祥林案中，检察院在审查起诉中遇到的主要问题就是证据不足。1994 年 5 月，京山县人民检察院将佘祥林故意杀人案移送至荆州市人民检察院起诉。该案在检察院内部引起争议。当时检察官分为两派，一方认为该案事实不清，证据不足，全凭口供认定，不足以采信。而另一方则认为，案情重大，性质恶劣，不严惩不足以平民愤。但是，内部争议并没有让佘祥林案得到澄清的机会。检方只希望警方补充一些证据：杀人现场和杀人工具的有关资料；查清被告人佘祥林所捡蛇皮袋及衣物的来源；被告人佘祥林作案时所穿衣服里能否检出死者的血迹；被告人藏衣服的瓜棚和烧毁衣服的材料。而在公安局内部，对于佘祥林有罪的认定始终没有动摇过。专案组的民警们都认为无名女尸案已经告破，对于先前认定的事实不必推翻。当下需要做的，只是补充一部分证明佘祥林有罪的证据。1994 年 8 月 2 日，奋战百日后，京山县公安局出具了补充材料：作案时距案发时有 3 个月之久，杀人凶器无法寻找；佘祥林所捡的蛇皮袋和衣物无法查清；对佘祥林作案时所穿衣服未检出血迹；对佘祥林烧毁衣服的灰土进行了查找，灰土已经清除过，无法取证。1994 年 9 月 22 日，案件又被移送到荆州市人民检察院。虽然公安机关在补充侦查中并没有回答检方的疑问，也没有提出新的证据，但荆州市人民检察院仍将佘祥林以故意杀人罪起诉至荆州市中级人民法院。后来，还是由于证据不足，该案被湖北省高级人民法院发回重审。这时检察机关骑虎难下，最后由政法委协调，决定对佘祥林故意杀人案降格起诉，由京山县人民检察院起诉至京山县人民法院。①

公诉人审前不进行提审，是审查起诉程序性错误的另一种情形。《刑事诉讼法》第139条规定："人民检察院审查案件，应当讯问犯罪嫌疑人，听取被害人和犯罪嫌疑人、被害人委托的人的意见。"但是，在孙万刚案中，被屈打成招的孙万刚一直盼着能够向检察机关控告警察的刑讯逼供，遗憾的是，一审开庭前他却没有见到一个检察官。也就是说，我国刑事诉讼赋予犯罪嫌疑人的权利就这样被剥夺了。但是，在昭通地区人民检察院的起诉书中却写明：经审查查明，孙万刚的强奸杀人事实有被告供述与辩解、尸检报告、现场勘验、指认笔录、刑事科学技术鉴定书以及38位证人证言相互印证，事实清楚、证据确实充分，足以认定。但是，在这些经"审查查明的"一份《法医物证鉴定书》中，鉴定结果赫然写明：陈兴会体内和体外未发现精斑。也就是说，被害人死前未有过任何性行为。既然没有和任何人发生过性行为，又何来强奸杀人一说？奇怪的是，对这一明显有违常理的证据，检察机关却载入卷宗并作为孙万刚强奸后杀人的关键证据。

三、审判中的程序违法情形

（一）管辖错误

在众多错案中，一开始这些犯罪嫌疑人均是按法律规定的管辖规定被移送至相关检察院和法院的。但因为主要事实不清、证据严重不足，多次退侦仍无法弥补证据链的重大漏洞，于是，通常便会有相关领导部门出来协调，将其"降格处理"到基层人民检察院和基层人民法院，最后将起诉书中载明犯有严重犯罪事实的被告"重罪轻判"为有期徒刑。这种管辖上的折中看似是对嫌疑人或被

---

① 顾永忠：《中国疑难刑事名案程序与证据问题研究（第一卷）》，北京大学出版社2008年版，第68~69页。

告人的主动“宽赦”，实际上却掩盖了各司法机关不想承担责任，没有勇气纠错的事实，于是只能以程序上的再次违法获取各司法机关的利益平衡和责任规避，而被告人的合法权益就在这样的“权衡”中受到侵害。

《刑事诉讼法》第19条规定：基层人民法院管辖第一审普通刑事案件，但是依照本法由上级人民法院管辖的除外；第20条规定：中级人民法院管辖下列第一审刑事案件：（1）反革命案件、危害国家安全案件；（2）可能判处无期徒刑、死刑的普通刑事案件；（3）外国人犯罪的刑事案件。依据该规定，佘祥林涉嫌杀妻案依法应由中级人民法院管辖，事实上，第一次审理也是按照这样的管辖规定进行的，而在程序倒流补充侦查没有任何进展的情况下，县、市两级有关领导部门出面介入，在有关领导部门的协调会议上，佘祥林被决定降格处理，改由县基层人民法院审理以判处有期徒刑。在胥敬祥案中，在多达7次退侦仍未查清犯罪事实、证据相互矛盾的情况下，经有关部门“协调”，决定由鹿邑县人民检察院提起公诉，处理这起9次蒙面入室抢劫、拦路抢劫的重大案件。该院于1996年12月13日以胥敬祥涉嫌“抢劫罪、盗窃罪”合并判处胥敬祥有期徒刑16年。对此，该案律师汤路明说：按照指控的犯罪数量、罪名和情节，胥敬祥应属特别严重的侵犯人身权和财产权的刑事犯罪，依法可以判处几个死刑了。这样一个重大恶性案件的一审管辖权必然在中级人民法院，可最后却在有关部门的“协调”下交由基层人民检察院和法院起诉和审理，严重违反了刑事诉讼法有关管辖原则的规定。如果胥敬祥确为犯罪嫌疑人，最后又判刑16年，属于典型的重罪轻判。

（二）先定后审

刑事错案的最终形成，还在于有些案件还没有审判就已经被“定了调子”，也就是存在先定后审的情况。在杜培武案中，警方先后动用了各种先进技术手段协助侦查，而测谎就是最先采用的一种。但本案中参与对杜培武“测谎”的是昆明市中级人民法院的工作人员，即法院接受警方委托提前介入侦查过程。据杜培武介绍，这个过程并不顺利，他据实回答了几个问题后，其中一个法院的小姑娘对他的回答不满意，上来就打了他两个嘴巴。直到所有问题测谎仪都回答“撒谎”为止，法院才算“帮助”警方胜利完成了对他的测谎任务。事实上，从整个案件的推进看，法院的这次测谎是此案侦查阶段的一个重要转折点，虽然它最终未被采纳作为证据使用，但却被警方认为“为侦破此案起到了决定性作用”。测谎当天，杜培武第一次被戴铐讯问，并由此展开了长达21天的刑讯逼供。在李久明案中，在唐山市中级人民法院正式审理前，虽然侦查、检察过程中存在很多程序违法之处，但至少仍对案件的疑点问题进行着补充侦查。其后，在清理超期羁押的大背景下，唐山市有关领导部门正式介入，召开专门会议讨论此案。实际上，在审判程序未启动前，这次会议已经对由谁来审理，审理结果如何“定了调子”，李久明事实上被“先定后审”了。这也就不难理解唐山市中级人民法院在审理过程中不进行质证和不允许质证的原因了。无论辩护律师做了多少调查取证，提出了多少案件疑点，无论李久明个人提出了多少逼供细节和控告，法院都可以不予理睬而按照有关领导部门会议精神“如约审判”。可以说，人民法院在本案的审理过程中无法也不愿行使独立审判权，最终将李久明判为死罪。

（三）审判程序违法

错案的受害人几乎都因为遭受刑讯逼供、屈打成招后被判处重罪。当然，也有证据漏洞非常明显、反复退侦无法自圆其说后被“重罪轻判”的。无论如何，这些案件背后都伴随着人民法院审判程序的多处违法，如管辖不当，对关键证据不予质证、不许质证，与当事人就最后刑罚讨价还价，毁坏被告人证据，在缺少关键证据、未认清基本犯罪事实情况下强行定罪审判等，不一而足。在这些案件中，人民法院依法独立行使审判权成了一句空话。我们所看到的是，公检法三机关“一条龙”似的要把当事人定罪的决心和信心。法院的一系列程序违法行为，其实也是继续为警方非法获取口供“埋单”而已。[①]

审判程序违法的表现形形色色，每一起案件的审判程序都有情况不同的违法情形，下面笔者用具体案例来予以说明。

佘祥林案的审判程序存在如下严重违法的情况：（1）在看守所进行一审。因涉及杀人要案，佘祥林招供后被起诉到荆州市中级人民法院。对这次审判，佘祥林感觉很特殊，因为庭审是在看守所监号中进行的。（2）重大杀人案件却独任审判。在看守所进行的这次审判，法院方面只有一个陈姓主审法官和一个书记员参加，也就是说，这样一个在当地引起轰动而且是杀人大案的庭审却未依法组成合议庭而采用了独任审判。在庭审前，法官还和佘祥林讨价还价：“叫你怎么说就怎么说，这样可以判你个无期徒刑。”（3）审判、侦查程序倒流、退侦超限。在该案中，佘祥林上诉后，省高级人民法院发回重审，市中级人民法院却把一个已经二审过的案件以“主要事实不清、证据不足”为由，程序倒流地退回荆州检察分院。然后，检察分院又继续退回给县检察院，县检察院再退回给县公安局。这样一来，近一年的时间过去了，从县公安局到县检察院再到地区检察分院层层移送到市中级人民法院再次起诉，市中级人民法院再以“退查后均无解决实际问题，疑点无法排除”为由，将此案再次退侦。这次退侦也使佘祥林遭受了第二次刑讯逼供。（4）有关领导部门成为协调人，杀人案件降格交由基层人民法院审理，管辖严重不当。依据《刑事诉讼法》的规定，佘祥林杀妻案依法应由中级人民法院管辖。事实上，第一次审理也是按照这样的管辖规定进行的，而在程序倒流补充侦查没有任何进展的情况下，县、市两级有关领导部门出面介入，情况出现了戏剧性的变化。在有关领导部门的协调会议上，佘祥林案被决定降格处理，改由县基层人民法院审理以判处有期徒刑，由此，佘祥林被“先定

① 中国刑事诉讼法修订及人权保护项目课题组编：《刑事诉讼中若干权利问题立法建议与论证》，中国民主法制出版社 2007 年版，第 200 页。

后审”。(5) 关键证据不足，仍定罪宣判。这一次，县法院判处佘祥林有期徒刑 15 年。佘祥林不服上诉后，向法院提供了新的证据，而该证据随后被警方证实。遗憾的是，二审过程中，这个关键证据却未被法院予以质证，佘祥林被二审维持原判。事实上，如果人民法院能够根据现行法律规定独立行使审判权，侦、审分离，那么无论侦查、检察机关是否发生了程序性违法，证据是否为非法获取，人民法院都能成为最后杜绝冤假错案的有力屏障。分析佘祥林案的案卷材料，即使是一个非法律专业的人士，在审阅过所有案卷后几乎都能即刻发现案件实体和程序上的重大疑点。遗憾的是，那些被所有当事人视为最后“救命稻草”的法院对这些疑点却视而不见，甚至以种种程序性违法将无辜被告定罪了事。佘祥林案被披露后，新华社在一篇通讯中引用了荆门市中级人民法院在一份材料中总结佘案引发的教训：要排除一切干扰，依法独立行使审判权。佘祥林案件的处理结果是经过县市两级有关领导部门组织有关办案单位、办案人员协调，并有明确处理意见后，由两级法院作出的判决。这种近似于“先定后审”的做法，违反了《刑事诉讼法》的有关规定，是导致冤案发生的重要原因。审判机关应严格依法办案，即使有关部门组织协调，法院也必须依法独立审判。

在李久明案中，审判过程中不质证、不许质证，律师辩护意见、被告人控告全部不予采纳。据李久明一审代理律师——北京市蓝鹏律师事务所朱爱民律师介绍，唐山市中级人民法院在一审过程中，跨过质证程序，不出示任何证据，也不允许律师进行质证。对李久明自书的《控告书》提及的刑讯逼供问题以及一审律师提出的李久明没有作案动机、现场勘验、技术鉴定程序违法、缺少关键证据等辩护意见均不予采纳。同时，法院对李久明被捕前所在单位出具的相关证明也不质证和采纳，仅依据他的有罪口供以及南堡分局出具的“讯问过程中无任何违法行为”的说明，便将李久明判处死缓。事实上，法院不对关键证据质证，尤其是对被告人及其辩护人提出的刑讯逼供不予质证的现象在众多错案中几乎都存在。在律师事务所从事的司法实务中，这种现象也十分普遍。一方面，律师基于从业风险以及取证艰难不愿帮当事人就此提出控告和辩护意见；另一方面，法院对被告人及其辩护律师的刑讯逼供控告多采用置之不理的态度。在众多错案中，普遍存在刑讯逼供手段残忍、持续时间长，其他证据普遍缺乏的问题，因此为了保证公检法能“一条龙”似的将被告人“如愿”定罪，法院通常会采用不予质证的做法，即使允许质证，最后对逼供事实也不予调查和认定。在现实中，还有一个“有趣”的现象，如果被告人或其代理律师坚持刑讯逼供控告，法院要么就此休庭，要么喝止当事人的控告，逼得紧了，公诉人通常会拿出公安机关的一纸说明——在侦查讯问阶段没有任何违法行为，以应付质证的当事人，而人民法院对公诉机关提交的“说明”在不进行任何调查取证的情况下，均予以完全采信，由此断送了被告人洗清冤情的最后通路，也使法院的独立宣判权成了摆设，并丧失了将冤假错案止于审判阶段的最后机会。

杜培武案件的审判过程也存在程序违法的情形，主要有下列情况：(1) 法官庭前与“被告”讨价还价。案件开庭前，主审法官到看守所提审杜培武，他抱着最后的希望向法官陈述了自己的冤情，但法官对这些控诉和陈述丝毫不感兴趣，反而和杜培武谈起了条件，他以判处杜培武“死缓”为条件让杜培武交出警方一直无法起获的重要证据——杀人用的手枪。对此，杜培武说，其他细节我都可以根据他们的授意去说，但这个证据警方也不知道，所以即使交代了他们也无法找到，这是必然结果。而法官明显注意到了这个细节，但他不是采用合法程序或退回补充侦查或亲自取证，相反，却以此为筹码与被告人讨价还价。审判人员的这种严重违法行为也出现在胥敬祥案、佘祥林案中，虽然目的各异、条件不同，或以交出关键证据或以不说话、少说话为条件换取较轻刑罚，或直接威胁恐吓被告。审判人员的这种行为，不仅使审判最终丧失了程序与实体的公正性、合法性，也使被告失去了通过公正审判控告和洗罪的机会。(2) 合议庭对杜培武当庭示伤不理不睬，并将他自行保存的逼供证据烧毁。在第一次开庭时，杜培武就向法庭展示了手上、脚上、膝盖上仍未退去的伤痕，法庭对当庭示伤没有任何反应，置之不理。因此，在第二次开庭时，杜培武事先将偷偷保存下来的血衣缠于腰间带入法庭并当庭展示给法官看。法官见状只说了一句“把衣服放下就行了”，后令法警将血衣收走，对此证据却不进行任何质证。甚至当杜培武反复提出刑讯逼供控告并要求公诉人出具“照片”等证据时，法官却令杜培武住口，且让他拿出没有杀人的证据来。庭审结束后，杜培武多次向法院要求退还他艰难保存下来的血衣，但法院最后的回复却是“烧掉了”。作为一名戒毒警察，杜培武具有很强的保存证据的意识和能力。在其他错案中，被告人和辩护人的刑讯逼供的控告多是本人陈述结合证据链条漏洞进行，而缺少其他形式的有力证据，这个时候，合议庭无奈之下会以检察机关出具的“公安机关没有违法行为的说明”来敷衍被告提出的控告。在杜培武案中，合议庭却对被告伤情、血衣等明显而关键的逼供证据视而不见，甚至故意藏匿毁坏被告方证据，无疑剥夺且损害了被告正当而合法的诉讼权利，也使审判程序成了走过场。（3）公诉人法庭上故意隐匿伤情照片。在看守所，杜培武向驻所检察官提交了《刑讯逼供控告书》，并要求其对他的伤情拍照留证。但在庭审过程中，当杜培武提出让公诉人出示这些照片时，公诉人先以“没有照过”为由拒绝，后又以“找不到了”为由搪塞，始终不肯出示该重要证据。具有讽刺意义的是，后来在对警察进行刑讯逼供审理时，这些照片全部完整现身了。（4）无视被告和辩护人提出的控诉和证据，法院判决倾向性严重。庭审中，辩护律师“拾遗补阙”地为杜培武做了有理有据的辩护，而且明确指出：控方所进行的补充和说明，不仅没有说明其取证的合法性，反而进一步证明了取证违法的事实存在。同时，他们提出本案取证程序严重违法、刑讯逼供后果严重、杀人动机、作案时间与事实不符等辩护意见。然而，昆明市中级人民法院最后认为律师的辩护“纯属主观、片面认识的推论，无充分证据予以支持，该辩护意见不予采纳”，而对杜培武没有杀人且展示伤痕、血衣的申辩和行为则认为是“纯属狡辩，应予驳斥”。最后，法院认为公诉机关的指控“内容客观真实，证据充分，采证程序合法有效，指控事实清楚，罪名成立，本院予以确认”。一审被判处死刑后，杜培武仍把希望寄托在法院，他继续向宣判的主审法官陈述自己被刑讯逼供以及无罪的事实，希望法院能够认证查证，公正审判。但主审法官仍以交出手枪为条件与其讨价还价，并说出“冤死你，大不了我去坐牢”的“豪言壮语”。[①]

（四）“疑罪从无”难以落实

疑罪从无是现代刑事诉讼的一项基本原则，早已被各国刑事诉讼法明文规定，然而这一原则在我国始终得不到彻底贯彻，取而代之的是颇具中国特色的“疑罪从轻”、“疑罪从挂”、“重罪轻判”。对于办案人员来说，“疑罪从无”观念从理论上是被接受的，但实际上，他们对一般案件可以做到疑罪从无，对严重案件却做不到。1997年以前，《刑事诉讼法》对疑案的处理虽没有明确规定，但实践中一般采取的是“疑罪从轻”、“疑罪从挂”的做法。这可以从佘祥林案中得到诠释：佘祥林案几经反复，其间从“1995年1月6日湖北高院以事实不清、证据不足发回原荆州中院重审”到“1998年3月31日京山县检察院将此案重新起诉至京山县法院，6月15日京山县法院以故意杀人罪判处佘祥林有期徒刑15年，剥夺政治权利5年”历经3年多的时间，这就是所谓的“疑罪从挂”。本来作为一审法院的原荆州地区中级人民法院将省高级人民法院发回重审的案件又发回京山县人民法院作一审处理，并且以故意杀人罪判处佘祥林有期徒刑15年，剥夺政治权利5年，显然系降格处理，这就是所谓的“疑罪从轻”。需要指出的是，佘祥林案虽然发案于1994年，最终作出有罪判决于1998年，此时，1996年修订

① 中国刑事诉讼法修订及人权保护项目课题组编：《刑事诉讼中若干权利问题立法建议与论证》，中国民主法制出版社2007年版，第219页。

的《刑事诉讼法》已经确立了“疑罪从无”原则。但是，一项制度的实施不是一蹴而就的事情，尤其是在我国由于传统社会有罪推定的思想的长期影响，转型社会的制度“试错性”的不稳定和不完善，特别是还在很大程度上延续了通过传统的“重刑主义”的威慑效应维护社会稳定的观念和做法等原因，使得“疑罪从无”的原则缺乏现代法文化背景、配套制度甚至是政治资源的有力支持。

同样的情形也发生在孙万刚案和杜培武案中。孙万刚经历了昭通地区中级人民法院和云南省高级人民法院的前后四次审理，除了第一次之外，其余三次审理已是现行《刑事诉讼法》施行时期。其中昭通中级人民法院两次判处孙万刚死刑，省高级人民法院进行了两次处理，一次发回重审头，一次改判死缓。可以说，孙万刚并未成为新《刑事诉讼法》“疑罪从无”原则的受益者，通过非法手段获取的有罪口供仍被法院最终采信。在审理过程中，合议庭也未对孙万刚提出的刑讯逼供控告进行过任何核实和调查，仅依据县公安机关出具的一份“严格按照程序办案”的说明便否定了孙万刚的控告。最后，省高级人民法院在本案证据链断裂、关键证据缺失的情况下，按照惯例，终审判处孙万刚死缓，孙万刚由此失去了8年的人身自由。杜培武案中，他的律师刘胡乐曾说过：有一名法官对他说，是杀是放我们都要承担巨大风险，所以，通常的做法是先留个活口下来。从这些案件的调查中我们发现，无论经过多少次退侦、多少次审理，其实法院事实上已经认定案件属于“事实不清、证据不足”，但迫于某种压力，对这些显然缺少足够定罪证据和事实的案件，法院通常的做法，一个是“发回重审”；另一个是按照“疑罪从轻”原则暂不判处死刑，而是给被告留下活路，等待新的证据和事实出现。幸运的是，上述几名被告最终迎来了真凶或被害人的“起死回生”，从死罪中重获自由。也就是说，他们的合法权益经由法律剥夺却由真凶或被害人重新赋予。①

尽管现在看来，“疑罪从挂”、“疑罪从轻”而留有余地的观念和做法是错误的，但在当时却是主流观点，并且得到了理论界的论证和认可。直到20世纪90年代，仍有论者认为：“我国的现行法律制度，对于疑难案件的处理原则虽无明文规定，但根据有关政策和法律规定的精神，可以认为，对疑难案件一般还是按既然不能百分之百地有把握，就要把握住两点，一是不处极刑，留有余地；二是不予定罪，查清再捕也不晚。对疑难案件在处刑上留有余地，不仅使可能的过重错误判决得到避免，也使有的定性根本错误的案件有可能得到纠正。”② 而到现在这种观点的影响犹存：“在刑事审判实践中，由于许多案件的重大性和复杂性，没有得到‘从无’处理却得到‘从轻’的‘疑罪’不是个别的，尤其是死刑案件，所谓‘因有些证据不够扎实为留有余地判处死缓’的案件不在少数。从法理的角度看，‘疑罪从轻’是没有理论依据的，是一种应当努力予以摒弃的断案方法。但着眼于我国现阶段的执法条件和执法环境，‘留有余地判处死缓’的做法有其存在的根据。”③

第五节　刑事诉讼机制存在缺陷

刑事诉讼活动本身并不完善，这也是刑事诉讼法律要随着时代的变迁和社会的变化进行修改的原因所在。分析刑事错案的形成和发展，其中也有刑事诉讼机制存在缺陷的原因。法律赋予司法机关侦查、检控和审判案件的权力，并没有赋予它们制造错案的权力。

① 中国刑事诉讼法修订及人权保护项目课题组编：《刑事诉讼中若干权利问题立法建议与论证》，中国民主法制出版社2007年版，第229页。

② 张军：《刑事错案研究》，群众出版社1990年版，第269~275页。

③ 苗有水、刘树德：《在大案要案的背后：媒体关注与司法审判的对白》，江苏人民出版社2005年版，第75~76页。

但司法机关为何在现实中有能力制造并且确实制造了错案？笔者认为有如下几个方面的原因：

一、公检法三机关“制约不足，配合有余”

我国《刑事诉讼法》第7条规定：“人民法院、人民检察院和公安机关进行刑事诉讼，应当分工负责，互相配合，互相制约，以保证准确有效地执行法律。”法律的这一规定，明确了公检法三机关在刑事诉讼过程中的基本关系。“分工负责”，是指在刑事诉讼活动中，公检法三机关按照法律的规定行使职权，各负其责、各司其职，不可混淆也不可替代。公安机关行使刑事案件的侦查、拘留、执行逮捕、预审及部分执行职能；检察机关负责批准逮捕，对直接受理案件的侦查，提起公诉和依法对刑事诉讼实行法律监督；法院依法独立行使审判权并有一部分执行权。“互相配合”，是指三机关应该通力合作、协调一致，共同完成刑事诉讼的任务。“互相制约”，是指三机关在分工负责、互相配合的基础上还要对其他机关发生的错误和偏差进行纠正，以达到互相牵制、互相约束的目的。[①] 但是在司法实践中，三机关明显是“制约不足，配合有余”，刑事诉讼程序的运作成为三机关的“接力”：对公安机关侦查终结的案件，检察机关几乎照单全收，起诉到法院，而法院的审判是对公安机关和检察机关工作成果的全部认定。这样导致的一个结果便是整个司法体制重打击犯罪而轻人权保障，重实体正义而轻程序正义，从而难以对其他机关发生的错误和偏差进行纠正。

对于曝光的那些一错到底的刑事案件，人们会提出疑问：一起案件从立案到判决生效，要经过多道关口，在任何一道防线都完全可以发现疑点而及时纠错，那又是什么使得这些把守防线的人没有履行职责呢？通过对错案办理流程的分析，不难发现，凡是一错到底的案件，都是公检法三机关“配合”较好的案件，都是一审、

---

① 陈光中：《刑事诉讼法》，北京大学出版社2002年版，第21页。

二审法院意见“高度统一”的案件，公检法三机关在错案上似乎是同时失去了免疫力。侦查人员根据侦查需要不择手段；公诉人员根据设定的罪名取舍证据；审判者根据“有罪推定”的需要而决定采信与否；整个刑事诉讼并非以审判为中心，而是以公安机关的侦查为中心，公检法三机关流水作业，一步一步为侦查的成果加贴法律标签。① 实践经验告诉我们，公检法三机关之间过分强调互相配合，必然会将“互相配合”扭曲为“互相迁就”，必将严重损害司法独立的原则。在刑事诉讼中，如果司法主体定位界限模糊，职能不明，最终会形成权力的一体化，分工制约也就往往不由自主地被互相配合所淡化和替代，真正的司法独立则难以保障，执法监督也会流于形式，因而难以避免一错再错、一错俱错的恶性循环。

公检法三机关相互配合还体现在对非法证据的排除问题上。当辩护律师提供了侦查过程中存在对犯罪嫌疑人刑讯逼供的确凿证据，法院在审判过程中是否会排除这些非法证据？在这种情况下，法官事实上面临着一个两难的困境：如果他们认定刑讯逼供的存在并作出无罪或罪轻的判决，那么被告人就可以依法向公安、检察机关要求国家赔偿；如果他们不认定刑讯逼供的存在，那么被告人就可能向上级法院上诉，一旦改判，法院的工作成绩就会受到影响。于是，在实践中法院往往会要求检察院针对这一问题限期作出调查，一旦确认了刑讯逼供的存在，就会要求检察院撤诉，将案件在公检法系统内部“消化”掉——这种通过撤诉避免产生无罪的判决和国家赔偿的做法在司法实践中很普遍。从中可以看出，三机关之间更多地表现为“协调”和“沟通”，而这种做法的受害者自然是辩护律师和被告人——它使辩护律师的意见经常被法院以“不予采信”四个字简单粗暴地拒绝，也使那些无辜的刑事被告人获得无罪判决的机会大大降低。

---

① 谢佑平：《防止冤假错案，有赖于健全的刑事程序法》，载《法学》2005 年第 5 期，第 86 页。

在刑事诉讼的构造中，公检法三机关之间应该是互相分工、互相制约的，它们之间明确、有序的权力分工是防止一方恣意行使权力的重要机制，而在现实中，分工制约严重不足，而分工合作却盖过了一切。检视我们所知道的这些冤案可以看出，它们多数是公检法三机关紧密合作、流水作业式的产物。为什么会失去应有的制约？表面上看，是公检法三机关之间的问题，是横向的问题，但实质上，问题的根源不在横向的维度，而在于纵向的维度，在于有权对公检法三机关发号施令或至少是能影响其决策的领导机构的问题，这些领导机构或者在案发之初便介入，全面领导公检法机关进行案件侦破和审判工作，或者在案件推进不下去但又因种种原因不愿意撤案和纠错的情况下，由其牵头开会协商定调，导致案件“先定后审”，甚至左右检察机关和人民法院的管辖归属，最终导致人民法院的审判成了走过场。而在这种三机关办案的体制下，被告人的下场可想而知，所有控告都变成了一种程序上的陪衬。[1] 这在佘祥林案件中表现得再突出不过了。本来法院对该案是有疑问的，但在政法委的“协调”下，待决疑案终成多年冤案。刑事诉讼制约机制对公检法三机关之间权力分工、制约的设计应该说是不错的，但来自诉讼机制之外的权力——并非合法之“权”，却是现实之“力”，却可以使这种制约机制被轻而易举地化解，从而使刑事诉讼制度中防止产生冤案的机制无法发挥作用，这是当前我国冤案产生的一个重要的制度性原因。

二、检察院无法充分行使监督权

（一）检察院对刑讯逼供监督不力

在众多刑事错案中，作为监督机关，检察院很少对公安机关侦查行为的合法性予以监督和警示，即便检察院已经提前介入侦查程

---

① 中国刑事诉讼法修订及人权保护项目课题组编：《刑事诉讼中若干权利问题立法建议与论证》，中国民主法制出版社 2007 年版，第 200 页。

序中，他们对警察违法办案行为也是听之任之，对嫌疑人的求助和控告置之不理，甚至联合侦查机关故意隐匿相关证据。调查发现，在庭审过程中，对于当事人频繁的刑讯逼供控告，公诉机关通常会出具侦查机关“没有任何违法行为”的说明以证明侦查程序的合法性。这种不具有证据效力的“说明”通常又会被法院全盘采信，完全对抗当事人及其辩护人的非法获取证据方面的控告。

（二）检察院的监督权与人民法院的审判权发生冲突

杜培武被无罪释放后，其中一名主审法官对杜培武的律师感慨道：法院也很难办，按规定，检察院对公安机关的侦查和人民法院的审理都可行使监督权。法庭上，公诉人已经认定警察没有刑讯逼供的事实，即这种结论理论上是检察院行使监督权的结果，所以，法院通常会直接采信公诉人的意见。因为即使法院不采信这一结论，认为警察存在刑讯逼供事实，检察院为了公诉成功，必然利用手中的监督权迫使法院采信，换而言之，法院是否采信，其结果都是一样的。因为检察院肩负公诉与监督两大职能，当其中的一个职能被削弱时，它就会运用另一个职能来与法院抗衡。这种情况，其实是检察院监督权与人民法院审判权的某种冲突，根本原因还在于检察院在行使监督权时和出庭公诉时行使权利无法完全独立，角色无法完全分清造成的。当然，另外一个因素也源于法院轻易放弃了法律所授予的独立审判权，缺少对被告合法权益的人性化和法律上的双重关注，法院的这种漠视态度直接导致了审判程序无法成为杜绝刑讯逼供、杜绝由此引发的冤假错案的最后机会。

（三）检察院受地方行政权力的干预而无法行使监督权

在胥敬祥案中，李传贵被抗诉到省检察院一事使检察官蒋汉生发现了胥敬祥案的重大疑点，由此也展开了他长达 7 年多的监督纠错历程。蒋汉生说，他一发现案件疑点后就指令下级法院对此案复查，结果复查草草了事。无奈之下，省检察院才决定亲自复查。然后，蒋汉生跨越千里、辗转多省、历时 3 年艰苦查证，明确认定该案为错案后，曾指令县检察院做无罪抗诉。结果，法院再审时，县检察院却出庭支持公诉，公然违抗上级检察院的指令，即使到了最后省检察院决定指令下级分院以“不起诉”终结此案时，县检察院也是在多方请示下才得以执行。对此原因，蒋汉生认为，地方行政方面的干预效力要远远大于上级司法机关的指令。在胥敬祥案中，正是基于下级检察机关直接抗命不从，才导致已经通过监督复查清楚的案件再次耗时整整 4 年，经历了三级法院的四次审理，使胥敬祥一次次陷入绝望中。[①]

三、法院审判不独立，主动纠错能力差

（一）审判不独立

审判独立，是指法院依法独立行使审判权，不受外界不当的干扰、影响和控制。这是一项现代法治国家普遍承认和确立的基本法律准则，调整着国家审判机关与立法、行政机关等职能部门的关系。确认审判权的专属性和独立性，是现代法治的基石和法院组织制度的基础。我国《宪法》第 126 条规定：“人民法院依照法律规定独立行使审判权，不受行政机关、社会团体和个人的干涉。”三大诉讼法也分别规定人民法院依照法律对行政案件、刑事案件、民事案件独立行使审判权。但在现实中，这些保障却难以真正实现。原因有三个，一是我国法院在整个司法体制中的地位并不具有权威性，不但在政治上要受到党委、政法委等组织的领导，在工作上要受到检察机关的监督制约，在财政、人事等方面还要受到地方政府的牵制，这样一种制度环境很难使法院可以完全独立地行使职权。佘祥林案中，由于行政区划调整，案发地京山县划归荆门，原湖北荆沙市人民检察院将卷宗邮寄到京山县政法委，约半年之后，京山县政法委报请荆门市政法委协调。1997 年 10 月 8 日下午，关于佘祥林案的协调会在京山县人民检察院召开，组织者为荆门市政法

① 中国刑事诉讼法修订及人权保护项目课题组编：《刑事诉讼中若干权利问题立法建议与论证》，中国民主法制出版社 2007 年版，第 245 页。

委。荆门市中级人民法院、荆门市人民检察院以及京山县政法委、京山县法院和京山县检察院的负责人都到场参加。1998 年 4 月 5 日，荆门市中级人民法院出具的《关于发现佘祥林故意杀人一案判决错误以及依法纠错的有关情况》指出，此次协调会决定对佘祥林故意杀人案降格处理，由京山县人民检察院向京山县人民法院提起公诉，对佘祥林判处有期徒刑。6 月 15 日，经市、县两级政法委协调，京山县人民法院以故意杀人罪判处佘祥林有期徒刑 15 年。这样的处理机制，很难使法院能依法独立行使职权。二是对于疑难、复杂、重大案件，参与审理的合议庭往往不能作出最终决定，而并未参与法庭审理的审判委员会却有最终的裁判权，造成“审而不判”、“不审而判”的现象。这种主动放弃审判权的做法，既是我国采取所谓的“法院独立”而非“法官独立”的体现，也是审判人员为了避免错案追究责任的一种自我保护。三是我国法院系统内的“行政化”管理制度，难以使法官保持独立地位。虽然《法官法》规定了一系列保障法官身份的制度，但这些制度主要是针对法院外部而设立的，法院内部依然实行行政色彩浓厚的管理体制，举凡法官的升职、调任、惩戒以及工资福利，都取决于行政领导。①

（二）主动纠错能力差

1. 发回重审、不愿意纠错

在胥敬祥案中，自 2001 年省检察院指令提出无罪抗诉开始，先是周口市中级人民法院作出再审决定，指令县法院另行组织合议庭重审，县法院作出维持原判判决。胥敬祥上诉到周口市中级人民法院，周口市中级人民法院决定维持原判。特别值得一提的是，周口市中级人民法院在两次审理过程中，第一次认为该案：“事实不清、证据不足”，而第二次在既没有查清事实也没有新的证据情况

① 顾永忠：《中国疑难刑事名案程序与证据问题研究（第一卷）》，北京大学出版社 2008 年版，第 70 页。

下，却以“事实清楚、证据充分”作出了维持原判的裁定。对此，省检察院向省高级人民法院提出抗诉，省高级人民法院用了20个月时间，最后又裁定发回县法院重审。至此，三级法院已经进行了4次审理，而时间已经过去了近4年，胥敬祥案又回到了起点。在此漫长的4年中，没有人真正关心监狱里胥敬祥的处境和这种反复发回重审给其带来的巨大身心伤害。

我国《刑事诉讼法》第189条第3款规定：第二审人民法院对不服第一审判决的上诉、抗诉案件，经过审理后，原判决事实不清楚或者证据不足的，可以在查清事实后改判；也可以裁定撤销原判，发回原审人民法院重新审判。也就是说，若事实不清或证据不足，二审法院具有两种裁量权：改判或发回重审。遗憾的是，近年来发生的刑事错案几乎都属主要事实认定不清，关键证据严重不足一类，但二审法院却通常采取发回重审的稳妥做法，有些案件更是反复发回重审。这种做法对法院而言是一种最有效规避责任的方式，更可避免发生冤假错案后承担相应的国家赔偿责任。从程序上讲，这么做也未必违反现行《刑事诉讼法》的规定；或者说，发回重审制度的巨大弹性为人民法院提供了更大的操作空间。而被告却成了这种在合法外衣下反复发回重审“游戏”中的唯一也是最大受害者。胥敬祥直到距离刑满15天的时候才能走出监狱恢复自由，而这种结果还要得益于省检察院的愤怒和当机立断，否则，就会出现一种十分戏剧性的法律后果：已被刑满释放的公民，仍处在发回重审的一审阶段。在佘祥林案中，第一次省高级人民法院是以事实不清、证据不足将案件发回重审，导致程序倒流，佘祥林被超期羁押4年多。更令人不解的是，在佘妻回家，佘祥林被取保候审后，当初作出终审判决的荆门市人民法院依照再审程序又一次将案件发回重审，而按照《刑事诉讼法》的规定，这种再审案件如果原来是二审应该按照二审进行，而此种情况下，市中级人民法院完全应依据《刑事诉讼法》第189条第3款的规定，直接终审改判宣告佘祥林无罪。而再次发回重审的程序导致佘祥林被宣告后还要等上10天才能彻底从法律上恢复其无罪身份，可以说是对佘祥林合法权益的再次伤害。佘祥林案的发回重审很具代表性。暂且不论第一轮审判中中级人民法院发回重审导致程序倒流，使佘祥林被判决前超期羁押了4年多。即使是随着佘妻活着回到家乡，佘祥林案被证明为彻头彻尾的冤案后，荆州市中级人民法院火速再审的结果仍是发回基层人民法院再审，由此使佘祥林至少在县法院还要等上10天才能恢复无罪身份。令人遗憾的是，这种发回重审不但造成不必要的司法资源的巨大浪费，而且，再次暴露出人民法院对被告合法权益的漠视。

2. 发现“疑似真凶”仍自欺欺人

在刑事错案形成的过程中，常常出现“疑似”真凶，但是警方的做法通常是不予调查、不予理睬，而对当事人亲属或者律师调查的结果也不予排查或认定，将案件办成铁案之心昭然若揭。原因何在？一方面，是因为这些重大案件当初都因为破案有功，相关当事人获得升职嘉奖，不愿意看到一个冤假错案的尴尬结果；另一方面，这些案件还牵涉了刑讯逼供等严重违法行为，如果自纠自查出来，这些违法行为必定暴露，相关领导和工作人员将获罪判刑，后果可谓严重，因此，不得不采用这种瞒一时算一时的策略，但无疑司法机关的这种做法是以强大的公权力损害弱小当事人私权利的典型。

在李久明案中，为了防止违法办案曝光，公检法三机关竟对真凶已现故意隐瞒不报，丧失了通过自纠自查维护当事人合法权益的机会。李久明的律师李树亭说，该案真凶在温州落网并主动供述后，温州警方曾将案件线索迅速通报给了南堡分局。南堡分局在接获协助查证通报后，也在第一时间南下温州提讯了真凶。随后，唐山市有关领导部门、人民检察院和人民法院又到温州法院、公安局等查证、调阅过案件的详细卷宗。但在长达两个多月的时间内，上述各司法机关却未将任何查证结果反馈给温州警方和法院，使李久明失去了尽早洗清冤情的唯一的机会。若非日后李久明的同学和律师从接到的匿名电话中了解到这个重大线索，若非二人亲自南下温州调卷，随后上书浙江省高级人民法院“刀下留人”，本案最终结果将不可预料。实际上，从卷宗材料看，李久明案定罪的唯一口供来自于警方的刑讯逼供，除此之外，再无任何完整的证据链。因此，在任何阶段若非存在违法行为，李久明案早应水落石出。但是，即使是真凶出现，各司法机关调查属实的情况下，他们仅仅为了防止自己违法行为的暴露，竟不惜继续以侵害被告人合法权益为代价，不启动任何纠错程序，以等待真凶伏法后而彻底将此案办成“铁案”。

3. 错案纠正的“人情化”和“偶然性”

在近年来曝光的刑事错案中，还有一个明显的现象，即错案的纠正颇具“人情化”和“偶然性”。李久明案中，真凶主动供述被查证属实后，按道理，律师可从司法程序上帮助李久明彻底沉冤昭雪。但是，在该案中，当一切证明李久明无罪的证据被完善和查清后，律师却无法通过正常司法途径为李久明洗冤。最终，他们找到了著名法学家，由其上书中央领导，中央领导签字下令，河北省组成调查专案组，在短短两个月内推翻了之前所有的审判结果，李久明最终获得无罪释放。从这一细节来说，李久明的无罪释放具有很大的偶然性和戏剧性。如果没有那个匿名电话，如果没有律师亲自查证落实，如果中央领导不做紧急批示，也许，今天的李久明还在监狱“改造”或已“认罪伏法”。所以，李久明的最终无罪释放并非中国司法的胜利，且不具有任何法律程序上的可复制性和可参照性。[①] 对此论点进行注解的还有佘祥林案和腾兴善案等。这些案件的纠正都有很偶然的因素，没有一起案件是依靠公检法自身的监督纠错机制来平反昭雪的。这也应归咎于公检法配合有余、制约弱化的监督机制所导致的申诉救济路径不畅。而作为法律监督机关的人民检察院，也显现出监督缺位。显然，强化公检法三机关的制约及

① 中国刑事诉讼法修订及人权保护项目课题组编：《刑事诉讼中若干权利问题立法建议与论证》，中国民主法制出版社 2007 年版，第 210 页。

人民检察院的监督机制已是当务之急，毕竟，我们不能够将每一起错案的纠正都寄希望于真凶落网并且良知未泯，寄希望于死者复生并且重返家乡。

四、律师辩护职能弱

辩护权是一切诉讼权利的基础与核心，是法律赋予被告人及犯罪嫌疑人针对指控进行辩解，以维护自己合法权益的一种诉讼权利。辩护制度是法律框架中设置的一个“挑错”制度，按照现代刑事诉讼的构成和刑事诉讼法律关系原理，诉讼中的控、辩双方地位应该是平等的，诉讼中的权利应该是对等的。只有这样，错案才容易及时得以避免或纠正。但是，在我国目前刑事诉讼实践中，辩护律师的地位还远远不能与以国家强制力为后盾的控诉机关相比。辩护律师除了来自当事人的授权外，几乎没有任何可以凭借的力量，无论是立法还是司法实务，对律师权的行使都设置了若干限制，律师有限的诉讼权利也难以得到保障。

从立法层面上来说，我国修订后的《刑事诉讼法》在一定程度上强化了辩护人的诉讼权利，使辩护人无论在诉讼权利的行使范围上还是在诉讼的介入时间上都有新的改进，但在检察机关提起公诉前，即诉前辩护阶段，法律赋予律师享有的权利是很有限的。以律师查阅卷宗权为例，律师在侦查机关只能了解犯罪嫌疑人涉嫌的罪名，在检察机关只能查阅、摘抄、复制案件的诉讼文书、技术性鉴定材料，直至提起公诉后也只能看到指控涉嫌罪名的部分材料，因为“一本状主义”的起诉方式使检察院掌握着移送哪些证据的主动权，为了不给辩护律师提供“攻击自己的武器”，检察机关往往将关键证据作为“撒手锏”留下来，等到法庭审判的关键阶段，杀辩护律师个措手不及。[①] 这样的限制使律师在诉前阶段的辩护意见无论是在深度还是在广度上，都有一定的局限性。很显然，律师

---

① 陈瑞华：《看得见的正义》，中国法制出版社 2002 年版，第 274 页。

单凭一些诉讼文书、技术性鉴定资料是难以把握案情和提出有实质意义的辩护意见的。这样就使一些在诉前阶段就完全有可能发现并防止的错案一直拖到开庭审理时才被指出。

从司法实务看，目前我国刑事辩护人的诉讼权利行使状况并不乐观，律师会见难、调查取证难、正确辩护意见采纳难的状况未得到根本解决。我国的刑事辩护律师们将自己工作中的困难精辟地总结为四个短语："会见难"、"阅卷难"、"调查取证难"、"306 大棒"。[①] 会见难，是指律师在侦查阶段很难见到犯罪嫌疑人，即使见到了，谈话的时间和内容也都受到极大的限制；阅卷难，是指律师在案件审查起诉后很难看到检察院的案卷，即使看到了，案卷中对辩护人有用的实质性内容也十分有限；调查取证难，是指律师在为被告人调查取证的过程中会遭遇层层阻力，不但证人几乎从不出庭，法院、检察院也有可能不配合律师的取证工作；即使律师通过调查取得了相对有力的证人证言，如果取证过程有重大瑕疵，那么律师就有可能被以构成刑法第 306 条的律师伪证罪受到羁押、起诉乃至判刑，这就是"306 大棒"。有的刑事辩护律师，出于安全起见，根本不介入侦查和起诉阶段，尽量减少调查取证，尽量避免异地办案，还有的甚至只为被害人而不是被告人提供法律帮助。

在涉及重大命案的刑事辩护中，辩护律师的执业风险和辩护权利的恣意被剥夺的现象屡见不鲜，而且他们都曾遭遇过某种形式的威胁，而他们艰苦的取证、辩护工作通常会被法院视为"无任何证据证明而不予采纳"。在律师行使辩护权的整个过程中，来自各个司法机关的刁难甚至恐吓更是家常便饭。律师们还要冒着"作伪证"的巨大执业风险。在一些重大的命案要案或敏感性较强的案件中，辩护律师的艰苦取证和辩护等专业技能与努力更是与判决

---

① 刘思达：《立法、实践与政治过程——谈"冤案"与律师刑事辩护难的成因》，载高鸿钧、张建伟主编：《清华法治论衡第十辑——冤狱是怎样造成的（下）》，清华大学出版社 2008 年版，第 74 页。

结果不成正比。很多时候，都需要刑事辩护律师强烈的责任感和良好的心理素质才能最大限度地维护当事人的权益。这也导致像刘胡乐、李树亭这样坚持不懈地为当事人做无罪辩护并艰难取证的律师越来越少。大部分辩护律师只是帮助被告人出庭完成庭审程序而已，对当事人提出的刑讯逼供控告通常不予提及，也不进行任何查证，还有一些律师迫于某种压力而最终放弃辩护人身份。

对于上述状况，本书以杜培武案来具体说明。在杜培武案中，他在被侦查控制阶段就提出过请律师的要求，但警察的回复是"我们不同意"。后来，案件被起诉到检察院，杜培武才可以委托刘胡乐及另外一位律师做他的辩护人。被委托的律师当时只能看到拘留证和逮捕证，其他卷宗包括杜培武的供述均被拒绝出示。杜培武最关心的之前交给驻所检察官的《刑讯逼供控告书》也未在卷宗中，甚至从此了无踪影。另外，在开庭前一天，两位律师和杜培武才被允许看到涉案的所有技术性鉴定材料。在一审法庭上，辩护律师对案件疑点的分析，对相关证据的调查和出示，以及刑讯逼供情节的控告等质证和辩护意见均被法庭轻易全部否定，不予采纳。在二审阶段，刘胡乐律师顶着巨大压力向云南省高级人民法院提交了数千言的无罪辩护意见，而在终审判决书上，法院一方面表明对辩护律师的无罪辩护意见不予采纳，另一方面却认定辩护人所提其他辩护意见有采纳之处，据此将杜培武改为死缓，正像刘胡乐律师所言，从这份判决书中明显矛盾的措辞就可以看出，法院的判决结果是在某种压力下的妥协和折中。在担任杜培武辩护律师的整个过程中，刘胡乐律师屡次接到恐吓电话，人身安全受到威胁。此后，因受此案牵连，他本人又因同所其他律师的事情而被莫名其妙地审查了5年时间。因此，在杜培武恢复自由之后，将杜培武从死神处挽救出来的刘胡乐律师却保持了沉默态度。

五、不尽合理的绩效考核机制

为了提高办案质量，公检法三机关都建立了形式各样的绩效考核机制，这些机制在激励、督促刑事司法人员努力提高办案质量、提高办案效率方面确实发挥了一定的作用，但是这些绩效考核机制还存在诸多缺陷和不尽合理的地方，从而刺激了刑事错案的形成。

（一）颇具“利益诱惑”的“破案率”

长期以来，“破案率”是公安机关一项主要的考核指标。这种业绩考核机制，片面强调打击和惩罚，并将破案率和打击处理数作为量化考核标准，借以对民警业绩进行评估。于是，在办案指标、数据的压力下，往往会出现不破不立、先破后立、有案不立等一系列不合常情常理的现象，甚至产生为完成上级下达的指标任务而人为制造假案的现象。用数字化的指标形式对侦查活动进行评价，给侦查人员带来了极大的工作压力，导致一些急功近利的侦查人员作出刑讯逼供的行为。有学者指出，“侦查机关将‘破案率’作为考核民警工作的主要指标，甚至将案件侦破情况与承办案件民警个人的经济、政治等切身利益挂钩，这是促使某些侦查人员在司法实践中基于对个人自身利益的考虑而不惜对刑事诉讼参与人特别是犯罪嫌疑人采取‘酷刑’或者精神强制等变相‘酷刑’等非法手段收集涉案犯罪证据的重要因素之一。”①

在每一起提及的错案中，几乎都存在残忍的刑讯逼供。在曝光的刑事错案中，同为人民警察的李久明和杜培武也遭受到了残酷的刑讯逼供，对此，很多人都不理解，毕竟对他们下手的是他们的同行，他们的战友。杜培武及其辩护律师在接受访问时说，两位警察被杀弃尸后，在当地造成了恶劣影响，因此警方的破案压力极大，但有压力便会有动力，按照惯例，重大案件破案后，相关人员都会立功升职。在这种巨大压力和动力下，口供无疑便成为警方最大的希望和法宝。于是，就有了长达 21 天的刑讯逼供，也有了云南省历史上均未采用过的先进技术鉴定手段。

① 张智辉：《刑事非法证据排除规则研究》，北京大学出版社 2006 年版，第 149 页。

大案要案的破案压力是刑讯逼供屡禁不止的重要原因。一般来说，包括当事人在内的人们普遍认为“警察出于破案压力而刑讯逼供”，但是媒体上曾广泛报道了公安部的正式表态“限期破案不会导致刑讯逼供”。对此表态，是否有“此地无银三百两”之嫌，我们不得而知。

（二）“零无罪判决率”——公诉机关的政绩观

在报刊和网络上，经常可以看到某一检察院在某一段时期所提起公诉的案件保持零无罪判决率或者较低的无罪判决率的新闻，以及如何保持公诉工作零无罪判决率的经验介绍。[①] 透过字里行间明显地可以看出，接受采访的检察机关以及发布这些采访报道的媒体往往将公诉案件的零无罪判决率或低无罪判决率作为公诉工作的先进事迹加以宣传和弘扬。某些上级检察机关在对下级检察机关的工作进行考核时，也把无罪判决率作为一项重要的考核指标，“甚至规定，出现无罪判决，在目标考核中一票否决”。[②]

这种做法在保证案件质量方面能够发挥一定积极作用，但是由于受认识水平、证据变化等因素影响，在刑事案件中出现无罪判决在所难免。为保证公诉工作能够达标，一些基层检察机关在公诉工作中片面强调零无罪判决率，对公诉工作产生了不利的影响。“过度强调零无罪判决率，束缚了公安民警的手脚，在一定程度上影响了民警工作积极性的发挥。过度强调零无罪判决率，使一些无辜的被告人受到不应有的惩罚，在一定程度上违反了罪刑相适应原则。在审查起诉中，对一些可诉可不诉的案件，为避免出现无罪判决的情况，尽量做不起诉处理，使一些犯罪分子不能得到应有的惩罚，造成了打击不力。过度强调零无罪判决率，使一些案件的焦点和难

---

① 《甘肃康县 14 年无罪判决为零》，载《检察日报》2003 年 7 月 28 日；《河南周口检察引导侦查无罪判决为零》，载《检察日报》2002 年 5 月 21 日。

② 王冠申、沈斌：《浅析公诉人的起诉判断与追求零无罪判决的关系》，阳光网：http://www.jc.gov.cn2005－10－14。

点聚集到检察环节，极易造成上访缠讼，在一定程度上影响到检察工作的正常开展。强调零无罪判决率，影响了审判机关司法职能的正常发挥，甚至让公众感到审判机关形同虚设。在检察机关内部，对一些案件，尤其是定性不准、罪与非罪的边缘案件，为保证案件诉讼的正确，做到零无罪判决率，都要向上级部门请示汇报，让上级部门拿主意，按上级部门的意见决定是否提起公诉，这样，即使出现无罪判决案件，下级检察院也不需承担责任。在检察机关外部，公安、检察院、法院三家对一些案件，尤其是一些认识上分歧较大的案件，为保证不出现无罪判决的情况，往往召开协调会讨论协商，这些请示、协调、汇报的过程，延长了诉讼时间，影响了诉讼效率，浪费了司法资源，使一些案件在诉讼环节上相互推诿，在一定程度上影响了诉讼效率，浪费了司法资源。”

第六节　刑事立法、刑事政策方面的原因

刑事错案的形成与我国的刑事立法不甚完备、某些法律规定存在缺陷有关。此外，一些不尽合理的刑事政策也是刑事错案发生的诱因。

一、刑事立法不甚完备且存在缺陷

我国刑事立法状况的不甚完备，是催生并推动其他诱因综合作用，最终产生刑事错案的前提。刑事法律是定罪量刑的唯一准则，因此，严格依法办案是避免错案的一个主要前提。但法律的适用不可能像对号入座那般简单。法律作为一种调整人们行为的规范，其本身也存在法条是否科学、完善，是否便于贯彻执行的问题。例如，从法律的稳定性与适应性上看，立法时必须预先充分考虑社会的发展变化，使刑法规范能在一个较长时间内适应社会的需要。但我国尚处于社会转型期，社会的发展变化往往是深刻而多样的，立法者在制定法律条文时不可避免地有认识上的局限性，在这种情况

下，要求刑法把一切严重危害社会的行为都毫无遗漏地明文规定下来，是很难办到的。由于部分刑法条文的相对粗疏，必然为司法人员缺失法律依据的自由裁量留下一定的空间，因而可能造成刑事错案。再从法律的概括性来看，高度的概括性是任何刑法必然也必须具备的特点，但是，与高度的概括性不可避免地相伴随的往往是模糊性，这种模糊性可能引发刑法适用上的难以解决的疑难与困惑。[①] 例如，我国刑法分则有不少条文在叙述罪状时，用“情节严重”、“情节特别严重”、“情节特别恶劣”、“造成严重后果”等作为某罪的构成要件，但大多缺乏相关的司法解释使其具体细化。司法实践中遇到这种情况就会导致理解不一，往往使同一行为的定罪量刑在不同执法人员面前出现很大差异，以致难免会发生出入很大的错误，或者放纵犯罪，或者误判无辜。

再来具体看我国《刑事诉讼法》的一些规定，正是这些规定的不合理性，在一定程度上诱发了刑事司法机关办了错案。我国《刑事诉讼法》第93条规定：“犯罪嫌疑人对侦查人员的提问，应当如实回答。”之所以如此规定，是因为：犯罪嫌疑人的供述和辩解，无论是否真实，都必然涉及与案件有关的一些人和事，能够为查明案件事实提供一定的线索；这些供述可以与其他证据相互鉴别，有利于审核其他证据的真实可靠性。该条规定的内容很明显：侦查人员（包括其他司法人员）有权提问犯罪嫌疑人、被告人，而犯罪嫌疑人、被告人必须回答。这条规定的实质在于规定司法人员讯问犯罪嫌疑人行为的合法性，规定了犯罪嫌疑人有必须供述与案件有关问题的义务，从而为某些司法人员刑讯逼供提供了可能。在前面分析非法取证导致错案的过程中，已经详细地说明，刑事错案的产生与刑讯逼供是分不开的，而刑讯逼供之所以会大行其道，在一定程度上是因为现行法律“赋予”了司法机

---

① 邱兴隆：《“有利被告”的实体意义》，载《人民检察》2005年第5期，第6页。

关这样的权力。

二、不尽科学的刑事政策及其片面的理解

（一）不科学的口号和提法

为了追求优质高效的办案质量和办案效率，刑事司法机关往往会提出一些要求和口号。这些口号和要求在一定程度上对于激励民警办案、提高办案效率是有积极作用的，但是，其中仍有些口号和提法是不科学的，有的甚至是违背诉讼规律的，“命案必破”就是如此。2004 年 11 月，公安部在江苏南京召开的全国侦破命案工作会议上提出了“命案必破”的目标，即要求命案必须侦破。[①]“命案必破”的要求是违背诉讼的基本规律的，因为即使是命案，也可能难以收集到确实、充分的证据，难以查个水落石出。不仅如此，要求“命案必破”还极可能导致个别刑事司法人员在有些客观上无法查清犯罪事实的案件中被迫寻找“替罪羊”，导致冤案的发生。

应该说，提出“命案必破”的意愿和目标是值得赞许的，是要震慑犯罪分子，给人民群众一个稳定、安全的生活环境。但是，细究起来，这一思路的背后不乏给老百姓一个“交代”的意识，是要给老百姓一种稳定、安全的感觉。实事求是地说，“命案必破”几乎是无法实现的。但为什么还要提出来？因为对公安机关内部来说，它是一种工作上的督促，对社会公众来说，则展现了一种姿态，是在社会治安形势严峻情况下的一种“交代”。给群众以“交代”是为了安定民心，保持社会稳定。一旦社会整体的安定成了某种至高的政治目标，为了这个目标，个体的利益变得无足轻

---

① 据公安部统计，2004 年 1 月至 9 月，全国 3,402 个县市、区级立案单位中，有 1,338 个实现命案全破，占 39.33%，有 469 个没有发生命案，占 13.8%。顾兆农：《全国命案侦破率提高——四百六十九个县市区级立案单位没有发生命案》，载《人民日报》2004 年 11 月 8 日。

重，个体的“人”被消解，只有作为整体的“民”的安定。命案发生后，往往会引起社会公愤，命案危害大、影响大，社会关注度高，那些手段残忍的案件往往激起很大的民愤，加之各种媒体的渲染，严重影响群众和社会的安全感，所以，不仅是受害人的家属，而且社会公众也迫切希望警方尽早破案。在此情形下，很多省市公安机关提出了“命案必破”的目标，要求命案的破案率要达到100%。有的省市在“评先”、“评优”和晋升职务时，对达不到100%的破案率还要实行“一票否决”。笔者认为，为了激发广大民警侦破命案的积极性，采取一些合理有效的奖惩措施是必要的，但是“命案必破”目标的提出不仅违背了马克思主义的认识论，脱离了客观实际，而且很可能造成严重的负面后果，导致刑讯逼供和刑事错案的发生。

在佘祥林案中，“死者张在玉”的家属多次上访，并组织了220名群众集体签名上书，要求对“杀人犯”从速惩处，在这种情况下，司法机关面临着很大的压力，面对“民怨”，政府一定要有所交代，哪怕佘祥林“杀”妻的证据还并不牢靠，也必须要将其绳之以法，因为必须要有人被绳之以法，才能使社会安定。如此看重“民意”，看似是对民意的尊重，其实这种尊重是十分功利的，它服务于所谓社会的安定。为了这个目的，政法机关可以采用多种手段，甚至包括使用暴力、牺牲公民个体的人的权利和尊严。在“命案必破”目标的压力下，司法机关为了侦破案件，不惜代价用“手段”，这个时候，犯罪嫌疑人的权利和尊严就被抛到九霄云外去了。

（二）对“严打”的片面理解

20世纪80年代初，我国开始实行对严重经济犯罪和严重刑事犯罪依法从重从严予以打击的做法。“严打”政策的出台有着特定的历史背景，符合我国转型期的国情，保障了转型期的社会稳定。[①] 但在长期“严打”政策影响下，也出现了一些值得重视的问题，特别是有一些地方和单位在执行“严打”刑事政策中出现了扭曲现象。例如，认为“严打”就是多抓、多捕、多判，为体现“严打”精神，宁枉毋纵，人为地控制和压缩不捕、不诉以及无罪、免刑和缓刑判决，甚至由上级机关规定比例，不得超过；在“集中行动”中为了“造声势”而大量抓捕那些不构成犯罪的一般违法人员，既侵犯了无罪者的人身自由权利，又造成司法资源的浪费。在办案中实行“重刑主义”，只重视有罪和罪重的证据，不重视无罪和罪轻的证据，甚至刑讯逼供，造成错捕错判错杀。[②]

第七节　诉讼环境的不良影响

刑事诉讼的顺利进行需要一个合理、有序的诉讼环境，诉讼环境中各种因素对于刑事诉讼活动都有影响，有些因素甚至导致刑事诉讼活动发生错误，进而形成错案。

一、办案过程中，相关部门对案件不适当的协调

在案件事实未能查清的情况下，面对受害人亲属及公众严惩凶手的要求，面对错杀还是错放的艰难抉择，相关部门往往会成立由公检法三机关办案人员组成的专案组负责协调办案。这一做法的初衷无疑是好的，集合各家的智慧和力量发现真相，解决问题，消除分歧和异议，力求达成各方都能接受和认可的案件处理结论。个案协调在司法实践中往往出现在那些证据不充分、公检法机关存在较

① 马长生:《国际公约与刑法若干问题研究》，北京大学出版社 2004 年版，第 4 ~ 7 页。

② 马长生:《国际公约与刑法若干问题研究》，北京大学出版社 2004 年版，第 7 页。

大分歧的案件中。但是，个案协调这一做法完全是游离于《刑事诉讼法》所规定的程序之外的非正式制度，操作过程具有极大的随意性，没有开庭，没有申辩，没有质证认证，以一种非理性的程序决定案件结果。实际上，之后的法庭审理不过是先前拟定好的“剧本”的排练，诸多法律权利被架空的被告人只不过是这场排练中的道具而已。①

在胥敬祥案中，案件前后 7 次被退侦后，终于有人出来协调了，最后交由基层人民法院审理。据胥敬祥自述，一审结束后，审判长就曾明确告诉他：“我也知道对你不公，但这个案子是有关领导部门定了调子的，就这么判你。你上诉也没用，这么多年了，你该知道胳膊拧不过大腿的道理了。”② 在省检察院 7 年的调查和抗诉中，检察官蒋汉生也明显感受到来自地方“某些机关”的巨大威慑力，按道理，下级检察院必须要执行上级检察院的指令，但这些指令最后受到了重重阻碍，其原因不表自明。可以说，在有关领导部门的领导下，公检法“一条龙”似的把胥敬祥送入了监狱，并使其失去人身自由长达 13 年之久。佘祥林案也存在同样的情形。该案本该由中院审理，却在有关领导部门的协调会议上被决定降格处理，改由县基层人民法院审理。

个案协调作为我国司法实践中普遍存在的现象，这一非正式制度的负效应就在于：首先，个案协调是对审判本质的悖反。审判是一个控辩审三方参与的诉讼过程，任何一方都必须亲自到庭。审判应当具有亲历性，裁判者应当直接接触控辩双方，亲自审查判断双方的证据，使判决建立在对案件事实和证据全面了解的基础上，因为只有经历对案件的亲自感受与深切观察，才能保证形成可靠的内

① 顾永忠：《中国疑难刑事名案程序与证据问题研究（第一卷）》，北京大学出版社 2008 年版，第 428 页。

② 中国刑事诉讼法修订及人权保护项目课题组编：《刑事诉讼中若干权利问题立法建议与论证》，中国民主法制出版社 2007 年版，第 248 页。

心确信；审判应当具有中立性，“任何人不能做自己案件的法官”是自然正义的首要原则；审判还应当具有公开性，以制约法官恣意，增强司法的公信力和司法的权威性，保障公正的实现。在司法实践中，个案协调往往成为实质上的审理和定案过程，此过程严重地违背了审判应具备的亲历性、中立性和公开性。由多数没有参与案件审理的人员对案件进行判断，如何能确保事实认定和法律适用的正确性？允许控方作为案件结论的制作者，何来审理的中立性？没有被告人、辩护律师以及社会公众的参与，以一种秘密会议的方式解决案件，公开性荡然无存。其次，个案协调是对辩护权的虚化。在个案协调的情况下，辩护人无权参与公检法机关对案件的讨论，其辩护意见和提供的事实、证据易被忽视，由此可能堵住发现案件事实的另一条途径。最后，个案协调导致错案责任无法落实。任何一国的司法体制都无法避免司法错误的发生，问题的关键是，错误发生后能否有及时、通畅的救济渠道。刑事案件在经历个案协调后，公检法机关都同意的解决方案一旦被发现存在严重错误，很容易导致司法机关掩盖错误的行为，从而使被告人处于告状无门的境地；在出现错案的情况下，组织协调决定也就成了各方推卸责任的挡箭牌，集体担责、降低个人风险，这也是个案协调的做法之所以会在司法实践中广泛运用的重要原因之一。

个案协调在中国的刑事诉讼中，尤其是重特大刑事案件的办案过程中均不可小视，这些重特大刑事案件背后，或者在案发之初或者在案件纠缠不清之时，都会出现有关领导的身影，帮助各司法机关“定调”，最终使本该查清的事实、本该调查的证据都不调不查，对被告的喊冤不理不睬，最终导致冤假错案的发生。

二、社会舆论的负面影响

没有限制的权力必然导致腐败，而最佳的监督方式就是利用公民的权利制约权力的恣意。社会舆论监督，使得行政权力不敢冒天下之大不韪而为所欲为，同时也对审判活动形成一定的和必要的监督。“社会各方面对司法现状的批评，也蕴涵了对司法体制内监督资源不足的抱怨，表明体制内的监督未能取得广泛的信任，因而司法体系外的监督资源变成了司法改革制度创新的重要关注点，传媒监督被普遍认为是司法体系外监督常规的、基本的形式。”①《孟子·梁惠王下》中说：“左右皆曰可杀，勿听；诸大夫皆曰杀，勿听；国人皆曰可杀，然后察之；见可杀焉，然后杀之。故曰国人杀之也。”制造舆论，从而引导司法进程似乎是中国特有的诉讼文化体现。而“不杀不足以平民愤”却已然成了中国的司法实践。司法机关惯常使用的公捕大会、公判大会等形式在客观上造成了“舆论引导司法”的情形，形成的舆论导向最终又影响司法工作的进程，有些刑事错案就此而形成。在“稳定压倒一切”、“要有大局观念”的讲政治的要求和影响下，作为社会舆论、群众心理的“民愤”往往能够影响法官办案。但是，这种“民愤”经常是非理性的。当大量的群众聚集在一起表达意见时，往往就表现出所谓的“民愤”。他们作出极不理智的行为，迫使司法机关按照他们的错误认识去办案，而且他们的这种行为屡试不爽。然而，酿成错案的司法官员们却不懂这个道理——“公众的舆论不会有什么了不起，任何人也没有权利责问您，而您只是凭着自己的良心办事的。”②

审判活动本质上是一种高度理性化的判断和推理过程，要求审判活动尽可能排除感情因素和外界非法律因素的干扰，要求法官尽可能保持一种不偏不倚的中立态度。审判独立原则意味着法官具有相当的自主性，不受其他机关、团体和个人的干涉。狭义的审判独立就是指法官的自主审判，即允许并且要求法官凭借自己的理性和

---

① 顾培东：《论对司法的传媒监督》，载《法学研究》1999 年第 6 期，第 17 页。

② ［法］勒内·弗洛里奥：《错案》，赵淑美译，法律出版社 1984 年版，第 5 页。

良心依法自主地对案件作出裁决，任何外界的力量都不应当左右法官对案件进行独立裁判。法官的天职是只服从于法律，只对法律负责，而不受制于包括舆论导向在内的任何外界因素。

然而，社会舆论往往过于注重情感的表达而忽视理性的分析，因此，强大的社会舆论就形成对法院的巨大社会压力，让案件在审判以前就“不审自定”，成为“舆论审判”。在司法实践中，社会舆论影响司法的情况并不鲜见。在某一案件中，多名犯罪嫌疑人被绕城一周游街示众，旁边还有秧歌腰鼓队“助演”，最后，被游街的嫌疑人中却有几人被无罪释放。在日常生活中，这种“舆论先行”的现象很多，特别是一些大案要案，侦查机关一旦宣布告破，媒体便蜂拥介入。虽然相关报道在用词上将案犯称为犯罪嫌疑人，但从报道倾向上看，这些未被提起公诉甚至未被正式逮捕的嫌疑人已经被公众先行定罪了。[①] 再来看近年来曝光的刑事错案，在王树红案中，丘北县人民检察院作出批准逮捕决定后的第二天，丘北县公安局便在丘北县一中门口召开了公捕大会，当街宣布王树红因“嫖娼杀人”被正式逮捕。随后，王树红被转押当地看守所，此后不久，丘北县公安局又以最快的速度制作了安乐旅社嫖娼杀人案的破案录像，通过丘北县广播电视台在全县范围内播放，用以宣传公安局在短时间内成功告破辖区内重大命案的事责。在佘祥林一案中，“被害人”的家属对司法机关施加了很大的压力。但是，当发现案件的处理错误时，责任的承担者就只有具体办案人员了。具有讽刺意味的是，强烈要求进行错案责任追究的人员往往就是当初那些叫得最响，要求司法机关按照他们的错误认识去办案的人。正如有的论者所说：“潘余均死了。我们所有曾为佘祥林冤案愤怒的人高兴了吗？显然不是，我们甚至会同情他。但细想起来，我们所有人的愤怒，难道不就是潘余均把脖颈伸向绳套的原因吗？潘余均肯

---

① 中国刑事诉讼法修订及人权保护项目课题组编：《刑事诉讼中若干权利问题立法建议与论证》，中国民主法制出版社 2007 年版，第 261 页。

定不是基于心理愧疚的原因而自缢，这一点从他留下的遗言中就可以看出。从某种意义上说，甚至可以说他是被人们制造的讨伐声势给逼死的。但是，难道我们错了吗？为什么一个寻求社会正义的舆论压力会直接着力于一个弱小、命不该绝的个体，而不是他所代表的那个集体、那个造就他的机制？”①

① 《是我们逼死了潘余均吗?》，http://news.163.com/special/p/000113B8/panyujun.html。

第四章　刑事错案的预防

对无辜者定罪谓为“冤”，保护无辜者不被定罪在刑事法的价值体系中恰恰居于核心地位，享有“一票否决权”。无论一个刑事法律制度在惩罚犯罪方面如何有效，如果它没有采取有效的措施防范无辜者被定罪的危险，这样的制度在现代社会中就丧失了其赖以存在的正当化基础。为了保障这一价值，各国一般都根据本国的情况采取了一定的防范措施。在美国的陪审团审判中，一方面，刑事诉讼法和证据法为了规范陪审团认定事实的正确性规定了详尽的规则；另一方面，法律也容忍陪审团的某些不合理行为：陪审团有权不顾法律与证据对明显有罪的被告人作出无罪裁决。美国联邦最高法院也承认，陪审团“享有作出无罪裁断的无可争议的权力，即使这一裁断违背法律或证据”。

造成错案的原因是多方面的，因而预防错案的措施也应该是多方面的。这些措施相互联系，相互作用，共同构成错案预防的对策系统，形成一种有效的预防机制。在我国，刑事错案预防是司法机关实践社会主义司法理念，维护公平正义，构建和谐社会的重要内容，必须将刑事错案预防贯穿在司法机关公正司法，维护公平正义的实践始终，把预防刑事错案作为构建和谐社会的重要措施加以落实。刑事错案，无论主观上是否有过错，客观上都具危害性：错案的出现导致司法不仅没有很好地维护公平正义，相反却损害了公平正义。而这样一种损害正义的行为，必然会引起受害人强烈的不满情绪并可能引发与社会的激烈抗争，从而使刑事错案成为影响社会和谐的重要因素。所以，司法机关应当从维护社会公平正义和构建和谐社会的高度，充分认识预防刑事错案的重要性和必要性，把预防刑事错案作为刑事司法工作的重要目标和任务之一。

第一节 更新刑事司法理念，确立现代司法原则

刑事司法理念的落后与偏颇是刑事错案产生的一个重要原因，而且是一个基础性原因。因此，确立和强化现代刑事司法理念是预防刑事错案的理念基础，只有在先进的理念支配下，刑事司法机关才能建立起并有效运行刑事错案预防的对策体系。刑事司法人员能否在刑事司法活动中有效地预防刑事错案的发生，很大程度上受制于他们的刑事司法理念，因为他们在诉讼活动中的一系列主观意识活动和客观行为都受到刑事司法理念持续的、强有力的作用。以刑事审判为例，“审判所达到的结果不仅给当事者的财产、生命以重大影响，还能够超越直接当事者以种种形式为社会和其他人的利害带来波及效果。这样的事态只要一想到法院可以裁定某一法律违反宪法因而无效的场合就可以明白。只要法官作出的决定直接地或间接地涉及许多国家的切身利益，只要他行使这种被赋予了的权限，因这样的决定而受到影响的个人和集团就不会对审判漠不关心”。①

多年来，刑事司法机关一向比较重视刑事司法理念的教育与培养，传统的司法理念正在向现代的司法理念转变，因此，近年来，除了诉讼程序中的违法行为减少以外，另一个重要表现是撤诉率，不起诉率，无罪判决率，改判和发回重审率呈总体下降趋势。但是，传统观念向现代司法理念转变的过程远未完成，一些传统落后的司法理念依然对司法人员办案起着很大作用，并成为导致错案的重要原因。

---

① ［日］棚濑孝雄：《纠纷的解决与审判制度》，王亚新译，中国政法大学出版社 1994 年版，第 161 页。

一、摒弃“重打击、轻保护”的陈旧司法观

尊重和保障人权已经成为一项宪法原则，对人权的保护程度成为衡量司法活动文明程度的标志。司法及法治的终极关怀是尊重人、保护人、实现人的价值。美国著名法理学家罗纳德·德沃金说过：“政府必须平等地尊重和关心个人权利。不得为了社会福利或者社会利益牺牲人权……不能认真对待权利就不能认真对待法律。”[①] 因此，执法者必须彻底转变观念，在强调法律力度的同时，多一点人性关怀，在权力和公民的权利之间，必须有一个强硬的制衡点——“以人为本”。[②] 执法者应当从人类文明的发展历程中明确这样的认识：“法律的主要作用并不是惩罚与压制，而是为人类共处和满足某些基本需要提供规范安排。使用强制制裁的需要越少，法律也就更好地实现了其巩固社会和平与和谐的目的。”[③]

崇尚法律，倡导程序正义，依法保障犯罪嫌疑人、被告人的各项诉讼权利，有助于促进刑罚权在一个更加公平的条件下予以分配，使之取得最佳的法律效果与社会效果。同时，在文明执法、规范执法、尊重和保障犯罪嫌疑人、被告人权利之际，要依法办案，履行国家赋予我们惩罚犯罪的司法权力，保障无罪的人不受处罚，有罪的人罚当其罪。这样，可严防犯罪分子逍遥法外，保证国家刑事法律的统一、正确行使。

---

① ［美］罗纳德·德沃金：《认真对待权利》，信春鹰、吴玉章译，中国大百科全书出版社 1998 年版，第 269 ~ 270 页。

② 裴志勇：《佘祥林案让我期待什么》，载《人民日报》2005 年 4 月 19 日。人权的核心理念就是“人的尊严”，中国话语就是“以人为本”。李龙、朱孔武：《宪政的超越之维——兼论“以人为本”的宪政意义》，载《河南省政法管理干部学院学报》2005 年第 1 期，第 28 页。

③ ［美］博登海默：《法理学——法律哲学与法律方法》，邓正来译，中国政法大学出版社 1999 年版，第 345 页。

二、确立现代司法理念

一般来说，现代司法理念包含三个内容：

（一）司法公正理念

司法公正包括实体公正与程序公正两方面。实体公正相对于程序公正而言更为当事人和公众所关心，因为实体公正直接关系到当事人的实体性权利和利益。刑事诉讼中的实体公正就是一种结果公正。理想的实体公正包括三个方面的内容：“第一，实施犯罪行为的人被判决有罪；第二，无辜的人不受定罪；第三，有罪的人得到与其罪行相当的惩罚。作为一种完美的观念形态，实体正义理念包括这三个方面的要求。”①

1. 传统司法公正理念的误区

传统司法公正理念认为，在惩罚犯罪与保护无辜之间，惩罚犯罪处于首位，人们更强调惩罚犯罪，担心犯罪者逃避惩罚甚于担心错误地惩罚无辜。传统司法公正理念是有罪必罚，因为犯罪破坏了国家与社会的安全，侵害了特定社会成员或者全体社会成员的合法权益。维护国家或社会利益的目的和旗号，使对犯罪的追究行为似乎有了绝对的毋庸置疑的正义性。在这种理念中，防止无辜的人被错误定罪只是被同时注意的问题，而不是被首先关注的问题。尤其是当犯罪的被害人和其他社会成员因犯罪引起的“民愤”强烈地表现出来时，以对犯罪行为人的惩罚来平息“民愤”成为理所当然的态度。如果不能惩罚犯罪者或者放纵一个惩罚依据不足的犯罪嫌疑人，就不是“执法为民”，而是最大的不公正。

2. 确立现代司法公正理念

现代司法公正理念认为“在实体正义诸方面的要求中，保障无辜的价值在刑事诉讼制度中居于首要的地位而且具有绝对的意

---

① 宋英辉：《刑事诉讼原理》，法律出版社2003年版，第15页。

义”。[1] 现代司法公正理念之所以将保护无辜置于更重要的地位，是因为保护社会成员的安全本来就是法律的主要任务。因缺乏惩罚的足够依据而放纵少数实际上的犯罪者不会使社会安全受到根本性的破坏，而在缺乏惩罚依据的情况下错误地惩罚一个事实上无罪的人，则会使每一个社会成员的安全都受到了恐怖的威胁。确立将保障无辜者免受错误追究、错误惩罚放在首位的现代司法公正理念，并不意味着为了规避错案风险而放弃或者放松对于犯罪的及时有效追究，而是对于犯罪的追究要时刻防止造成对于无辜者的错误定罪，在罪与非罪处于不明状态时，宁愿放纵一个可能的犯罪者，而绝不能惩罚一个可能的无罪者。现代司法公正理念的另一个重要特征是强调程序公正。程序公正尽管并不必然导致实体公正，但公正的程序却总是比不公正的程序更容易得到实体公正。从古到今，冤假错案总是与不公正的程序行为联系在一起。

（二）程序法定理念

程序法定是程序正义的必然要求和最低要求。程序法定原则是通过明文规定公共权力行使者的行为是否合法以及如何纠正的形式，来保障犯罪嫌疑人和被告人权利不受非法侵犯。刑事程序法定原则作为刑事诉讼中具有全局性指导意义的重要原则，是现代刑事诉讼的基本要求。程序法定主要包含两个方面的要求：一是立法方面的要求，即诉讼行为一定要有程序法上的依据，任何无程序法依据的法外行为都不被允许；二是司法方面的要求，即诉讼行为严格依照法定程序进行，不得违反诉讼法所规定的各项原则、制度与程序。

1. 我国贯彻程序法定理念存在的问题

我国《宪法》和《刑事诉讼法》规定刑事诉讼必须“以法律为准绳”；《刑事诉讼法》第 3 条第 2 款规定，人民法院、人民检察院、公安机关进行刑事诉讼，必须严格遵守《刑事诉讼法》和

---

① 宋英辉：《刑事诉讼原理》，法律出版社 2003 年版，第 21 页。

其他法律的有关规定。可以说，在我国的相关法律中已确立了刑事程序法定原则。但是，我国在具体贯彻该原则方面，尚存在许多问题。首先，我国司法实践中许多涉及公民基本人权的刑事诉讼行为于法无据，甚至行政机关越俎代庖，制定涉及公民基本人权的程序规范。前者如在侦查实践中存在的诱惑侦查、监听通信、心理测试检查等；后者如劳动教养程序等。由于行政机关既是实际的实施者，又是立法者，导致实践中权力的滥用和专权，公民基本人权难以得到有效保障。其次，司法行政机关从自身利益出发，制定刑事程序规定，使得程序法定原则形同虚设。《刑事诉讼法》修改以后，有关机关都制定了实施《刑事诉讼法》的规定，这些规定在实践中往往取代立法机关制定的《刑事诉讼法》，其中有些规定与《刑事诉讼法》明显抵触，刑事程序法定原则遭到破坏，致使《刑事诉讼法》规定的程序得不到遵守。

2. 程序法定理念的缺失导致错案

程序法定理念的缺失是错案形成的原因之一，具体表现为：一是严重违反法定程序收集证据。侦查机关在收集证据过程中有着不同程度的刑讯逼供、指供、诱供的情形。在审查批捕或者审查起诉环节和审判环节，检察人员和审判人员虽然不会直接采取刑讯逼供等非法取证的行为，但办案人员对已经发现的侦查阶段刑讯逼供、指供、诱供等非法收集证据的情况甚至对于犯罪嫌疑人、被告人的控告往往熟视无睹、不予理会，照样以非法方法取得证据。[①] 程序法定理念的淡薄使办案人员对于程序违法行为采取容忍态度，从而无法发现和及时纠正错案。二是在法外程序中形成案件的实质性处理决定。错案多为疑难或者影响重大的案件，在这些案件的立案、审查批捕、审查起诉和审判环节，诉讼外的行政权力常介入其中进行协调，甚至提出明确的案件处理意见。有些案件，如果不是在法

① 陈瑞华：《程序性制裁理论》，中国法制出版社 2005 年版，第 106 页。

外程序中形成实质性的诉讼决定，完全可以避免或者可以更早一些制止错案的发展。

3. 摒弃“重实体、轻程序”的错误司法观

重实体、轻程序的意识在我国根深蒂固，因而确立和强化程序法定理念需要有效的教育、宣传，更需要相应的制度引导和强化。这里所说的制度，除了现行的诉讼制度以外，还应当在法律上确立一些如程序性辩护制度、程序性上诉制度、程序性制裁制度等维护法定程序权威性的制度。[①] 程序法定理念淡薄，导致程序违法行为，进而导致刑事错案，所以，无论对于程序性错案还是实体性错案来说，程序法定理念都至关重要。在我国，贯彻程序法定理念，一方面应当完善刑事诉讼立法，对于《刑事诉讼法》没有规定或者规定不完善的地方予以规定或者完善，将本应由《刑事诉讼法》规定而却由行政机关规定的涉及公民基本人权的程序纳入刑事诉讼法律规范之中；另一方面应当建立与完善关于程序违法的制裁机制，除了实体法和纪律制裁，还应当明确程序性后果，使刑事程序的价值得到体现，使程序法得到应有的尊重，使法定程序得到切实的遵守。[②]

（三）人权保障理念

受传统观念的影响，刑事司法人员在刑事诉讼中总是有强烈的保障社会成员集体人权的意识，认为通过惩罚犯罪，保护广大人民群众的人权不受犯罪的侵害是刑事司法机关的神圣职责。但是，从预防错案的角度上来说，仅有这样的人权保障理念是危险的。实际上，刑事诉讼中强调的人权保障并不是集体人权，而主要是被追究者的人权。集体人权的有效保护是通过对犯罪的正确追究得以实现的，诉讼过程本身并不对集体人权构成侵犯或威胁。相反，被追诉

---

① 陈瑞华：《程序性制裁理论》，中国法制出版社 2005 年版，第 107 页。

② 宋英辉：《刑事诉讼原理》，法律出版社 2003 年版，第 194～195 页。

者作为刑事诉讼中的弱者，其人权在诉讼过程中处于易受侵犯的境地，他们在刑事诉讼中的人权牺牲是不可避免的，只是程度不同而已。国家刑事司法权的实现，难以完全避免对公民的权利和自由造成侵害。为此，诉讼中人权保障的重点是犯罪嫌疑人、被告人的人权保障。保障他们的人权，其意义不只是体现诉讼的文明和程序的公正性，而且是为了保证刑事追究的正确性，防止刑事错案的发生。

强化对被追究者人权保障的理念，刑事司法人员在侦查取证、审查证据和案件事实、对案件作出处理决定时，才能避免采取那些既侵犯人权，同时又极易导致错误采信证据、错误认定案件事实和错误适用法律的诉讼行为。大量的错案表明，侵犯人权的诉讼行为，特别是侵犯人权的取证行为容易导致错案。同时，错案又对被追诉者的人权造成侵害。因此，必须真正树立尊重和保护人权的理念才能避免刑事错案的发生。

三、确立无罪推定原则

刑事司法机关的有罪推定已经被人们广泛认同为产生错案的原因之一，正因为如此，确立无罪推定原则，是我们预防刑事错案的必然要求。无罪推定原则是刑事诉讼中最基本的推定形式。它属于基于一定的价值取向而规定的不可反驳的立法推定。无罪推定的目标是要保护被告人的合法权利，是要保障司法的公正，是要把“无罪者被错判有罪”的可能性限制到最低的水平，这就是刑事司法的价值取向。① 当前，我国已经签署了关于公民权利的两个国际公约并批准了其中的《经济、社会及文化权利国际公约》，对诉讼民主化的追求和对人权保障的重视，使人们更加认识到无罪推定原则在刑事诉讼中的重要意义。确立无罪推定原则应当做到：

---

① 刘品新：《刑事证据疑难问题探索》，中国检察出版社 2006 年版，第 205 页。

（一）根除有罪推定思想

英国18世纪著名法学家威廉·布莱克斯通的一句话很具有代表意义："让十名有罪者逃脱也胜于让一名无辜者受罚。"无罪推定原则所赖以形成、存在的西方法律文化传统是：个人权益神圣不可侵犯，个人为了维护自己的正当利益和权利有权对任何人甚至国家进行对抗。而我国传统的法律文化观念都是强调国家和社会的整体利益，个人利益服从国家和社会的整体利益，二者发生冲突时，应当维护国家和社会的整体利益。这种价值的选择落实到刑事诉讼中，使我们往往重实体而轻程序，有时司法机关会为探求所谓的实体真实，而不惜以牺牲程序公正为代价，即如果赋予被告人的诉讼权利有碍于实体目标的实现，那么司法机关就会忽视这种权利的保护，损害诉讼程序的自身价值。例如，国内学者在反对无罪推定时所必然引申出的被告人享有的沉默权时，认为其与"坦白从宽，抗拒从严"这一刑事政策相悖，[①] 这其中所体现的也是法律价值观念的差异：被告人坦白自身罪状有利于国家刑罚权的实现，否则就不利于对社会整体利益的维护。这些观念都与无罪推定生存的法律观念之氛围格格不入，它们通过各种方式阻碍着无罪推定在中国的全面确立和贯彻实施。因此，要想在我国全面确立无罪推定原则，就应实现一个法律价值观念的更新与改变。功利主义的格言是"最大限度地增加人们的幸福"，而波普则提出了"最大限度地减少可以避免的痛苦"。后者体现的方法对于我们确立无罪推定原则具有借鉴意义。它告诉我们，除了需要完善的立法能力和正当的立法程序外，我们可以"把这些变革的目标定为最大限度地减少刑事诉讼中官员违法现象和公民遭受的痛苦，根除刑讯逼供，排除非

---

① 王永波：《无罪推定原则的内容和意义》，载《当代法学》2001年第10期，第38页。

法证据，为公民提供更为人道的待遇，等等”。[①] 也就是说，我们可以将彻底根除有罪推定、最大限度地减少不正当行为作为一种在我国确立无罪推定原则的比较现实的基本思路。

（二）排除非法证据

在英美法系和大陆法系的许多国家，均规定了或繁或简，或严或松的非法证据排除规则，其中尤以美国最为突出。在美国，其证据法中的“毒树之果”理论就要求不但用非法手段取得的口供不能使用，就是根据该证据所获得的线索而取得的证据也应作为“毒树之果”被排除。[②] 根据无罪推定原则，犯罪嫌疑人或被告人在依法定程序被判决有罪之前既然被认为是无罪的，其诉讼权利和其他权利就应受到法律保护。因此，如果仍赋予非法证据以证明力，则非法取证必将大行其道，犯罪嫌疑人或被告人的权利将无以保护，无罪推定原则旨在保护的利益将难以实现，其创立目的也将落空。为此，在实行无罪推定原则的国家中，一般都确立了非法证据的排除规则。

在我国，对于非法取得的证据材料是否可以作为证据采用，《刑事诉讼法》没有明确规定。但《最高人民法院关于执行〈中华人民共和国刑事诉讼法〉若干问题的解释》第61条规定，“严禁以非法的方法收集证据。凡经查证确实属于采用刑讯逼供或者威胁、引诱、欺骗等非法方法取得的证人证言、被害人陈述、被告人供述，不能作为定案的根据”。可见，我国实际上已经确立了非法收集的言词证据排除规则。但是，对于由这些非法收集的言词证据派生而来的实物证据、非法收集的实物证据，能不能予以排除，刑诉法和相关司法解释均未作规定。对此，有人认为，非法收集的实

① 锁正杰：《刑事程序的法哲学原理》，中国人民公安大学出版社2002年版，第208页。

② 汪海燕：《论美国毒树之果原则——兼论我国刑事证据立法的启示》，载《比较法学研究》2002年第1期，第29页。

物证据虚假的可能性不大，如果对这种证据予以排除，将直接导致审判所能使用的证据很少，最终必然会影响查明案件事实真相，带来打击犯罪不力的严重后果。对此，笔者认为，非法证据排除规则的理论基础并非在于排除不真实、不可靠的证据，而是为了通过限制控诉方滥用权力以保护犯罪嫌疑人和被告人的权利，因此，除了为兼顾刑事诉讼公正与效率的价值目标可以保留一些特例外，只要是非法取得的证据原则上均应排除。

（三）落实“疑罪从无”

为确保“疑罪从无”原则落到实处，应着重做好以下几个方面的工作：一是从诉讼构造的角度，应突出法官的中立地位，通过控、辩、审三方的相互制约来抵消有罪推定可能导致的权力滥用，这对“疑罪从无”的实现至关重要。相应地，建立强制性侦查措施的司法审查机制，降低羁押率，尽量使用非羁押性的措施，切实保护被追诉人的生命、身体、自由、财产等权利。二是扩大检察机关的起诉裁量权，鼓励检察官在案件存疑时大胆进行不起诉处理。对作出存疑不起诉处理的，发现新证据以后重新起诉，应当有时间的限制。三是取消证据不足指控犯罪不能成立的无罪判决，避免出现疑罪从挂甚至存疑判决的尴尬。四是限制发回重审的次数，避免程序倒流，使当事人受到不当的重复追诉。不过，疑罪从无有可能放纵真正的罪犯，因此，保持慎重的态度还是十分必要的，不能从一个极端走向另一个极端，否则会破坏社会秩序的稳定。

（四）不得强迫自证其罪

英国法学家斯蒂芬曾说，假若有人问我被告人为什么被推定无罪，我认为真正的答案不是这个推定可能是正确的，而是今天的社会看起来比个人强大得多，它可能给人带来的伤害远远大于要付出代价的社会个体通常给社会整体造成的破坏。的确，在刑事诉讼中，被追诉人面对的是国家公权力，如果不赋予他不得强迫自证其罪的权利，他就很可能在威胁、引诱、欺骗的情况下，作出虚假供述，最终导致冤案的产生。

四、引入刑事诉讼谦抑理论

刑事诉讼中的谦抑思想是人类谦抑思想在刑事诉讼领域中的沉淀。有关谦抑的思想渊远流长，古今哲人给我们留下了许多光辉的论述。孟德斯鸠就曾谈道："治理人类不要用极端的方法；如果一个国家，刑罚并不能使人产生羞耻之心的话，那就是暴政的结果，暴政对恶棍和正直的人使用相同的刑罚。如果一个国家，那里的人所以不敢犯法纯粹是因为惧怕残酷的刑罚的话，我们也可以肯定，这主要是由于政府的暴戾，对轻微的过错使用了残酷的刑罚。"他甚至还认为："法律过于严酷，反阻碍了法律的实施。如果刑罚残酷无度，则往往反而不处刑了。"他还总结道："在专制的国家里，绝无所谓调节、限制、和解、条件、等值、商谈、谏诤这些东西。""专制的国家，喜欢简单的法律，所以大量使用报复刑的法律。政治宽和的国家有时候也准许使用这种法律。但是有不同的地方：前者是严格地执行，后者则时常加上一些和缓的办法。"①

从预防刑事错案的角度来看，刑事诉讼谦抑理念的含义主要体现在三个方面：一是刑事诉讼在纠纷解决开始时的克制性。司法机关对被追诉人造成的司法影响有些是非常不公正甚至是无法挽回的，因此，刑事诉讼谦抑理念要求在纠纷开始时一定要保持克制，即在可能的前提下，尽量克制使用刑事诉讼手段，尽量使案件不进入刑事诉讼程序，这样就可以从源头上杜绝刑事错案产生的可能性。② 二是刑事诉讼在纠纷解决过程中的妥协性。要实现刑事诉讼中的妥协，首要的是实现控辩平衡、审判独立和中立，这必然要求

---

① ［法］孟德斯鸠：《论法的精神》，张雁深译，商务印书馆1961年版，第85～89页。

② 如尽量使用不起诉制度、犹豫制度；能用轻缓的措施时就尽量不用严厉的措施，如尽量使用保释制度，尽量不夜间搜查住宅，尽量不查封财产等。

尊重、保障被追诉人的基本人权和诉讼权利。[①] 三是刑事诉讼在纠纷解决结果上的宽容性。刑事诉讼的宽容性具体表现为通过刑事诉讼程序的容忍、宽恕而实现的对被追诉人的宽容。直接表现在被追诉人因推迟进入刑事诉讼程序、提前脱离刑事诉讼程序或不再重新回到刑事诉讼程序中来，因而摆脱刑事诉讼所带来的负担和影响，我们称为程序上的宽容。间接表现为因程序上的宽容所引起的实体上的宽容。[②] 在我国，有人将刑事诉讼谦抑理论简单地表述为“可捕可不捕的不捕，可诉可不诉的不诉，可判可不判的不判”。通过上述种种克制、妥协、协商等做法，在一定程度上更好地克服认知偏见，从而达到减少错案发生的目的。刑事诉讼谦抑理念内涵丰富，博大精深，这一理念因其自身所具备的宽容、妥协、容忍等充满人文色彩的内涵，从一开始就具备了抑制错案产生的功效。

（一）慎用强制措施

强制措施的功能是防止犯罪嫌疑人逃避或妨碍侦查或审判，强制措施的适用必须符合法定的条件。实践中有些地方把强制措施特别是羁押手段用作侦查的手段，以有效解决收集证据的困难。例如，监视居住，实践中，无论是否有固定住处的被监视居住人通常被指定居所居住，而在指定居所又基本上被彻底剥夺了人身自由，与羁押状态无异。“指定居所后的监视在实践中基本被侦查人员转化为一种物理强制，从而模糊了与羁押的界限。”“在这种机制下，侦查机关对于证据不足的案件可以以监视居住为借口实施实质性的羁押。无疑，这种高适用率的背后并不是犯罪嫌疑人权利的张扬，

① 具体包括保证纠纷双方力量基本对等；保障双方都尽可能地参与、选择、影响纠纷的解决方式、途径和进程；尽可能地通过和解、合意、契约的方式来解决纠纷。

② 如因为不起诉而使被追诉人没有受到刑罚等。主要包括两个方面的内容：一是本刑事诉讼的“提前”终结，典型的如酌定不起诉、证据存疑不起诉等；二是限制就同一事实再次启动刑事诉讼程序，典型的如一事不再理和禁止双重危险、无利益变更之禁止等。

而恰恰是侦查权力的无所节制。”① 滥用强制措施的做法不仅违反了程序公正的要求，容易侵害犯罪嫌疑人的合法权益，而且也因此常常成为刑事错案发生和加剧司法侵害的一个重要原因。当犯罪嫌疑人并没有实施犯罪时，拘留、逮捕或者指定居所的监视居住加上侵犯人权的违法讯问，极易导致作出不符合事实的虚假供述。在一些证据不足的疑难案件的侦查过程中，侦查机关无法在法定的期限内侦查终结，便以种种形式上合法的理由一再延长羁押期限，使错案的损害后果在实质上不合法的羁押中日益严重。更为甚者，鉴于在法定的羁押期限内收集证据可能存在困难，且在羁押场所讯问效果不理想，有些地方侦查机关干脆先将犯罪嫌疑人置于监视居住状态，在指定场所进行讯问取证，直至证据达到了足以起诉甚至判刑的充分程度时才将犯罪嫌疑人转为刑事拘留或逮捕。这些做法至少在实质上违反了《刑事诉讼法》的规定。因此，侦查机关对适用强制措施时应持谨慎态度，禁止将其作为收集证据的手段，禁止采用不受监督制约的非规范性羁押方法。

1．强制措施的限制和适度适用

在刑事诉讼中，一方面，强制力的行使是不可避免的，因而在刑事程序的各个阶段，都涉及强制措施的适用问题；另一方面，强制措施的适用直接关系到公民的人身、财产、私生活等，因而强制措施的适用直接关系到公民的基本人权。慎用强制措施旨在强调避免过度地或不当地适用强制措施，以防止过多或不当适用强制措施而侵犯公民的人权。此外，慎用强制措施与无罪推定原则有内在的联系。按照无罪推定原则，任何人在未经法律程序确定有罪以前，应推定其无罪。既然犯罪嫌疑人、被告人在依法确定有罪前在法律上仍然是无罪的人，那么，应当尽可能使其人身和财产处于不受限

① 马静华、冯露：《监视居住：一个实证角度的分析》，载《中国刑事法杂志》2006 年第 6 期，第 27 页。

制的状态；即使对其人身和财产进行限制，也应当适度。[①]

慎用强制措施，贯彻强制性措施限制适用与适度原则，对于实现我国刑事诉讼谦抑化，完善我国刑事程序的诉讼构造，实现保障人权与控制犯罪相统一的刑事诉讼目的，具有十分重要的意义。对强制措施的适用条件和程度进行限制，既可以减少因错抓无辜而给司法不公带来的负面影响，从诉讼成本的角度来看，也可以减少对司法资源的使用，从错案赔偿的角度来说，也可以减少因错抓错捕而导致的赔偿，节省司法成本。我国《刑事诉讼法》对涉及公民权利的强制性措施作出了明确规定，其中对限制人身自由的强制性处分，规定了较为严格的条件。[②] 这表明了我国立法尽可能避免采用较重的强制性处分的态度，就其精神实质而言，是与强制性处分限制适用与适度原则的要求相一致的。但是，也应当看到，在我国刑事诉讼中，一方面，有关强制性措施，尚未形成较为完备的诉讼程序上的控制机制；另一方面，在诉讼实务中，也存在滥用强制性措施的倾向。因此，进一步强调强制性处分限制适用与适度原则，并以此为基础完善我国的刑事诉讼立法，便成为摆在我国刑事诉讼理论、立法及诉讼实务面前的重大课题。[③]

2. 改革现有强制措施

具体来说，改革现有强制措施应当做好以下三个方面的工作：一是取消监视居住制度，完善取保候审制度。实践中广为使用的指定居所的监视居住与羁押已无实质性区别，而其程序违法的严重程度和引发刑事错案的消极作用远远超过规范性的羁押。此外，剥夺被监视居住人的人身自由、对监视居住期间办案机关的行为缺乏监

① 宋英辉：《刑事诉讼原理》，法律出版社 2003 年版，第 125 ~ 127 页。

② 如逮捕，我国《刑事诉讼法》除要求必须有证据证明有犯罪事实，可能判处徒刑以上刑罚外，还必须是采取取保候审、监视居住等方法尚不足以防止发生社会危险性而有逮捕必要。

③ 宋英辉：《刑事诉讼原理》，法律出版社 2003 年版，第 128 页。

督也是监视居住制度存在的明显的问题。监视居住制度与当初制度设计的初衷相去甚远，且执行困难，将这一制度的任务交由取保候审，并通过强化对取保候审的当事人的义务约束和保证机制，使取保候审制度同时承担监视居住的任务。二是适用拘留、逮捕、审查批捕时应严格把关，坚持法定条件。首先要严格把握证据条件，如无确实证据证明犯罪嫌疑人实施了犯罪，不得对犯罪嫌疑人实施羁押。其次要坚持逮捕的必要性条件，提请批准逮捕必须说明逮捕必要性的理由，可捕可不捕的坚决不捕。[①] 三是严格限制羁押期限的延长。检察机关应当建立和完善延长羁押期限的监督机制，严格规范和限制羁押期限的延长，防止隐性超期羁押现象的发生。同时，对于当事人或律师等提出的变更强制措施的申请必须限期书面答复，不同意变更的要说明事实与理由，当事人及其辩护人有权向上一级检察机关申请复核。

（二）借鉴犹豫制度

犹豫制度源自日本，是指基于刑事政策的需要，法律赋予刑事司法机关一定的自由裁量权，以实现对犯罪嫌疑人、被告人的非刑事化处理。犹豫制度通过自我克制、自觉自愿的方式来实现司法克

---

① 最高人民检察院检察长贾春旺在2005年1月5日全国检察长会议上强调，检察机关应根据具体情况，可捕可不捕的不捕，可诉可不诉的不诉。见《检察日报》2006年1月6日。

制的目的，是对国家公权力进行克制的一个手段。[1] 在刑事法治的视野中，刑事政策功能的发挥应当通过两个途径来实现：第一，为诉讼程序的立法提供宏观的指导性方针，促进立法者对其精神加以吸收，使其以法律规范的形式确定下来，实现刑事政策的普遍司法化。第二，在法律的具体实施过程中，为司法者的自由裁量权的行使提供导向，实现刑事政策的个别司法化。我国 1996 年修改后的《刑事诉讼法》在取消免予起诉制度的同时，扩大了检察机关的不起诉裁量权，即对于犯罪情节轻微，依照刑法规定不需要判处刑罚或者免除刑罚的，人民检察院可以作出不起诉决定。立法将“犯罪情节轻微”作为“不需要判处刑罚”和“免除刑罚”的共同条件，事实上将我国检察机关的不起诉裁量权限定在了极小的范围之

---

① 日本明治维新初期，微罪不起诉的制度开始形成，大正 11 年（1923 年），这种做法得到了正式的立法确认，当时的刑事诉讼法第 279 条规定：“根据犯罪人的性格、年龄、境遇、犯罪的情节及犯罪后的状况，认为没有追诉刑事责任之必要时，可以不提起公诉。”（［日］松尾浩也：《关于裁量起诉主义》，载西原春夫主编：《日本刑事法的形成与特色》，李海东等译，中国法律出版社/日本国成文堂 1997 年版，第 153 页。）这是形成日本起诉犹豫制度的最初法律依据。据统计，在日本，起诉犹豫占全部不起诉案件的 90% 左右，占全部刑事案件的 25% ~ 30%。1994 年，日本检察厅共办理案件 2,126,988件，其中不起诉案件为 658,163 件，占全部案件的 29.2%，占全部不起诉案件的 94.4%。（宋英辉：《日本刑事诉讼新发展》，载《诉讼法论丛（第一卷）》，法律出版社 1998 年版，第 159 页。）按所处的刑事诉讼的不同阶段划分，犹豫制度可以分为侦查阶段的移送犹豫，起诉阶段的起诉犹豫和裁判阶段的宣告犹豫和执行犹豫。侦查阶段的移送犹豫，是指司法警察对于轻微犯罪案件，不移送检察官处理而自行终结处分之措施；起诉犹豫，是指决定起诉或不起诉时，在检察机关具有足以提起公诉的嫌疑及证据，并且也具备诉讼条件的场合，允许检察机关根据其裁量，不提起公诉的制度；宣告犹豫制度，是指法院在认定被告人有罪的场合，在一定条件下，于一定期限内暂不对被告人宣告有罪和宣告刑罚的制度，前者称为判决的缓期宣告或有罪的缓期宣告，后者称为刑罚的缓期宣告。

内。出于对检察机关滥用这种自由裁量权的顾虑，法律规定了主体之众、手段之多、力度之大的监督制约机制，而且学界还有铺天盖地的文章来研究如何完善这种监督制约机制。立法的落后让旨在贯彻刑事政策的司法者处在了“合理而不合法”的尴尬地位，甚至背上了“温情司法”、“背离法治”的骂名。可见，正确认识犹豫制度的功能，借鉴国外的犹豫制度，完善我国《刑事诉讼法》，是实现我国刑事诉讼谦抑化的重要任务之一。如果我国刑事诉讼体系能确立明确的犹豫制度，类似合肥四少年被无辜羁押的错案或许就能少发生一些。①

（三）提高起诉标准

提高起诉标准，对于可诉可不诉的坚决不诉，从这个角度上来说也可以避免刑事错案。保护无辜者不受定罪是任何国家刑事司法制度的首要价值，在实践层面上，任何国家都难以避免伤害无辜的错误发生，但这并不妨碍保护无辜成为该国刑事司法制度的首要价值追求。然而，如果刑事司法制度设计本身就放弃或放松了对这一价值的追求，那么，该国刑事司法制度的正当性就很值得怀疑。众所周知，检察机关在刑事诉讼中起着甄选审判对象的作用，起诉的正确性直接影响着定罪的正确性。道理十分简单：如果检察机关根本就没有对无辜者提起公诉，那么，无辜者就永远也不可能受到法院的定罪。因此，一个相当高的起诉标准直接服务于保护无辜价值目标的实现。反之，起诉标准的降低，将大大增加无辜者被定罪的概率，不利于保护无辜者的合法权益。此外，起诉标准的降低，还会增加无辜者遭受刑事追诉的程序性负担。一个高的起诉标准，可

---

① 南京市浦口区检察院率先成立了在校大学生犯罪预防中心，并对涉嫌犯罪的大学生实行“暂缓不起诉”的新举措，以人性化帮教手段予以挽救，使其能完成学业，重新成为有用之才。此举在理论界与实务界都引起了广泛反响，有人称其为“温情司法”，合理而不合法；也有人对检察机关基于刑事政策而采取的这种做法表示赞同。

以使无辜者早日从这种程序性负担中解脱出来，恢复正常的生活，这也有利于社会秩序的稳定。①

第二节 强化刑事司法人员素质，加强职业道德教育

刑事司法人员业务素质和职业操守不良是导致错案形成的原因之一，这已经成为人们的共识。办案人员素质不高、职业操守不良，就会无视程序约束，滥用手中权力，为达诉讼目的而不顾诉讼参与人的合法权益。因为办案人员的素质不高，难以发现错案隐患，看不到客观上已经发生的刑事错案，从而失去了及时纠正错案的机会。因此，强化刑事司法人员的素质训练和职业道德教育是预防刑事错案的一个必要的手段。

一、增强司法业务素质

增强刑事司法人员司法业务素质应围绕三方面展开：

一是法律素质，即适用法律的能力和水平。法律素质是刑事司法人员最基本的业务素质。法律素质差是导致刑事错案的原因之一。重庆“彭水诗案”就很典型。在该案中，公安机关和检察院在没有自诉人的情况下，竟然以“诽谤罪”起诉秦中飞，这明显是错误的适用法律。② 在刑事错案中，属于法律适用错误的情形不多，但是提高法律素质可以减少错误立案、错误批捕、错误起诉，从而避免错案。法律素质对于预防程序性错案也同样重要，为什么侦查机关非法取证行为难以杜绝，一个重要原因是部分刑事司法人员并没有真正理解和掌握刑事诉讼法学的相关原理。例如，当犯罪嫌疑人、被告人或辩护人以一定的依据提出侦查机关存在刑讯逼供

---

① 宋英辉：《刑事诉讼原理》，法律出版社2003年版，第216页。

② 百度百科：《彭水诗案》，http://baike.baidu.com/view/813180.html.

或变相刑讯逼供的情形时，不少检察官包括法官仍然认为，对于是否存在非法取证事实应当采取“谁主张、谁举证”的原则，其结果是，辩护方永远证明不了非法取证的事实，非法取证行为自然就永远不怕“非法证据排除规则”。

二是收集、审查判断证据和运用证据的能力。绝大多数刑事错案都是案件事实认定错误，而造成这类错误又主要是因为侦查人员收集证据能力差和检察人员、审判人员审查、判断、运用证据能力差。提高收集证据的能力也就是提高依法取证的能力。不依靠非法方法又能有效地收集到有价值的证据，证实犯罪事实的存在，这是侦查人员和检察人员最为重要的能力。而对从事审查批捕、审查起诉的检察官来说，对证据的分析判断和运用能力则是最重要的能力。目前，许多侦查人员、检察人员仍是凭借传统的方式和经验收集证据、审查判断证据和运用证据认定案件事实。因此，应当采取有效办法，切实提高刑事司法人员侦查取证的能力和水平，提高办案人员审查判断证据的能力和运用证据认定案件事实的能力。

三是协调各种矛盾正确处理案件的能力。不少刑事错案未能及时制止，相反，在各个诉讼环节一再被重复，重要的原因之一是未能正确有效地协调各种矛盾。有时，检察人员已经发现了侦查环节上事实认定或案件定性上存在严重问题，但由于同侦查机关、地方党委或政府、被害人及其亲属、部分群众或者媒体存在认识分歧或者利害冲突，最后检察机关放弃原则，迁就他人的愿望和要求，因而导致错案形成或者被下一个诉讼环节重复。在现实的政治体制和执法环境下，刑事司法机关完全逆他人意愿而行，依法独立作出案件处理决策，有时确实难以办到。因此，司法机关既要坚持原则，不能让司法向不合法的要求让步，又不能恶化刑事司法机关与其他机关、组织和公众之间的关系，这就需要刑事司法人员有较强的协调处理矛盾的能力。最高人民检察院副检察长朱孝清接受记者采访时谈道：“党委对案件的意见不符合法律规定的，要依据事实和法律做好汇报、解释工作。”[1] 如何汇报、如何解释，如何让党委理解和支持司法机关的意见和决策，这就是协调矛盾处理案件的能力问题。能否有效地协调处理好这类矛盾，直接关系到能否及时有效地防止错案的发生与发展。

二、提高刑事科学技术的实践运用能力

证据收集过程中侦查人员的程序违法行为，在证据的审查、判断和运用过程中，检察官和法官舍不得排除非法证据，一个很重要的原因是，现在的侦查取证手段还比较落后，现代刑事科学技术还没有普遍地、很好地运用到刑事司法实践中。提升司法人员的业务素质需要提高运用现代科学技术收集证据和审查判断证据的能力。

加强刑事科学技术手段的实践运用，首先需要国家大力发展刑事科学技术，提升刑事科学技术水平；其次需要刑事司法机关及时用现代刑事技术手段武装自己。这两个条件是前提，除此之外，还需要刑事司法人员具备相关的刑事科学知识和运用科学技术手段解决问题的能力。否则，刑事科学技术反而会成为非法取证的帮凶。例如，测谎技术对于审查判断犯罪嫌疑人是否如实陈述有一定的帮助，但如果测试人员编制的测试题不科学，或者测试操作不当，或者对测试结果分析不准确，或者办案人员对测谎结论未能正确科学的判断和运用，都可能因此误导办案人员大胆地使用刑讯逼供等非法取证手段逼供，大胆地采信实际上并不确实的证据材料，草率地作出错误的案件事实结论。

“现代科技的发展使得一些错案的纠正成为可能。纵观新的技术在当代刑事司法中的运用，我们会发现其在错案发现和纠正方面

① 《检察日报》记者采访最高人民检察院副检察长朱孝清的访谈录：《防止冤假错案要严把捕人观》，载《检察日报》2005 年 5 月 16 日。

具有独特的功能。”[①] 现代科技既然在发现和纠正刑事错案方面具有独特功能，那么在预防刑事错案方面自然也具有独特意义。用现代科学技术武装刑事司法人员特别是侦查人员，既有利于侦查人员摆脱对于非法取证手段的依赖，特别是对于刑讯逼供的依赖，又有利于减少由此导致的刑事错案。例如，一般的血型检测经常无法排除犯罪嫌疑人与案件的关系，相反，还会误导侦查人员循着嫌疑人身上的血迹与被害人血型一致这一线索刑讯逼供或者错误定案。DNA 技术却可以帮助及时排除犯罪嫌疑人或者纠正已经开始的错误追究，这在美国错案纠正过程中发挥了很大的作用。

三、提高职业道德水平

刑事司法人员良好的职业道德素质，主要表现在对事实和法律的绝对忠诚；大公无私、公正不阿、维护正义、坚持真理，工作认真负责，办案作风严谨踏实。围绕这些方面，应该抓好刑事司法人员的“四观教育”，即绩效观教育、责任观教育、道德观教育、规范观教育。

绩效观教育，即教育刑事司法人员树立正确的绩效观。以检察环节为例，检察机关作为犯罪的追诉机关，及时有效地揭露和证实犯罪，成功地将犯罪嫌疑人提起公诉使其受到应有惩罚，这是检察工作绩效观的主要内容，这一点毋庸置疑，各级检察机关在向同级人大报告工作时也都注重总结这方面的实绩。但是，仅有这一点是不全面的。检察机关作为法律监督机关，在检察环节上能够及时有效地阻止和纠正程序违法行为，及时发现并制止刑事错案的形成发展，也是检查工作的重要成绩。批捕、起诉、不起诉等案件数量并不必然地、绝对地反映检察工作成绩的大小，对一个不该起诉的案件及时果断地作出不起诉决定或撤销案件决定，同样反映出检察工

---

① 陈学权：《科学技术在刑事诉讼中的价值》，载《法学研究》2007 年第 1 期，第 24 页。

作的高质量。在个案处理问题上，仅考虑被害人满意、人民群众满意、有关领导满意而没有自己明确的立场和态度，不顾对犯罪嫌疑人是否公正，放任程序违法行为，这绝不是一种正确的绩效观，而是一种容易导致错案的危险的绩效观。

责任观教育，即教育刑事司法人员确立正确的责任意识和责任态度。对于侦查、检察人员来说，增强对事实和法律负责的责任心极为重要。这种责任心既包括成功地揭露和证实犯罪，使犯罪者受到应有的惩罚，也包括保证无辜的人不受追究，还包括不让犯罪嫌疑人受到不必要的权益损害。这种责任心源自侦查、检察人员内心，而与错案责任追究无关。不管一个案件是否立案、批准逮捕或者提起公诉，与自己可能承担的责任有无关系，侦查、检察人员都应当从高度的责任心出发，敢于坚持真理，敢于承担责任。遇到决策风险就将案件存在的难题推向领导或者检察委员会；不管上级作出何种决定都一律坚决服从；决策时把个人利益得失放在首位加以考虑等情形都是错误的责任观。树立了正确的工作责任观，刑事司法人员才会真正对事实和法律负责，对法定程序负责，对当事人的合法权益负责，才会认真且努力地去避免那些有可能对当事人造成合法权益损害的刑事司法错误。

道德观教育，即对刑事司法人员进行道德情感教育。侦查、检察人员固然要有憎恨犯罪、同情被害人的道德情感，否则追诉犯罪就会缺乏足够的动力，但对犯罪嫌疑人应有的同情也很重要。犯罪嫌疑人一旦成为追究对象，在强大的国家机器面前也是弱者，没有对犯罪嫌疑人的道德同情心，就会容忍侵害其合法权益的诉讼行为和诉讼决策，从而为刑讯逼供、非法取证提供了适宜的土壤。从一些错案形成的过程来看，侦查人员缺乏同情心是刑讯逼供的一个重要原因，而在审查批捕、审查起诉环节，检察人员容忍刑讯逼供，采信非法取得的证据，或者已发现案件的疑点而不坚持自己的观点，明明感到错案风险巨大，却仍然不敢坚持自己的观点，以致错失及时制止错案发生的机会，其原因之一也是缺乏同情心。近年来有些地方倡导人性化办案，也是强调要有同情心，只是这种同情心还应扩展，不能只是对被追究者生活、健康、家庭方面的同情与关怀，从预防错案的角度考虑，还要对他们所处的可能遭受司法侵害的处境富有同情心。这样一种同情心并不影响其对犯罪的有效追究，但却可以自觉地警惕错案和程序性司法错误的发生和发展。

规范观教育，即对刑事司法人员进行执法规范化教育。执法不规范特别是诉讼行为违反法定程序，既容易损失犯罪的追究效率，也容易导致错案。近年来开展的全国范围内规范执法行为教育的活动无疑有助于各个诉讼环节错案预防和程序违法行为预防。

第三节 遏制非法取证

前面已经分析过，非法取证是刑事错案产生的重要原因之一，因此构建刑事错案预防体系必须遏制非法取证。

一、规范侦查取证程序

目前，程序正义越来越受关注，程序本身具有丰富的价值。正如有的学者所阐述的，程序具有三项价值标准："内在价值，即程序自身符合正义要求；外在价值，即程序因具备产生公正结果的能力而具有公正性；次级价值，即程序符合经济效益的要求，这一价值标准相对于前两者而言居于次级地位。"① 正是由于程序具有上述价值，所以要以严密的程序抵制执法人员的非法取证行为。同时，要逐渐消除执法人员过分依赖口供、有罪推定的思想，树立保障犯罪嫌疑人人身权利的观念，使刑事取证行为在一个良好的秩序中运行。

侦查人员不仅要注意收集能证明案件事实的证据，而且还要注意制作和收集证明侦查取证活动本身合法的证据。因此，必须完善

---

① 陈瑞华：《刑事审判原理》，北京大学出版社1997年版，第45页。

有关的配套制度，保证侦查取证活动有效进行。杜绝刑讯逼供，单纯要求司法人员转变思想观念是明显不够的。法治社会重在把观念落实到制度上，靠制度保障。要遏制刑讯逼供，首先要根除滋生刑讯逼供的观念，其次是要制定相关制度，防范刑讯逼供的发生。主要应增设以下规则和制度：一是确立并真正贯彻非法证据排除规则。凡是以刑讯逼供等非法手段获取的口供及其他证据，既使查证属实，也不能作为证据使用，从而使刑讯逼供者最终无法从刑讯逼供行为中受益。二是确立侦押分离制度。把看守所从公安机关分离出来，而由中立的司法机关统一管理，从而更有利于防止和查处刑讯逼供。三是建立被羁押人员接受讯问前后的身体检查制度。凡遭受过刑讯逼供的人其身体或多或少存在问题，由中立司法机构对被讯问者进行接受讯问前后的身体检查，可以防范不当侦查方法的使用。四是制定刑讯追究制度，认真解决刑讯逼供罪法条虚置问题。我国《刑法》第247条明确规定："司法工作人员对犯罪嫌疑人、被告人实行刑讯逼供或者使用暴力逼取证人证言的，处三年以下有期徒刑或者拘役。致人伤残、死亡的，依照本法第二百三十四条、第二百三十二条的规定定罪从重处罚。"然而，在司法实践中，由于主客观方面的诸多原因，刑讯逼供实际发生较多而查处甚少，一般是在刑讯逼供造成伤残、死亡的严重后果时才得以刑讯逼供罪追究刑事责任，有的刑讯者还因办案"有功"受到表彰奖励甚至提升，致使刑讯逼供罪的法条形同虚置。有鉴于此，应当指定具体的刑讯追究制度，通过相关部门，及时接受关于刑讯逼供问题的举报，及时立案查处，真正做到"有法可依、有法必依、违法必究"，切实解决刑讯逼供罪的法条虚置问题。五是建立以质证为核心的证据审查制度。质证应是法庭认定证据的必经程序，证据只有当面质证才能辨明真伪。证人、警察和鉴定人都应到庭接受询问，同样也应接受辩方的质证，这是防止酿成错案的重要诉讼机制。

二、改革讯问制度

我国现有的讯问规则，使得侦查讯问以证明犯罪嫌疑人是罪犯为目的，讯问的目的是取得有罪证据。我国《刑事诉讼法》第93条规定："侦查人员在讯问犯罪嫌疑人的时候，应当首先讯问犯罪嫌疑人是否有犯罪行为，让他陈述有罪的情节或者无罪的辩解，然后向他提出问题。犯罪嫌疑人对侦查人员的提问，应当如实回答。但是对与本案无关的问题，有拒绝回答的权利。"这样的规定，容易使侦查人员将犯罪嫌疑人的辩解或者沉默视为"不如实回答"，证明犯罪嫌疑人不是罪犯根本无从谈起。改革讯问制度，须做到以下四个方面：

（一）杜绝违法讯问，确保供述的自愿性

违法讯问突出表现在刑讯逼供、变相刑讯逼供或者采用威胁、引诱、欺骗等非法方法逼取有罪供述。对口供的崇拜和过分倚重容易导致刑讯逼供，进而造成错案。因此，从根本上消除执法者对口供的过分依赖，以及严守口供自愿性原则，是预防刑事错案的必然要求。犯罪嫌疑人、被告人的自愿性口供，是在其精神正常、意志自由且确保人权的情形下作出的反应，符合人类社会的活动规律，具有相当高的可信度。采信这种口供，既能保障人权，又可以大量节省司法资源，提高办案效率，还能够大大减少错案的发生，实现司法公正的最大化。对口供的自愿性要求，诸多法治国家都已有成文规定。例如，英国规定了三种情形下口供的排除使用：一是供述时受到压迫（此处的压迫，是指使用暴力或以暴力相威胁、拷打、非人道的待遇。供述时是否受压迫，由法官综合考虑侦查员讯问时使用手段的性质及被告人的年龄、智力、经历等情形后确定）。二是侦查人员的语言或行动导致犯罪嫌疑人、被告人认罪供述不可信的情形。三是在羁押期间不允许被告人与其律师会晤商谈，被告人在这种情形下作出的认罪供述也应予排除。我国对此应当有所借鉴，并形成保障供述自愿性的具体制度。

（二）禁止恫吓性、欺诈性、引诱性讯问

恫吓性讯问即以威胁、恐吓的语言进行讯问，如“不老实交代多判你几年”等；欺诈性讯问即以欺骗的方式骗取犯罪嫌疑人的有罪供述，如“只要你老实交代我保证你判不了3年以上”；引诱性讯问即将一些信息隐含在问话中，使犯罪嫌疑人作出侦查人员想要的回答，如“你是用麻袋沉尸的吗?”（暗含语：你沉尸了），“你在被害人身上砍了三刀还是四刀?”（暗含语：你用刀砍了被害人）。恫吓性、欺诈性、引诱性讯问都是以有罪推定为前提的，都希望得到嫌疑人的有罪供述。因此，必须禁止这种讯问方式，并用非法证据排除规则将通过这些方式得到的证据排除掉。

（三）实行讯问时同步录音录像制度

讯问全程录音录像，不仅有利于规范讯问行为，防止刑讯逼供，而且有利于固定口供，有利于防止当事人诬告，有效保护侦查人员。目前，我国一些地方的检察机关已经实行自侦案件讯问全程录音录像并随案移送所录音像资料的制度。最高人民检察院也已要求全国检察机关逐步实行自侦案件讯问全程录音录像。据最高人民检察院一位副检察长透露，从2007年10月1日起，全国检察机关全面实行讯问职务犯罪嫌疑人全程同步录音录像制度。可见目前将讯问过程录音录像写入立法的条件比较充分，比律师在场制度的现实可行性高得多。这一制度在国外已经有所尝试并取得不错效果。英国及美国一些州都在做这个努力。有一个比较有意思的例子，警察对嫌疑人说，一会儿我们要对你指甲垢进行DNA检测，因为里面可能留有被害人的生物性证据。在警察离开后，嫌疑人就开始使劲儿地吸吮自己的指甲。这段录像，可以用来作为证明嫌疑人有罪的证据。录像不仅仅是保护嫌疑人的，也是用来保护警察的，它将防止嫌疑人日后在法庭上提出供述自愿性的争议。对犯罪嫌疑人的讯问一律在侦查机关特定的安装有录音录像设备的审讯室进行，禁止任意选择讯问场所讯问。为了防止侦查人员有意规避监督，也为了防止变相刑讯逼供的行为，禁止侦查人员在正式立案前的其他程序中参与讯问，禁止对被监视居住中的犯罪嫌疑人在指定的居所进行讯问。[①] 现在各地检察机关在讯问职务犯罪过程中大多同步录音或者录像，但是，这一手段主要是作为检察机关内部监督措施在运用，而内部监督的弱点极大地制约了同步录音录像措施本来应有的监督制约功能，为此，一定要通过立法明确规定，公安机关、检察机关对职务犯罪或其他严重犯罪的犯罪嫌疑人进行讯问时一律实行同步录音录像制度。

司法机关联合作出规定，通过明确程序违法行为举证责任规则遏制非法讯问行为，即凡是辩护方提出比较充分的理由说明存在非法讯问嫌疑的，公诉机关应当承担说明不存在非法讯问行为的责任，并且有义务向法庭提供每次讯问的录音录像资料。公诉方无权拒绝提供这些证据资料。公诉方不能提供或者提供的录音录像资料不足以排除非法讯问可能性的，其讯问笔录不得作为定案的依据。同时，《刑事诉讼法》还应规定每天对于犯罪嫌疑人进行连续讯问的最长时间和每天必须给予犯罪嫌疑人不间断休息的最短时间。

（四）赋予律师讯问在场权

赋予律师讯问在场权，实际上就是通过增进公民权利和限制国家权力的方式，在两者间建立一种真正的平衡，抑制后者权力的不当行使。这样，不仅可以防止刑讯逼供发生，而且可以确保口供的真实性、有效性。让律师提前介入侦查活动，至少在犯罪嫌疑人第一次接受讯问的时候有律师在场，保证第一次讯问过程中不可能采取刑讯逼供的措施非法取证。在我国，虽然《刑事诉讼法》赋予了犯罪嫌疑人获得律师帮助的权利，并相应扩大了律师在刑事诉讼

---

① 最高人民检察院已规定从 2006 年 3 月 1 日起全国各级检察机关办理职务犯罪案件中对犯罪嫌疑人的讯问一律采用同步录音录像，并逐步将同步录音过渡到全部实行同步录像。如何保证录音录像的证据价值尚需检察机关制定具体的实施规范。赵东平：《同步录音：应当符合哪些基本要求?》，载《检察日报》2006 年 2 月 22 日。

中的一些诉讼权利，加强犯罪嫌疑人防御来自侦查起诉活动中不法侵害的能力。但实践中，法律赋予律师的诉讼权利被大打折扣。所以，应该考虑，只要律师的参与不会给犯罪侦查带来不利的影响，对有关侦查活动，如讯问犯罪嫌疑人、询问重要证人等，律师有权参与。至于参与的方式，可以考虑律师在看得见但听不见的地方查看讯问或询问情况。在国外，侦查人员讯问犯罪嫌疑人时，一般允许律师在场。鉴于我国当前的侦查水平和现实条件，实行律师在现场的制度尚有困难，但可以允许律师在看得见但听不见的地方察看讯问情况，这既有利于防止刑讯逼供，又不至于泄露讯问内容。

拒绝讯问时律师在场无非是排除获得有罪证据的障碍，使讯问过程不背离侦查利益。然而，这种做法不仅容易损害被讯问人的辩护权利乃至人身权利，如刑讯逼供，还会只顾获得有罪证据，而忽略了无罪、罪轻的辩解，而有碍事实真相发现。赋予律师在侦查讯问时的在场权，已经成为现代法治国家的一个通常做法。为了保障被讯问人的辩护权乃至人身权利，防止羁押性讯问权的异化，我国也有必要在原则上承认侦查讯问程序中犯罪嫌疑人要求律师在场的权利，除非犯罪嫌疑人自愿、明知并以书面方式放弃该权利。但是，律师在场权不能绝对化，“对于危害国家安全罪，组织、领导、参加黑社会性质组织犯罪，组织、领导、参加恐怖活动组织罪以及其他严重危害公共安全的犯罪，应当排除律师的在场权；对于需要立即查找危险物品排除爆炸物的以及需要解救人质的案件，如果律师的介入足以影响侦查工作的展开，也应当排除律师的在场权”。①

三、强化侦查员重视无罪证据的意识

强化侦查员对无罪证据的重视旨在改变侦查员认为犯罪嫌疑人

---

① 李奋飞：《刑事诉讼法再修改视野中的侦查讯问程序改革》，http://www.blogchina.com/new/display/146615.html.

一定是罪犯的习惯性思维，从而做到既准确追究犯罪，又不会冤枉无辜。有学者将这一做法称为证伪方法，并主张将证伪方法运用到侦查过程中。[①] 将证伪方法运用到侦查中，即要求侦查机关在侦查过程中，先运用证伪方法，关注对犯罪嫌疑人有利的证据，关注侦查推理过程中的疑点，在穷尽现有条件都无法推翻既定命题——他是真正的犯罪嫌疑人——的前提下，再用证实方法去证实案件事实。

证伪思维使侦查人员首先意识到犯罪嫌疑人很可能不是犯罪分子，从而改善侦查人员与犯罪嫌疑人的关系，使犯罪嫌疑人的尊严受到平等对待，同时，证伪思维使侦查人员在讯问时能够正视犯罪嫌疑人的辩解，弱化迫切证实犯罪的动机，减少刑讯逼供的发生。事实上，证伪思维在我国侦查实践中是存在的。例如，在侦查机关侦查之初，首先要做的便是排查相关人员于案发当时在做什么，从而排除没有作案时间的相关人员，缩小查找犯罪嫌疑人的范围。这种排除没有作案时间的人员，缩小侦查范围的做法就是证伪思维的体现。但是，令人遗憾的是，证伪方法在侦查中运用得少之又少，当前侦查过程中仍然是证实思维占主导地位。侦查人员的职业特殊性使他们普遍存在着“看谁都像犯罪嫌疑人”的感觉，致力于收集有罪证据，对有利于犯罪嫌疑人的证据关注不够，甚至视而不见、疏于收集；对侦查推理过程中的疑点关注不够，不愿意做有利于犯罪嫌疑人的推理；甚至在证实思维引导下非法收集有罪证据，如刑讯、诱供等。

---

① 证伪方法（Falsify，Falsification），又称否证原则或证伪原则、猜想反驳法，是批判理性主义的基本学说。它是英籍奥地利哲学家波普尔（Karl Poper）1934 年在《科学探索的逻辑》一书中提出的。与之相对的就是逻辑实证主义的证实原则。刘立霞：《侦查阶段运用证伪思维避免错案探析》，载张德利、陈连福主编：《非法取证与刑事错案问题研究》，中国检察出版社 2007 年版，第 232 页。

我国《刑事诉讼法》第 89 条规定，“公安机关对已经立案的刑事案件，应当进行侦查，收集、调取犯罪嫌疑人有罪或者无罪、罪轻或者罪重的证据材料”，但侦破犯罪的欲望和角色定位的影响力远远超过法律规定的约束力，让以“追惩犯罪”为己任的侦查人员来收集犯罪嫌疑人无罪、罪轻的证据似乎是天方夜谭。为了侦破犯罪，侦查人员在案件侦破过程中，往往习惯收集有罪证据，对有利于犯罪嫌疑人的证据，疏于收集，错案便产生了。例如，在佘祥林案中，侦查机关为证实自己的侦查假设而片面取证，只收集有罪证据，对无罪证据不予理睬。佘祥林的母亲因不相信儿子会杀人，四处寻访张在玉的下落，一年后终于在一个村子里找到几个曾经见过张在玉的村民，并请求村民写了一份书面证明。按说，只要侦查机关认真核实，纠正错误尚有可能。证明材料交给公安机关后，不仅没有引起注意，而成了公安机关以包庇罪犯，妨碍司法，将其关押 10 个月的理由。

强化侦查人员对无罪证据的重视对侦查人员提出了如下要求：一是调查取证要全面细致，既要收集有罪证据，又要收集无罪证据。鉴于侦查人员往往只重视有罪证据而忽视无罪证据的现象，必须强化侦查人员全面客观收集证据的意识，既要收集有罪证据，同时，不能无视有利于犯罪嫌疑人的无罪、罪轻证据。例如，现场勘验要细致入微，现场图的绘制应力求真实准确；痕迹、物证要认真检验以认定犯罪分子或否定嫌疑人；讯问内容应当全面，尤其要全面反映犯罪嫌疑人的辩解；对被害人或证人的询问应深入细致。二是对证据仔细甄别，不怕否定有罪证据。为侦破案件的需要，侦查人员要对收集的证据进行审查判断，在审查证据的过程中，要对有罪证据的真实性多一些怀疑，以免虚假证据误导侦查。例如，在一起凶杀案中，有群众提供证言说案发时现场见过犯罪嫌疑人，但经过现场实验，以当时的灯光条件，在证人所述的视线范围内根本看不到任何东西，更不要说看清犯罪嫌疑人，在这种情况下，如果没有证伪的意识，对证人证言不予审查而轻易采纳，无疑会对侦查造成影响，甚至导致错案。三是采用反向推理，敢于推理嫌疑人无罪。在侦查实践中，尤其是在证据较少侦查前期，侦查假设和侦查推理对引导侦查方向是非常重要的。侦查人员要改变以往倾向于作出不利于犯罪嫌疑人的推理的做法，在符合逻辑和经验的基础上，积极作出有利于犯罪嫌疑人的推理。例如，在一起杀人案中，很多证据都指向现在的犯罪嫌疑人，但亲子鉴定显示，被害人腹中的胎儿正是该嫌疑人的，被害人的腹部又连中数刀，根据一般的经验来说，对自己的亲生骨肉下此毒手有失常理，侦查人员在此作出了有利于嫌疑人的推理，在后续侦查中查获了真正的罪犯。如果缺乏这种证伪思维的话，侦查人员完全可能以“嫌疑人丧心病狂”而作出不利于嫌疑人的推理。

四、强化证据审查

最高人民检察院对近几年发现的典型错案进行了深入剖析，通过审查发现，这些冤假错案之所以在检察环节未能避免，主要是因为办案人员在审查批捕、审查起诉工作中审查证据不细、把关不严、监督不到位，对该排除的非法证据没有依法排除，对该监督纠正的违法问题没有及时监督纠正。有学者认为，公诉不必像审判那样实行严格的证明标准，否则会影响追诉效率。然而，起诉的目的是让法院判决被告人有罪，因此，自然应当按照判决的证明标准提供控诉证据。如果审查后认为证据尚未达到有罪判决的证明标准，那么应及时作出不起诉或退回补充侦查的决定，而不能怀着侥幸的心理将案件交付审判，从而形成错案。笔者认为，应当从以下几个方面进行规范：

（一）重视庭前证据审查程序

鉴于目前许多法官没有系统学习过侦查学和司法鉴定学的知识，他们往往不了解鉴定原理及过程，轻信鉴定结论，鉴于此，不妨可以考虑过渡性地设立“证据审查庭”。实行庭前审查法官与庭审法官分离制度，使非法取得的证据排除在法庭审理之前。庭前审查可分为实质性审查和形式审查。实质性审查，是指人民检察院全案移送案卷和证据，由审查庭进行证据和事实的审查。所谓形式审查，是指检察院移送的材料在形式上符合法律的规定就应移交审判庭开庭。是否进行实质性审查由被告人及其辩护人决定，被告人及其辩护人有权申请进行实质性审查。如果被告人对指控有异议申请实质性审查的，检察机关应向法院移送全部案卷和证据，双方展示证据，被告方如果发现某个证据是非法所得，此时应提出排除要求。

由审查庭对非法证据排除的要求进行审理，并决定是否排除。对于审查庭决定排除的证据不得在以后的审判中作为有罪证据使用。经过审查以后，公诉方可能因为非法证据的排除，而导致证据不足从而败诉，公诉方也可以撤回起诉。审查的功能主要就是不当起诉与撤诉，切实保护被告人的合法权利。

（二）规范刑事非法证据的证明责任

在辩方没有提出排除非法证据的要求或指出非法证据之前，假定所有的证据是合法取得的。因为证据的收集是在法律授权的条件下，侦查人员依据法律规定的程序进行的，先推定这一过程具有合法性。如果被告提出证据非法的异议时，证据收集的合法性受到质疑，被告必须承担证明的责任，证明标准达到“存在合理怀疑”即可。

因为根据无罪推定和证据裁判的原则，控方的指控必须达到排除合理怀疑的程度才能定罪，否则控方的指控就不能成立，辩方只要证明证据存在合理怀疑，控方再使用这些非法证据就存在败诉的危险。“存在合理怀疑”这样较低的证明标准，对于被告人也比较容易举证。以常见的刑讯逼供为例，被告方应当能提出在何时、何地、何人用什么方法进行刑讯逼供。最后由控告方对某个或某些特定证据排除的要求和初步的证明提出反驳。证明被告人所提出的问题不存在，或者证明被告人所提事项并未构成非法取证，证明标准应达到“排除合理怀疑”。这样才能保证非法取证行为能及时得到纠正，不影响最后判决。

此外，应当赋予检察机关对公安机关侦查活动的合法性进行监督的职责，具体表现在审查起诉时应当对整个侦查活动过程中的合法性进行一个评价，特别是犯罪嫌疑人提出有非法取证行为出现的时候，检察机关应当给出一个结论，到底是否存在非法取证，如果存在，就应当依法处理；如果不存在，就应当承担责任。今后发现了非法取证的情况，就应当追究检察机关的责任，这样就能使公安机关的侦查活动处于检察机关的全程监督之下。

第四节　改革和完善刑事诉讼机制

刑事诉讼机制存在的诸多缺陷是错案产生的重要原因之一，也是刑事诉讼法修改的动因，预防错案，必须改革和完善刑事诉讼机制。

一、强化立案前初查工作和疑似案件的法律定性研究

立案是刑事诉讼的第一个环节，也是预防错案的第一关。提高立案质量，减少错误立案或草率立案是错案预防的重要措施。提高立案的正确性，主要通过以下途径：一是加强侦查机关立案前的初查工作。立案前的初查在手段上受到诸多限制，为了提高初查的效率，一方面争取通过立法赋予侦查机关更多、更有效但不会对公民权利造成严重损害的调查手段，包括有限制地使用技术手段、诱惑侦查手段等；另一方面在目前现有的法律条件下，侦查机关应当着力研究提高侦查效率的有效对策。例如，秘密接触知情人，秘密调取有关文档资料、电信资料等。提高初查工作效率，可以减少不成熟的立案，从而减少错案。二是加强立案阶段对疑似案件的法律性质的研究，防止对非犯罪行为进行错误追究。如果将一般违法行为或利益纠纷误认为犯罪予以立案追究，那么在以后的诉讼阶段上发现错案至少在逻辑上具有必然性。为此，应当强化立案审查阶段对

于涉嫌犯罪的事件的研究，谨慎定性，确认属于犯罪且应当追究刑事责任后才可以立案追究。对于拟追究事件所涉法律性质的正确把握，能够从法律适用方面控制刑事错案出现的源头。立案阶段把住法律定性关，就可以避免浪费大量司法资源而办错案件的情况发生。

二、严格把握侦查机关移送审查起诉的标准

根据我国《刑事诉讼法》的规定，案件移送审查起诉的标准为“犯罪事实清楚，证据确实、充分”，然而，通过对错案的分析就会发现，每一起错案都是在侦查终结时疑点重重、证据残缺。以佘祥林案为例，在侦查终结时，尸源确认有误、口供提取存在刑讯和诱供现象、只有有罪证据，对无罪证据视而不见、案件主要证据的作案工具没有找到，在如此不确定的情况下，此案还能一路畅通直至犯罪嫌疑人被定罪处刑，明显是移送审查起诉的标准没有把好关。

犯罪事实清楚，具体要求查清如下事实：犯罪事实确已发生；犯罪构成要件事实已经查清；有关罪行轻重的情节已经查清；排除犯罪嫌疑人刑事责任的事实已经查清，如是否存在正当防卫、紧急避险的情形等。[①] 犯罪事实清楚，不仅要求查清犯罪事实，还要查清罪行轻重的情节，及是否存在阻却违法的情节。

证据确实、充分要求证明案件事实的证据要有证据能力，同时证据分量要达到一定程度，即全案证据能形成相互联结、相互印证的完整的证据体系，构成认定案件事实的充分证据和理由。这里的证据不仅包括有罪证据，更应包括无罪或罪轻的证据，只有在无罪证据被合理排除的情况下，有罪证据才有意义。在传统思维的影响下，有关人员往往忽视对无罪、罪轻证据的审查，因此，我们要加强对有利于犯罪嫌疑人的证据的审查，尤其要关注无罪、罪轻证据

---

① 何家弘：《证据调查》，法律出版社 1997 年版，第 381～382 页。

能否成立。因此，移送审查起诉的标准——证据确实、充分应做如下理解：第一，收集的证据应全面，既有有罪证据，也有无罪、罪轻证据；第二，无罪证据不能成立，被合理排除，则有罪证据才有效；第三，有罪和罪行轻重的证据应当确实，即具有关联性、合法性和真实性。

三、改革完善起诉审查机制

审查起诉是检察环节预防刑事错案最为重要的一环，因为一旦提起公诉，除非撤回起诉，检察机关在预防错案方面就没有什么办法了，只能推动错误的起诉变为错误的裁判或者等待无罪判决。因此，检察机关必须严格起诉审查，谨慎行使公诉的权利。改革完善起诉审查机制，应做好以下三个方面的工作：

（一）与辩护方进行证据开示

检察院应与辩护方进行证据交换，向辩护方无保留地开示控方证据。起诉前与辩护人认真进行沟通交流，听取其辩护意见。对此，修改《刑事诉讼法》可以明确规定控辩双方的证据开示义务，对于控方而言，重要的是彻底的开示，包括无罪、轻罪证据的开示。

（二）引入模拟对抗机制

侦查人员、检察人员作为控方人员不易进行逆向思维、发现疑点和矛盾，而容易被有罪的认识所推引，不断强化有罪的推论。为了克服这一缺陷，对于一些疑难复杂或有争议的案件，审查起诉中可以引入模拟的控辩对抗机制，让另一些检察人员以辩护人的角色对起诉主张及其理由进行挑刺、反驳，并在“控辩”之间进行辩论。通过这种模拟对抗，有助于发现证据方面的缺陷与不足，或者是法律适用方面的可争议之处。在此基础上，检察人员可以通过进一步的工作完善公诉的准备，确保公诉的成功。

（三）严格限制退回补充侦查和撤诉

法律允许检察机关在审判程序中申请退回补充侦查或者撤诉，

但是，这项权力如果被滥用，就会降低审查起诉和提起公诉、支持公诉的质量。例如，审查起诉中检察人员已经发现了证据方面的欠缺或者法律适用上的困难，已经意识到了被宣告无罪的巨大风险，但可能仍然决定起诉，因为侥幸心理有可能使其把退回补充侦查和撤诉作为冒险起诉的补救手段。从预防错案的意义上讲，退回补充侦查和撤诉都具有放任司法错误的负面作用，都不利于刑事司法错误的及时纠正。为了提高审查起诉的质量，防止将一些应当作不起诉决定的案件推向审判阶段，必须严格限制退回补充侦查或撤诉的适用，减少错误起诉后需补救的可能性。现行《刑事诉讼法》规定审查起诉期间检察机关可以将案件两次退回补充侦查，在审判阶段公诉机关也可以要求退回补充侦查，这些规定自然保证了刑事追诉不会轻易终止，但控方所得到的这种方便常常是以犯罪嫌疑人、被告人在羁押状态继续等待为代价的。完全因为控方的原因使犯罪嫌疑人、被告人被延长羁押，其正当性至少不能说很充分，因而，修改《刑事诉讼法》宜对退回补充侦查作出严格的限制，无特殊理由不批准补充侦查的申请。撤诉亦是如此，如果法院经审查不构成或不能认定犯罪，就不应当准其撤诉而应开庭审理后作出无罪判决，或者法律明确规定撤诉后必须立即释放羁押的被告人，撤诉后无特别的新事实或新证据不得再行起诉。

第五节　强化犯罪嫌疑人、被告人的权利保障

犯罪嫌疑人、被告人是否享有充分的辩护权，是遏制刑事错案发生的重要一环。而要保障犯罪嫌疑人、被告人充分的辩护权，就必须实现控辩平等，确保控辩平等的诉讼地位。从我国现行《刑事诉讼法》的规定及当前司法实践的运作来看，实现控辩对等单纯依靠司法机关的自身约束是难以成就的。赋予犯罪嫌疑人、被告人及其辩护人更多的权利，改变那种通过限制辩护律师的诉讼权利来维护控方优势地位的现象，使控辩双方力量平衡，才能保障犯罪

嫌疑人、被告人接受公平审判的权利，最大限度地实现司法正义，防止和避免刑事错案的发生。为此，要解决以下问题：

一、犯罪嫌疑人、被告人应随时获得律师帮助

我国《刑事诉讼法》第96条规定，犯罪嫌疑人在被侦查机关第一次讯问后，或采取强制措施之日起，可以聘请律师提供法律咨询、代理申诉、控告。按照目前的法律规定，犯罪嫌疑人并非随时都可以获得律师的帮助，若因经济条件有限，请不起律师，则难以获得律师帮助。因为从当前《刑事诉讼法》的规定中可以得知，司法机关没有义务在侦查阶段保障每一个犯罪嫌疑人都获得律师帮助。另外，对涉及国家秘密的案件，是否给予犯罪嫌疑人以律师帮助权，决定权在于司法机关。那么，为什么犯罪嫌疑人必须在被第一次讯问后或采取强制措施之日起才可以聘请律师呢？难道公民请求律师的帮助还要受到《刑事诉讼法》的时间限制吗？[①] 以立法形式确保犯罪嫌疑人随时获得律师帮助权，可以防止司法权被滥用，是促进司法公正的强有力的程序性救济手段。

二、赋予犯罪嫌疑人及其辩护人申诉权

这里的申诉权是一个广义的概念，包括反驳指控、陈述主张和理由、提出某种请求等权利，亦即《刑事诉讼法》上规定的申请权、申诉权和控告权。依法申诉是行使辩护权的重要形式。我国《刑事诉讼法》规定，犯罪嫌疑人及其辩护人有权申诉的事项主要包括：向办案机关申请解除、变更强制措施、不服检察机关依据《刑事诉讼法》第142条第2款作出的不起诉决定时向作出该决定的检察机关提出申诉，对审判人员、检察人员或者侦查人员侵犯犯罪嫌疑人诉讼权利或者人身侮辱的行为向有关机关提出控告。提出申请、提出申诉、提出控告都可以视为申诉权的内容，而申诉权又

---

① 王磊：《防止错案的宪法思考》，载《检察日报》2005年4月4日。

是辩护权的内容，因此，保障犯罪嫌疑人的辩护权就必须保障犯罪嫌疑人的申诉权。从目前的立法和司法实践看，犯罪嫌疑人的申诉权缺乏有效保障，其主要问题在两个方面：一是申诉的受理和处理机关或者不明，或者是诉讼上有利害关系的办案机关本身。例如，立法上规定了控告权，但向谁控告却不作规定，实践中的情形便是无处控告，无人受理。申请解除或变更强制措施只能向作出该强制措施决定的机关提出，不服不起诉决定的申诉也只能向作出该决定的检察机关提出。受理这种申请或申诉的机关都是诉讼上有利害关系的机关，很难认真、客观、公正地对待犯罪嫌疑人的申请、控告和申诉。二是对于犯罪嫌疑人或辩护人的申请、控告或申诉如何处理与规范，无程序约束，犯罪嫌疑人或辩护人无法参与对于申诉的处理过程，申诉处理完全暗箱操作。

鉴于上述原因，应当赋予犯罪嫌疑人及其辩护人申诉权。立法应当规定为：不服办案机关的强制措施决定、不起诉决定要求撤销的，或者对办案人员侵犯其人身权利或诉讼权利行为进行控告，一律由与办案机关无诉讼利害关系的其他机关受理和处理。其中不服逮捕或者延长羁押决定而要求解除羁押的，或者不服人民检察院罪行轻微不起诉决定的，应当由同级人民法院受理和处理申诉；对审判人员、检察人员或者侦查人员的违法侵权行为提出控告的，应当由独立的司法人员惩戒机构受理和处理。另外，还需对受理犯罪嫌疑人及其辩护人的申请、申诉、控告以后的处理、答复程序作出规定，同时规定作出决定的期限、申诉人的参与权利及其实现形式、对申诉审查后的决定形式和答复形式等。作出这样的立法规定，也即在申诉处理过程中引入诉讼机制，改变办案机关单方面进行处理的行政化处理方式，有了这种诉讼机制，犯罪嫌疑人及其辩护人行使辩护权就有了一定的保障。

三、保障犯罪嫌疑人的控告权

我国《刑事诉讼法》第 14 条第 3 款规定：“诉讼参与人对于

审判人员、检察人员和侦查人员侵犯公民诉讼权利和人身侮辱的行为，有权提出控告。”控告权虽然不是直接的诉讼参与权，但对于保障犯罪嫌疑人实质性的诉讼参与权具有重要意义，是一项重要的救济性权利，也是对刑事司法机关诉讼行为的监督权。刑事司法人员侵犯犯罪嫌疑人的诉讼权利或者人身侮辱行为，是一种严重的程序性刑事司法错误，不仅直接侵害犯罪嫌疑人的合法权益，而且有可能直接导致错案的发生或者促成刑事错案继续发展，因而保障犯罪嫌疑人控告权的实现同样也是预防刑事错案的一个方面。目前犯罪嫌疑人的控告权仅有法律的原则规定，法律或者司法机关的规范性文件均无相应的、具体的规范性措施，以致犯罪嫌疑人的控告权无从落实。为此，刑事司法机关应从强化司法监督，保障诉讼公正，有效预防刑事错案的高度，重视诉讼参与人的控告权保障机制的建设，法律或司法解释也应当明确规定接受控告和处理控告的机构，规定控告受理和调查处理的具体程序。

四、为死刑被告人提供更多的法律帮助

可能判处死刑的被告人，将要面临的是可能剥夺其生命的最严厉的刑罚，因此，在确保一般犯罪嫌疑人和被告人能获得完善的法律帮助的同时，应给予死刑被告人更多的法律帮助。一是对死刑被告人提供特殊的律师帮助权。为了确保案件质量，对于死刑案件，要确立必要的辩护，并规定辩护必须由律师行使。在一般情况下，律师的水准、经验比非律师相对高一些、丰富一些，这样，才能使可能判处死刑的被告人获得充分的律师帮助权。① 二是允许死刑被告人要求证人出庭。对于可能判处死刑的被告人，除非极其特殊的情况，被告人要求证人出庭作证的权利不能被剥夺。在目前的司法

---

① 马长生、罗开卷：《面临死刑者诉讼权利的保障》，载赵秉志主编：《死刑正当程序之探讨——死刑的正当程序学术研讨会文集》，中国人民公安大学出版社 2004 年版，第 379 页。

实践中，证人出庭率一直很低，对于可能判处死刑的审判而言，仅依靠证人在庭外的证言这种传闻证据来决定一个人的生死，无论如何都不是一个慎重的做法。因此，对于此类案件，主要证人都应当出庭作证。这里包括两个方面：一方面是被告人提出的要求己方证人出庭作证的要求，法庭不能拒绝；另一方面是被告人有权利要求控方证人都出庭作证。对于没有出庭作证的证人证言，法庭不得采信；对于剥夺被告人这一权利的，被告人及其辩护律师可以就此提出抗辩和以此为由提出上诉。

五、确保律师充分行使辩护权

（一）赋予律师同期介入权

律师在侦查阶段就参与刑事诉讼具有重要的意义，有利于律师充分了解案件情况，有利于侦查机关严格依法办案，防止刑讯逼供等非法行为发生，有利于促使侦查机关客观、全面地收集证明犯罪嫌疑人和被告人有罪、无罪和罪轻的证据，提高办案质量，最终有利于辩方在法庭上与控方形成一定的对抗，以保证审判者在全面听取控辩双方质证、辩证的基础上作出公正的裁决。

（二）强化辩护律师的知情权

在目前的司法实践中，辩护律师对于控方证据的知悉通常很少，甚至一无所知，这无益于构建平等的控辩关系，无益于更充分地行使律师辩护权力，充分有效地保障犯罪嫌疑人的权益就无从谈起。强化律师对控方收集证据情况的知情权，是犯罪嫌疑人及其辩护人行使辩护权的重要条件。知情权的实现依赖于对侦查材料的查阅权和控方证据的展示义务。由于犯罪嫌疑人同时也是刑事追究的对象，由其直接行使查阅侦查材料的权利可能严重影响诉讼的顺利进行，因而该项权利只能由犯罪嫌疑人的辩护律师行使。我国《刑事诉讼法》规定，只有在检察机关提起公诉以后，犯罪嫌疑人的辩护律师才享有有限的知情权，其知情权的实现不仅时间晚，而且非常有限，辩护人只能通过在法院阅卷知悉有限的控诉证据。

《律师法》对律师知情权作了较大的改革，主要反映在律师在审查起诉阶段知情的范围从原来的可以查阅、摘抄和复制诉讼文书扩大到案卷材料，在审判阶段则扩大到了与案件有关的所有材料。为了保障犯罪嫌疑人在审前程序中的辩护权，《刑事诉讼法》应当与《律师法》一样作出明确规定，并进一步扩大辩护律师的知情权：其一，侦查终结后，应当由侦查机关和审查起诉机关告知犯罪嫌疑人的辩护律师有权查阅、复制侦查卷宗材料并为其提供便利；其二，在审查起诉期间，控方与辩护人有互相全面展示证据的义务。规定这两点内容可以避免审判中的证据突袭现象，可以使辩护方在审判中更充分、有效地行使辩护权，可以提高审判的质量和效率。

律师是证明犯罪嫌疑人无罪、罪轻的主要力量，法律应认可律师在侦查阶段的辩护人地位，赋予并保障其在侦查阶段的调查取证权，如向有关单位和个人取证的权利；申请司法机关协助取证的权利等，并明确规定权利实施的程序和权利受阻的救济措施。辩护律师在审前程序中查阅控方证据，控辩双方互相全面展示证据，这一过程也是控辩双方互相沟通、互相交流并各自修正认识的过程。在这一过程中辩护律师可以通过提出证据和辩护意见影响控方的起诉决定，而控方也可以通过听取辩护意见和审查辩方证据，避免作出不合法、不合理、不公正的起诉决定或不起诉决定，及时发现和纠正错误，避免将刑事错案推向审判阶段。

第六节　改善刑事诉讼环境

诉讼环境对于刑事诉讼活动也是有影响的，有时候，错案的形成也和诉讼环境有关。外部组织或者个人可能以种种方式给具体的办案机关或办案人员施加某种影响和压力，而这些影响和压力有可能是非理性的。假设部分群众强烈要求法院判处涉嫌犯杀人罪的被告人死刑，而认定被告人犯罪的证据可能存在疑问，并未达到确实充分的程度，在这种情况下，依法本来不可以作出认定有罪和判处死刑的判决，但强大的“民愤”可能使承办法官和参与定案的人员不得不同意作出符合“民意”的死刑判决。然而，这一判决可能就是一个错案，正如佘祥林案一样。外部环境不良也可能促使程序性刑事司法错误的发生。例如，当某个主管政法工作的党委领导成员对正在查办中的某个犯罪嫌疑人的犯罪事实存在先入为主的预断时，他就可能以党委主管部门的名义要求公安机关或检察机关加大办案力度，将该犯罪嫌疑人送上法庭。有时候，办案机关及其办案人员为了贯彻领导指示或者领导意图，在嫌疑人不能“配合”及时供认犯罪事实或对犯罪事实的供述不能令人满意时，办案人员就可能对犯罪嫌疑人、证人采取逼、骗、诱等非法方法收集证据，因此，预防刑事错案必须改善刑事诉讼环境。

一、正确处理刑事司法机关与地方党委的关系

刑事司法工作坚持党的领导是不可动摇的原则，一些重大、疑难案件在立案（甚至在立案前的初查）、侦查、批捕、审查起诉或者审判过程中，向地方同级党委汇报，请求党委支持或者进行协调，在现阶段具有一定现实合理性。党委领导在个案中可能体现为党委主管部门或主管领导听取刑事司法机关的汇报并向办案机关提出具体的案件处理意见或建议，如果这些建议和意见完全符合法律且与办案机关的认识一致，办案人员则可以更加有效地行使职权，问题是如果党委的意见和建议与办案机关的认识相左且按党委的意见办有可能导致错案时，刑事司法机关就面临难题。纵观近年来发生的错案，有的案件就与盲目地执行地方党委个别领导不合法、不正确的意见有着因果关系。

地方党委领导不全是法律专业人才，对刑事诉讼价值的认识领会、证明标准的理解掌握、案件事实的审查判断和案件法律适用的具体考虑有可能背离法律的原则、精神和具体的规定，他们更多地从宏观上考虑维护社会正义和维护社会稳定。董必武曾经指出：“遇有经党委确定杀的案子，法院发现确有不可杀的事实根据时，

应向党委提出意见；党委确定还要杀时，仍可声明保留意见向上级党委反映。这是对党负责，不是闹独立性。”① 刑事司法机关对事实和法律负责，对司法的公正负责，当然不可以把坚持党的领导简单理解为不折不扣地执行党委个别领导关于案件处理的不正确、不合法的意见和要求，绝不能以牺牲当事人的合法权益，容忍刑事错案的形成来维护党的领导。刘少奇曾指出：“不要提政法机关绝对服从各级党的领导，它违法，就不能服从。如果地方党委的决定同法律、同中央的政策不一致，服从哪一个？在这种情况下，应当服从法律，服从中央的政策。”② 应当让各级党委的领导成为预防错案的重要保证，而不是刑事错案形成的原因和预防错案的障碍。

首先，要协助党委加强对刑事司法工作的宏观领导。各个刑事司法机关要利用各种渠道和形式，利用一切可以利用的机会，帮助地方党委充分认识、正确理解刑事司法机关的性质、职能、职责和刑事司法系统的组织领导原则，刑事司法工作的特殊要求、特殊规则，刑事错案的责任追究制度、错案赔偿制度等，促使党委养成通过制定政策、方针并督促实施对刑事司法工作进行宏观领导的习惯。除非确有必要，尽量减少就具体案件的处理问题向党委请示汇报，请求党委拿决策意见，防止形成党委对个案进行具体的决策的不良习惯。刑事司法机关要有具体的行动体现党对刑事司法工作总的意图、总的指导思想和总的要求，就刑事司法工作贯彻党的方针政策问题要主动向党委汇报、争取党委的支持。事实上，有些刑事司法机关让党委就具体案件进行决策，客观上或者实质上是司法机关放弃了自己的职责，将决策的风险转嫁给党委，并加重了党委的

① 胡玉鸿：《司法公正的理论根基》，社会科学文献出版社 2006 年版，第 267 ~ 268 页。

② 胡玉鸿：《司法公正的理论根基》，社会科学文献出版社 2006 年版，第 268 页。

负担。董必武曾指出：“党的领导不是每个具体案件都要党委管，如果这样，那还设法院这些机构干什么？”①

其次，争取党委对刑事司法机关个案处理意见的肯定与支持。党委主管部门对个案处理的过问与协调仍将是现阶段党对政府工作领导的具体方式之一。因此，刑事司法机关应当协助党委正确、依法协调案件处理。当地方党委对具体案件进行协调尤其是刑事司法机关请求党委对个案进行协调时，务必做好充分的准备。在吃透证据、案情和法律依据的前提下，要依法、正确、全面、简明地让负责案件协调的党委领导正确掌握案情，抓准问题本质，理解法律规定，明确错案风险所在，充分而清楚地说明本机关案件处理意见的事实根据、法律依据及其合理性。刑事司法机关要以自己的能力和水平争取党委对刑事司法机关正确的个案处理意见的肯定和支持。

最后，依靠上级刑事司法机关的职权行为化解刑事错案风险。当地方党委对个案有明确的意见时，办案机关不能无视党委意见我行我素。为了防止刑事错案的发生，避免与地方党委的关系恶化，办案机关应当及时向上级刑事司法机关如实汇报，请求上级支持。上级司法机关作为领导机关或者监督机关，可以帮助下级机关化解刑事错案风险，防止刑事错案的发生、发展，还可以防止恶化下级刑事司法机关与同级地方党委的关系。最高人民检察院副检察长朱孝清认为，“党委对案件的意见不符合法律规定的，要依据事实和法律做好汇报、解释工作。不被接受的，要及时向上级检察院报告。明知不符合法律却不报告，仍予执行并造成错案的，要追究责任”。②

---

① 胡玉鸿：《司法公正的理论根基》，社会科学文献出版社 2006 年版，第 267 ~ 268 页。

② 《检察日报》记者采访最高人民检察院副检察长朱孝清的访谈录：《防止冤错案件要严把捕人关》，载《检察日报》2005 年 5 月 16 日。

二、理性对待刑事司法机关与媒体和公众的关系

媒体和公众既可以是刑事司法机关错案预防的支持力量，也可以是一种促成刑事错案发生的消极力量。在佘祥林案中，人数众多的村民联名具书给湖北省高级人民法院施加压力，强烈要求严惩“杀人凶手”佘祥林，以致省高级人民法院实际上发现了错案或者说至少发现了案件的重大疑点而又未敢彻底纠正错案，其教训也可谓深刻。当公众的情绪受到媒体的关注时，两者的结合对刑事错案的预防将产生巨大的负面作用。

媒体捕捉新闻吸引读者，满足公众的知情权需要，或者传达民意，将公众的情绪和要求宣泄表达，这是无可厚非的。刑事司法工作也可以通过媒体获得支持，使公众对刑事司法机关有更多、更深入的了解。但是，媒体也可能成为预防错案的障碍。当犯罪事实发生而犯罪嫌疑人尚未抓获归案时，媒体可能设下悬念，激起公众对于抓获犯罪者的强烈期待；一旦犯罪嫌疑人被抓获，媒体又可能反复地对那些尚未经过依法查证核实的犯罪事实进行“审讯”和“认定”，甚至进行“宣判”，误导公众将犯罪嫌疑人等同于罪犯。“公众舆论是影响法官裁判的另一重要因素。”① 通过媒体形成的舆论倾向可能会造成刑事司法机关的极大被动。本来，随着侦查或者审查起诉工作的深入，犯罪事实可能由小变大，某个人的犯罪嫌疑可能逐步消失，这也是正常的。但倘若舆论已经对犯罪事实和犯罪嫌疑人大感兴趣，办案机关就可能受到舆论的压力，不愿让公众的热情、期望值遭受打击。如果媒体上的信息、媒体对案件事实及其性质的评价曾经是由某个办案机关所提供的，或者源自办案机关的预断，那么这个办案机关就可能更加难以接受在自己手上发生或没有发现刑事错案这一现实，因为媒体所代表的公众意见似乎不同意

---

① 张维：《规则和民意：关涉司法公正的标准分析》，载《人民司法》2007 年第 6 期，第 8 页。

这个机关出尔反尔，把犯罪嫌疑人宣布为无罪。其结果就有可能是，继续牵强附会地将犯罪嫌疑人一步步送上法庭，法官又在左右为难中将被告人送进监狱，尽管他们也可能清楚地意识到了错案的巨大风险已经存在。媒体对于刑事司法工作在客观上形成的不适当的压力对公正司法构成了障碍，阻碍了刑事错案的预防。所以，“我们决不允许法院以外的‘报纸审讯’和‘电视审讯’或任何其他宣传工具的审讯”。①

为了有效预防刑事错案，刑事司法机关应当正确对待公众的情绪，不因“民愤”强烈而牺牲当事人的合法权益。面对公众要求惩罚犯罪嫌疑人的强烈情绪，刑事司法机关应当始终保持清醒，即使被公众误解，也不能以容忍刑事错案为代价满足公众的愿望。重要的是耐心地向他们解释，宣传法律的规定，晓之以法，动之以理。从错案预防的角度考虑，我们向媒体提供相关信息的时候必须持谨慎态度，不能作任何有罪推定的明示或暗示，更不能把尚未查证属实的案件事实作肯定性结论；另外，要协调好与媒体的关系，防止媒体作不实、夸大或妄加定性的报道和评论，以免误导公众。即使媒体已经给司法机关公正办案造成了巨大的压力，司法机关也应该服从法律而不屈服于舆论的压力。

三、准确把握公、检、法三机关的关系

《刑事诉讼法》定位公、检、法三机关的关系是分工负责、互相配合、互相制约。但是，“事实上，三者往往一致对外，徒具‘分工’之名，而无‘分权’之实，配合有余而制约不足”。② 从众多错案的情况看，三机关之间过分重视互相配合，同时淡化互相

---

① ［英］丹宁：《法律的正当程序》，李克强等译，群众出版社 1984 年版，第 41 页。

② 王永杰：《程序异化的法社会学考察论纲（下篇）——以刑事冤案和刑事司法程序为视角》，载《政法与法律》2007 年第 4 期，第 4 页。

制约，是刑事错案产生的重要原因之一。这种重配合、轻制约的关系，往往使后一道诉讼环节放松对于刑事错案的防范，放弃对于容易导致错案的程序性违法行为特别是非法证据的把关和排除。无罪判决是一种典型的错案宣告形式，尽管无罪判决本身可能也是有争议的，但侦查机关、检察机关预防错案，无疑应当努力避免和减少无罪判决的情形。以检察机关为例，除了检察环节本身办案质量不高导致无罪判决的情形以外，有时公安机关强烈要求批准逮捕或提起公诉也可能是导致错误起诉从而最终导致无罪判决的一个重要因素。处理好三机关的关系，不是单方面的强化制约，或者单方面的强调配合，更不是确立检察机关凌驾于公安机关和人民法院之上的支配地位，而是在诉讼业务方面达成更多的共识，尽可能减少分歧。

公安机关在侦查过程中收集证据的范围和质量，对案件事实的性质认定，都直接影响能否成功地提起和支持公诉，从而实现指控。如果侦查工作质量低，有罪证据体系薄弱，或者被指控行为的违法性质模糊，就会增加起诉后被宣告无罪的风险。检察机关虽然应当严格把关，不符合起诉条件的决不起诉，也能控制错案风险，但公安机关往往会向检察机关施加压力，加之检察机关在先前的批准逮捕行为也使自己面临与公安机关承担错误羁押犯罪嫌疑人的责任。另外，侦查阶段形成的非法证据本应予以排除，但侦查机关可能会向审查起诉中的检察机关和人民法院施加压力。在这种情况下，检察机关就可能冒险起诉，以图侥幸成功。为了摆脱这种困境，检察机关应当强化对于侦查活动的引导，提前介入侦查活动，指导侦查人员及时有效地收集、保全各种证据，或者当行为的犯罪性质不明显时建议及时撤销案件，或者建议及时变更强制措施，以避免错案的发生。引导侦查可以提高侦查活动收集证据、查明案件事实的质量和效率，从而为提起和支持公诉并赢得公诉创造有利条件。如果公安机关拒绝了检察机关引导侦查过程中提出的建议和要求，那么检察机关在审查起诉环节发现事实不清、证据不足或者行为的犯罪性质有疑问时作出不起诉决定或者要求撤销案件就会比较顺利，公安机关“硬顶强压”的情形就会大大减少。可见检察机关通过介入侦查、引导侦查加强与公安机关的业务合作，可以提高公诉质量，减少错案风险，也可以减少侦查程序中的司法错误。

理顺检察机关与法院的关系，避免因认识分歧而导致错案的情形，要做好三个方面工作：一是检察机关应当根据刑事诉讼和人民法院有罪判决的证明标准和证据要求确立自己的证据要求，包括证明对象范围，证据合法性要求，证据客观性、相关性要求，证据充分性要求以及示证、质证、认证规范等。任何低于《刑事诉讼法》规定的或者人民法院作出有罪判决时所执行的证据要求和证明标准，可能有助于提高追诉的效率，但同时也增加了错案的风险，增加了被法院作出无罪判决的概率。[①] 二是加强与法院的沟通，定期或不定期就某一类案件定罪量刑和审判过程中存在的共性问题进行讨论研究，达成共识。例如，某类案件的证明标准、某类证据的判断标准、某类案件事实的定性与法律适用的原则和规则等。这种与法院的沟通联系，既不妨碍法院独立行驶审判权，又可以增强公诉工作对法院刑事审判的适应性。达成共识，有利于减少个案处理上的认识分歧，进而减轻就个案问题与法院协调的负担，更重要的是有利于降低法院作出无罪判决的可能性，从而降低错案的概率。三是检察机关应当尊重人民法院的审判权，避免将法律监督权异化为一定要法院尊重自己意见的权力或压力。检察机关在刑事诉讼中有权行使审判监督职能，即对刑事审判中人民法院的实体违法或程序

① 实践中有人主张检察机关不能采用法院判决有罪的证明标准，而应该自设低于法院证明标准的起诉证据标准。理由是起诉的证明标准适当降低才能保证公诉率，否则会制约打击犯罪的效率。这种主张反映了一种侥幸心理，增加了公诉案件被宣告无罪的风险。裁判权在人民法院，法院按自己认同的标准判决，检察机关自己设立的证明标准对其毫无意义。在存在刑事错案的场合，降低起诉的证明标准，只会影响刑事错案的及时纠正。

违法行为行使监督权。这种监督对于保持刑事审判依法、公正进行具有重要的意义，但是，这种监督并不对人民法院依法、独立、公正地行使审判权构成制约。因此，检察机关在刑事诉讼过程中应当尊重人民法院的审判权，当人民法院经过审判，无法支持检察机关的公诉主张时，检察机关不得利用自己作为法律监督机关形成的特殊地位和有利条件，对审判机关施加不适当的压力，阻止人民法院依法作出无罪判决。须知，作出无罪判决，及时纠正刑事错案，既是法律的要求，也是检察机关的职责。如果检察机关强硬地要求人民法院支持自己的公诉主张，甚至搬出地方党委和主管部门给人民法院施压，就恶化了人民法院公正审判的外部环境，增加了人民法院预防错案的难度。

从法院的角度来看，处理好与检察机关的关系，对于预防错案同样有重要的意义。“审判作为案件的关键环节和最后环节，尤其是审判中心主义的庭审环节，可以起到查明真相的作用，这也正是设立审判的目的。但是，由于我国宪法未能确认和保证法官、法院应有的独立性，使得法官、法院不仅不能指导制约警方和检控方权利、保护公民人身权利的作用，反而通常只能与警方、检控方站在相同的立场。”① 有些错案发展到审判阶段，甚至错误的刑事判决生效后迟迟不能得到纠正，与人民法院错误理解和定位自己同检察机关之间的关系是分不开的。如果刑事错案在前面的诉讼环节中已经形成，那么人民法院作出有罪判决就是刑事错案的重复。如果以非法方法取得的控诉证据被人民法院照样采纳，则公安机关、检察机关的程序性司法错误就得到了法院的认可和强化。反之，如果人民法院作出了无罪判决，排除了非法证据，则及时纠正了刑事错案，阻止了刑事错案和程序性司法错误的重复和发展。人民法院作出无罪判决意味着对检察机关公诉请求及其依据的否定，在一定意

① 王永杰：《程序异化的法社会学考察论纲（下篇）——以刑事冤案和刑事司法程序为视角》，载《政法与法律》2007 年第 4 期，第 4 页。

义上也意味着对于公安机关、检察机关已经进行的诉讼活动的否定，因此，当人民法院对某一案件作无罪判决时不能不产生一定顾虑，担心与检察机关搞僵关系。此时，如果把处好关系放在首位，则很容易放弃原则作出有罪判决；如果把司法公正、防止错案放在首位，则必然会选择作出无罪判决。

人民法院独立行使审判权，这是宪法和法律的要求，是人民法院行使权力的基本原则。法院进行刑事审判互动虽然应当接受检察机关的审判监督，但在无法认定有罪时作出无罪的判决仍是自己依法拥有的权利和不可放弃的职责。如果公诉机关对作出无罪判决持不同的看法，可以通过抗诉实施法律监督，人民法院不可因检察机关的不同意见而勉强作出本不该作出的有罪判决。

第五章 刑事错案责任追究

刑事错案的责任追究就是追究刑事错案责任人应负的责任。具体来说，就是对于司法活动中发生的错案，在纠错的同时，追究司法人员的责任。它是我国司法机关为适应审判方式改革需要而自发产生的一项措施。[①] 对办错的案件实行责任追究制度，这是保证刑事司法工作质量，避免和减少刑事司法错误，避免、减少或减轻司法活动对公民刑事司法侵害的重要措施之一。错案责任追究制度的前提是错案，而错案在公安局、检察院、法院任何一个环节都可能发生，但法院审判阶段对于当事人来说无疑具有终局性意义；同时错案责任追究制度最早在法院兴起，因此法院审判阶段的错案责任追究较具代表性，故本章以法官错案责任追究制度为对象进行展开，其中会涉及部分检察院错案责任追究制度的相关内容。

第一节 刑事错案责任追究制度的产生与发展

对办了错案的刑事司法人员进行责任追究，在我国古代和西方国家很早就存在，尽管各种制度的提法不同，其本质上都是对存在过错的刑事司法人员进行惩戒，这与我国现存的错案追究制度具有本质上的相同性。

① 王晨光：《法律运行中的不确定性与“错案追究制”的误区》，载《法学》1997 年第 3 期，第 21 页。

一、中国古代错案追究制度

（一）古代错案责任追究制度的演变

错案责任追究制度在我国源远流长，早在殷商时期就有记载，但这一时期所谓的错案追究实际就是指国君追究下属的责任，轻则充军，重则杀头，但是关于这一阶段只有一些传说，而无详细的文字记载。到了战国时期，全面系统地主张错案责任追究的是韩非，韩非曾在评论儒家时说，“为故人行私谓之‘不弃’，以公财分施谓之‘仁人’，轻禄重身谓之‘君子’，枉法曲亲谓之‘有行’，弃官宠交谓之‘有侠’，离世遁上谓之‘高傲’，交争逆令谓之‘刚材’，行惠取众谓之‘得民’”。[①] 在这里韩非批判的“枉法曲亲”就是指官吏司法错误，这种错误的结果必然造成“法制毁”、“令不行”，[②] 所以他主张对那些“勉知诈与诽谤法令”[③] 者采取专政手段。韩非的这些主张后来被秦王朝作为法令规定下来，秦国曾规定“有敢偶语诗书者弃市，以古非今者族。吏见知不举者与同罪。令下三十日不烧，黥为城旦”。[④] 这个规定强调了“吏见知，不举者同罪”。实际上就是强调了官员见到而不举报就要同罪，也就是说，在这个法律问题上官员做错了，就应当受到处罚。到汉代，封建的中央集权国家逐步完善，在封建国家中专门设立了管刑罚的官，也对官吏的贪赃枉法、裁判的错案进行纠正，并对造成错案的当事人追究责任。特别是宋代赵匡胤取得政权后，对贪官墨吏坚决镇压，而且开始了巡按制度，皇帝御赐上方宝剑，“大臣代天

① 韩非：《韩非子·八说》，江苏人民出版社 1982 年版，第 631～632 页。

② 韩非：《韩非子·八说》，江苏人民出版社 1982 年版，第 631～632 页。

③ 韩非：《韩非子·八说》，江苏人民出版社 1982 年版，第 618 页。

④ 司马迁：《史记·秦始皇本纪》，中华书局 1959 年版，第 2 页。

巡狩”以牧民。复查各地的冤狱，一经查证，对造成错案的官员轻则贬为庶民，重则杀头示众。宋代法律对司法官吏判决民事案件也规定了司法责任。《文献通考》卷一百七十，刑九记载端拱元年（公元987年），子讼继母强占家产案，大理寺张泌和台省徐铱等错断为“子讼母当死”，太宗认为是错案，下诏：各夺一月俸。太宗纠正了错判，并惩罚了办案官员，表明了司法责任，这是最早有文字记载的民事错案责任追究。元明时代也有错案责任追究。朱元璋取得政权后实行的巡按制度，纠正讼狱，斩杀贪官墨吏，文学作品、戏曲在这方面反映很多，但是实际的情况在正史中记载得很少。特别是律条中的规定更少，还有待于民事诉讼法史学界的专家们进一步发掘。到了清代更是这样，康乾盛世对错案进行复查、纠正，并惩治造成错案的官员。

（二）古代法官责任追究制度及“出入人罪”

中国古代自秦汉始便已有法官责任制度的开端，经唐宋发展定型，至明清这一制度已相当完备。法官责任制度内容丰富，涉及15个方面，即违法受诉的责任；违法逮捕、违法羁押的责任；违法检验的责任；强令为证的责任；违法管辖的责任；违反回避的责任；躬亲鞫狱的责任；状外求罪的责任；违法刑讯的责任；同职连坐的责任；援法断罪的责任；违法宣判的责任；出入人罪的责任；淹禁不决的责任；违法行刑的责任。[①]

1．西周时期确立的法官责任制度

西周时期，法官如果有渎职行为，要依法治其罪。《尚书·吕刑》载有：“五罚不服，正于五过。”意思是说，罚不当罪者，应将当事人赦免，反过来追究法官的责任。《吕刑》所记载的法官之五过是：“五过之疵，惟官、惟反、惟内、惟货、惟来。”“惟官”，指官官相护，即由于同列官阶而徇私情；“惟反”，指诈反囚辞，

① 巩富文：《中国古代法官责任制度研究》，西北大学出版社2002年版，第30页。

即任意篡改供词的内容；“惟内”，指内亲用事，即专听内眷的“枕头风”之类；“惟货”，指贪赃枉法，即收受贿赂，枉法裁判；“惟来”，指故旧往来，即请托私宅，走后门办事。西周时期，就已认识到这五种弊端是法官渎职的主要表现，并对此严禁，违者重罚：“其罪惟均”，即凡由于五过而致人罪有出入者，法官应以其出入之罪罪之。当然，上述法官责任原则，实际上只是一些纸面上的东西，而且大多是后代学者从美好的理想出发所发表的议论，在西周奴隶制时代，未必就已经真的实行过这些原则，更不能认为在古代的刑事诉讼中就充分实现了这些原则。我们只能从现存的古籍中整理归纳，但无论如何，其中有些光辉的思想，则无疑是中华法系中之精华。

2. “出入人罪”

“出入人罪”是中国古代对办理了错案的法官进行惩戒的一种制度。所谓“入罪”，就是对原本无罪或者罪轻的被告人妄加罪名或者加重处罚；所谓“出罪”，则是对原本有罪的被告人开脱罪责或者对犯有重罪者减轻处罚。“出入人罪”在不同的朝代具有不同的称呼。秦法规定，法官明知有罪而故意从重或从轻判处的，称作“不直”；应当论罪而故意开脱或减轻罪行，使犯人以无罪释放的称作“纵囚”。汉宣帝时，京兆尹赵广汉惩治豪强，不畏权贵，深得民众拥戴。有一次，他在执法中挟嫌报复，欲治无辜于罪，被处以腰斩，有数万名下级官吏和市民百姓守在宫门前为他号哭求情，仍不能免于一死。汉昭帝时，有两名廷尉因故意放纵重罪犯人而被处极刑。公元前83年，廷尉李种明知某人犯有死罪而故意开释他，被弃市（处决）。宋朝时，太祖、太宗每年亲自对在押人犯审查，纠正冤假错案，实施法律监督。对司法官吏发现和纠正错案有成就的给予奖励；反之，对于“出入人罪”的官吏则依法追究责任。宋仁宗曾下诏贬办错案的陇州知府孙济为雷州参军，其余同案犯革除官职，流放岭南。宋神宗曾下令治罪大理寺详断官窦苹、周孝恭、御史中丞邓润甫、监察御史上官、宰相吴充等犯有入人罪的大小官吏数十人。元朝延祐年间，入人罪现象非常严重，统治者认识到问题的严重性，在延祐七年（公元1320年）专门制定了平反冤假错案的《平反通例》。《平反通例》规定，无论是中央还是地方的官员，如能平反重刑3名以上的，升官一等；平反流配5名者，比上一类降一级升官一等；名数不够的，从优定夺。有冤狱不实案件，追究负责勘验、复查官府的罪责。《平反通例》的施行，对于防止和纠正冤狱无疑起了积极作用。明太祖朱元璋实行“重典治吏”，采用严酷的刑法约束百官，整饬吏治。他主持制定的《大明律·刑律》第一卷中，将“枉法赃”列为六赃之一。他亲自编纂的《大诰》，最突出的特点就是严惩贪官污吏及失职者，其中规定，枉法受贿80贯以上的要处死刑；对担负监察职责的御史等官员，还要加重处罚。

在对规定“出入人罪”的法律中，《唐律》最具代表性。《唐律》将故意出入人罪，作为司法官吏最严重的渎职罪，须给予严厉的惩罚。出入人罪有故意与过失之分。对故意出入人罪者，要根据不同情况加重处罚；对过失出入人罪者，也应区别不同情况适当减轻处罚。《唐律·断狱篇》第487条规定：“诸官司入人罪者，若入全罪，以全罪论；从轻入重，以所剩论；刑名易者，从笞入杖、从杖入流亦以所剩论，从笞、杖入徒流、从徒流入死罪亦以全罪论。其出罪者，各如之。即断罪失于入者，各减三等；失于出者，各减五等。”律条对“故入人罪”，作了一个立法解释：“谓故增减情状足以动事者，若闻知有恩赦而故论决，及示导令失实辞之类。”《疏议》进一步作了注释：“‘官司入人罪者’，谓或虚立证据，或妄构异端，舍法用情，锻炼成罪。……情状既多，故云‘之类’。‘若入全罪’，谓前人本无负犯，虚构成罪，还以虚构枉入全罪科之。”《疏议》还对“从轻入重，以所剩论”作了解释：例如，罪人依法本应判处徒刑一年，法官故意入罪，判其徒刑一年半，“所剩”即为半年徒刑，据此应对渎职法官判处徒刑半年。从上述规定来看，《唐律》对于法官之责任，要求是很严格的，对渎职者的处罚也很严厉。但是，又实行区别对待，尤其注重分清故意和过失，凡过失致人罪有出入者，各依所失出、失入之罪减等处罚。《唐律·断狱篇》还有许多条款规定了对司法官吏的其他渎职行为应处的刑罚。例如："诸囚应请衣食医药而不请给，及应家人入视而不听，应脱去枷、锁、杻而不脱去者，杖六十；以故致死者，徒一年"；"减窃囚食，笞五十，以故致死者，绞"。如果由于狱官管理不善，以致犯人自杀或杀人者，要判其两年徒刑。法官责任原则的进一步规范化，有助于法官增强责任心，否则一旦办了错案，自己也免不了要吃官司，这一原则的提出和定型化、规范化，是法制文明逐渐进步的重要表现。

二、西方国家错案责任追究制度

欧洲错案责任追究制度产生也很早，古罗马时期就有错案责任追究制度。周彤在《罗马法原论》中曾论述到，古罗马法律规定：允许不服判决的当事人一方同法官决斗，通过决斗来解决法官与一方当事人的分歧。这种制度实际上非常不公正，因为一方当事人不服，并不一定是法官裁判错了，但古罗马用这一条来制约法官，使法官在裁判时小心谨慎。罗马帝政以后，法国又设立了上诉制度。这个制度规定，二审法院通过审理，如果改判了原判决，也就是说一审胜诉一方二审败诉，原审法官就要承担刑事责任。[①]《摩奴法论》中许多条文规定了审判者的责任，以及责任追究的方法、途径。例如，《摩奴法论》中规定，"不公正地执行刑杖的国王"将被刑杖毁灭，规定了"在众目之下，一旦'法'被'非法'杀，一旦'真'被'伪'杀，那么法官也就被杀"。[②]

欧洲中世纪是一个最野蛮、最黑暗的时代，这一时代整个社会被基督教会统治，因而无法可言，特别是宗教裁判所，曾经作出很

---

① 周彤：《罗马法原论》，商务印书馆1994年版，第923页。

② 蒋忠新：《摩奴法论》，中国社会科学出版社1986年版，第138页。

多在今天看来是错误的裁判，如烧死布鲁诺，迫害哥白尼等，这种迫害一直延续到近代。但是，随着法律现代化的进程，法官素质的提高，欧洲错案责任追究制却走向消亡。而且，近现代司法史上，英国曾经规定了英国法官具有豁免权（Immunity of judge），这个制度规定豁免权范围取决于法官的地位。旧判例区别高级法院法官与低级法院法官。前者的行为即使有意损害他人的利益，都享受司法豁免权，而后者的豁免权则限于行使审判权范围之内的行为。尽管1975年上诉法院的 Sirros v. Moo 案判决废止了这项原则，[①] 但是法官即使作出错误的、不公正的裁判也不承担任何责任，法官犯的错误一般由法官自己决定怎么办，比如，作出错误裁判，社会公众意见大了，法官可以引咎辞职。辞职就是一种比较大的惩罚，但这种惩罚不是制度规定的，而是法官素质提高后的一种自觉惩罚行为。

从中外错案追究制的历史沿革来看，一般的情况是经济越落后，法治越不健全，特别是一个国家由非法治化走向法治化的进程中，需要追究造成错案的主体法官的责任，这样有助于惩前毖后，治病救人，有助于规范法官的行为，养成法官的良好习惯，也有助于提高审判质量、维护司法公正。但是，一旦法官素质提高了，整个社会的法治化已经完成，这种惩罚性的错案责任追究制就失去了市场，这时司法质量提高的重点由惩处法官、规范法官的行为转向了遴选法官、培养法官、法官待遇改善的制度建设方面，因为这时候，通过提高法官的素质来减少错案的发生，已经成为可能。

三、我国现存错案追究制度的确立

在党的十五大报告中，江泽民同志强调："推进司法改革，从制度上保证司法机关依法独立公正地行使审判权和检察权，建立冤案、错案责任追究制度。"此后，全国各级司法机关普遍建立起来一套旨在加强办案人员责任，保证办案质量的错案责任追究制度。

---

① 沈达明：《比较民事诉讼法初论》，中信出版社1991年版，第18页。

1990 年 1 月 1 日，秦皇岛市海港区人民法院率先确立了人民法院错案追究制度。1992 年年初，该制度在河北省法院系统得以推行。1993 年春，在全国法院工作会议上，错案追究制作为最高人民法院的新举措，在全国各级法院予以推广。[①] 在不到三年的时间里，错案追究制就在河南、河北、海南、甘肃、宁夏、天津、江苏、湖南、山东、江西等省、市、自治区三级法院系统全面推开。各地各级法院面对舆论日益关注的审判不公、执法不严等的司法腐败现象，将错案追究制度视为实现或体现司法公正、廉洁、减轻社会压力的法宝，纷纷根据实际情况制定了具体的错案追究办法，但是由于各种原因，错案追究制度一直没有在全国统一的正式法律文件中规定下来。此后，最高人民法院于 1998 年 9 月公布了《人民法院审判人员违法审判责任追究办法》和《人民法院审判纪律处分办法（试行）》。有学者提出，两个《办法》的施行，标志着错案追究制度在全国的正式确立。[②]

第二节　我国刑事错案责任追究之现状

错案责任追究制度运行多年以来，追究了许多司法人员的责任，并取得了一定的效果。据调查，仅在 1998 年全国法院自查过程中便发现并纠正错案一万多件。[③] 但是实践表明，该制度并未有效保证案件质量和满足人民群众对司法公正的期待。错案责任追究制度在司法实践中产生了很多偏差，导致各地适用错案责任追究制

---

① 张弊：《神圣天平——“错案追究制”出台前后》，载《民主与法制》1998 年第 15 期，第 21 页。

② 姚建才：《错案追究制度的反思与重构》，载《江西公安专科学校学报》2004 年第 2 期，第 12 页。

③ 王利明：《司法改革研究》（修订本），法律出版社 2001 年版，第 485 页。

随意、混乱，产生了很多问题。

一、对刑事错案责任追究制度的错误理解

对刑事错案责任追究制度错误理解典型的表现是形而上学。形而上学作为一种错误的方法论，其主要特征是以孤立的、片面的、表面的、静止的方法认识世界。刑事错案追究中的形而上学是把“非正常”结案等同于错案，把错案责任看做“非正常”结案的必然结果。错案追究中的形而上学普遍存在于刑事司法机关中对于错案追究制度的认识当中，主要表现有：其一，凡是被上级机关发回重审或改判的，一律作为刑事错案，追究办案人员的错案责任，而根本不管是因为二审出现新证据，还是因为当事人一审未举证或未充分举证造成，抑或是因为一、二审法官在自由裁量范围内认识的不同等；其二，把不批准逮捕、不起诉、宣告无罪的刑事案件一律作为刑事错案处理，不探究作出决定的具体原因；其三，把司法机关履行刑事赔偿义务作为刑事错案的标志，作为追究办案人员错案责任的依据，至于履行赔偿义务是否与办案人员的错误有因果关系在所不问。[①] 刑事错案追究中的形而上学的认识，实质上是以实体裁判结果为准绳的思想的反映，是把司法人员对事实和法律正常的认识判断差别产生的裁判偏差与枉法裁判混到一起了。[②] 如此认定刑事错案简单、明朗，便于操作，然而其不合理性也是显而易见的，主要表现在：一是重现象、轻本质。刑事案件被后一道程序所否定，可以有多种原因，可能是前一阶段办案人徇私枉法，故意制造错案，也可能是由于被告人有意作虚假供述，使案件事实认定出现偏差。同是产生错案现象，但其本质却大相径庭，因此不能将这

---

① 李建明：《错案追究中的形而上学错误》，载《法学研究》2000 年第 3 期，第 88～89 页。

② 姚建才：《解构与建构：从错案追究到司法惩戒》，载张智辉主编：《中国检察》（第 13 卷），北京大学出版社 2007 年版，第 328 页。

两种错案同等对待。二是唯上主义。凡是上级司法机关否定了下级司法机关作出的决定，该案件就被认定为错案，就要追究相关人员的责任。相反，即使是错案，只要经过上级司法机关肯定，就不认为是错案，相关人员也不承担任何错案责任。一位美国大法官曾说过："我们能作出最终判决并非因为我们判决正确，相反我们之所以判决正确，是因为我们享有终审权。"因此，单纯以上级机关对下级机关决定的否定作为错案的标准，并追究责任是不尽合理的。勒内·弗洛里奥在《错案》中说，"经过粗略的统计，我们所看到的事实是令人不安的，在法国的两级审判中，对同一个案件，初审法院审了，上诉法院再审，当一项判决被取消时，两次审判中肯定至少有一个判决是错误的，当然并非一定是第一审的判决就是错误的"，"从第一审的法官中挑选出来的上诉法院法官，往往声明他们的高级职称，并不等于他们准确无误，但是在争论中他们却总是获胜，其实这并不说明他们有道理"。[①] 他的论述说明，任何时候、任何地方上级司法机关总是有权威的，但他们的决定却不一定总是准确的。对于追究错案责任的刑事错案不仅要看司法决定在后来的程序上是否被否定，更要看原来的司法决定在认定事实、适用法律和程序操作上是否有错误，如果原来作出的决定完全依据事实和法律，没有违反法定程序，那么，这项司法决定即使后来被否定，也不能认定是应当追究责任的刑事错案。

错案追究中形而上学错误的产生关键在于对责任性刑事错案与非责任性刑事错案的本质区别没有把握准，二者的区别在于司法人员有无主观过错性。责任性刑事错案的追究应以被追究者存在主观过错为要件，过错包含故意和重大过失。故意，是指行为人明知其行为会产生刑事错案的结果，仍然违背事实，有法不依，有意违反法定程序。出于这种故意而产生了司法不公的决定，这种决定一旦

① ［法］勒内·弗洛里奥：《错案》，赵淑美译，法律出版社 1984 年版，第 2 页。

被否定，追究刑事错案责任人的责任，应该是毫无异议的。过失分为重大的过失和轻微过失。重大的过失，指司法工作人员因为重大过失的心理，在案件事实不清、证据不足的情况下，主观臆断、草率定论或先入为主、偏听偏信，导致刑事错案发生的，同样需要追究其责任。因为严重后果的产生与行为人的严重过失存在直接的因果关系。轻微过失，指由于办案人员不存在违法办案的故意，往往是由于办案人员对某一事实问题或法律问题有不同的理解，导致司法决定被改变，这种情形下就不应追究办案人的错案责任。刑事错案责任追究制度惩戒的是那些故意违背法律、违反司法人员职业道德的行为，不包括很难完全避免的细微错误。

丹宁曾说过，倘若法官受贿或者哪怕有一起腐化行为，或者法官滥用司法程序，那他将受到刑事法庭的惩处。但是除此之外，法官不受要求赔偿的起诉。这倒不是因为法官有任何犯错误和办错事的特权，而是因为他应该能够完全独立地履行职责而无须瞻前顾后。当法官依法行事时，每位法官均应受到保护，以免负赔偿损害的责任。所有法官都应该能够完全独立地完成自己的工作，而不需担惊受怕，决不能弄得法官一边用颤抖的手指翻动法书，一边自问“假如我这样做，我要负赔偿损害的责任吗?”只要法官在工作时是真诚地相信他做的事是在自己的法律权限之内，那么他就没有受诉的责任。因此，在决定是否追究办案人员的责任时，应以其主观是否具有犯错的故意或重大过失为要件，并以此作为与非责任性刑事错案的追究分界线。

二、刑事错案责任追究的运行错误

（一）违背裁判者不得自断其案的自然正义原则

实践中，各地法院均将判断某案是否为“错案”的权力赋予此案的审判委员会，错案追究的组织是在同一法院内部院长领导下的错案办公室。这种做法的合理性令人怀疑，因为它是明显违背“裁判者不得自断其案”的司法理念，即剥夺了法官的自由裁量权。在西方就存在这样的一句法谚："没有自己对自己的犯罪，也没有自己对自己的审判。"所以，错案追究制也就不可能运作良好。首先，依据法院组织法的规定，审判委员会对复杂、疑难的案件有裁判权，而司法实践中易"出错"的案件也往往就是这些复杂、疑难的案件。心理学的研究表明，人类有掩盖自身错误的倾向，这样导致审判委员会能否认定自己先前作出的裁判错误也就成了问题。其次，法院审判工作中案件由庭长、院长层层把关审批的做法使得庭长、院长成了案件的连带责任人；而庭长、院长又恰恰是审判委员会的组成人员，所以即便不是经由审判委员会讨论决定的案件，在判定其为错案时由于连带责任人的参与而显得举步维艰。最后，"错案"的审查中，追究者与被审查者是"抬头不见低头见"的同事、朋友，审查、追究者能在多大程度上客观、公正地追究责任人的责任，不能不让人担忧。因此，刑事错案频发，而被追究错案责任者却寥寥无几，也就见怪不怪了。

（二）片面追究实体公正，忽视程序公正

因为错案的主要标准仍然是实体错误，这种实体真实主义的追求就会导致法官将案件久拖不决、效率低下。而在实体正确的幌子下，法官与当事人私下接触、为一方当事人收集证据等违反审判程序的问题显得无所谓，程序公正失去应有的价值。从法院到社会都把案件是否公正作为焦点。当事人对公正的标准理解不一、期望值过高，有的在上诉、申诉等途径满足不了后还会不断上访。而一审法院的案件被二审改判后，如果又在再审中被"恢复原状"，则法院在错案责任的追究上就处于尴尬境地。

（三）错案追究各自为政

刑事错案责任追究制度在试点的初期，由于缺乏统一的规定，只能靠各试点法院摸索着进行，各地法院推出一些有自己特色的做法也属正常现象。然而，自 1998 年 9 月 3 日和 9 月 7 日最高人民法院分别颁布了《人民法院审判人员违法审判责任追究办法》（以下简称《追究办法》）和《人民法院审判纪律处分办法（试行）》

（以下简称《处分办法》）两个文件以后，错案追究就已成为一项具有法律效力的正式制度，必须在全国的法院系统得到统一贯彻实施。但是，这项正式的制度运行多年以后，各地法院在贯彻实施时仍然是各有各的招。各个法院在对错案的理解和界定、错案的追究范围、承担责任的方式等方面，基本上是自搞一套，从而导致这项制度在各个法院的运行状况极不平衡。对于相似的错案，有的法院追究，有的法院不予追究；有的法官被追究较轻的责任，有的法官却被追究较重的责任。这种混乱局面，不仅有损于这项制度的严肃性和统一性，而且还大大影响了制度设计功能的发挥。①

目前错案追究制是各地法院自行设立的，因而就全国而言，没有建立错案追究的统一标准。对于什么是“错案”，陕西省高级人民法院把它界定为“审判人员在审理过程中，违反实体法或程序法，致使案件造成不良影响，应由审判人员承担责任的案件”。福建省高级人民法院在 1998 年 3 月制定的《福建省各级人民法院错案追究制度》（试行，讨论稿）第 2 条规定：“错案是指由于审判人员在办案中故意或过失的实施违法行为，导致发生严重后果或恶劣影响，使当事人合法权益受到损害，依法应予以纠正的案件。”有的法院则简单地把二审改判和发回重审的案件视为错案。有的学者认为，错案追究制的根据在于责任制，法官判了错案，违背了法官的职责，因而应受到责任追究。由于没有统一的错案标准，就总体而言，缺乏规制的错案追究必然是随意的、混乱的。这种司法的随意性、混乱性反过来会削弱司法的严肃性和权威性，不利于依法治国的宏伟目标的实现。

（四）擅自设定处罚种类

《法官法》第 34 条规定，追究违法审判法官的错案责任的处罚种类有：警告、记过、记大过、降级、撤职、开除。但是，在司

① 贺日开、贺岩：《错案追究制实际运行状况探析》，载《政法论坛》2004 年第 1 期，第 15 页。

法实践中，各级（地）法院纷纷突破上述上位法的规定，另行擅自增加设定本单位和本（级）地法院对违法审判的法官的法则，如通报批评，扣发奖金、扣发工资，剥夺晋升晋级资格，剥夺评选先进等荣誉称号的资格，剥夺审理案件的资格，剥夺审判员资格，甚至待岗、下岗、调离审判工作岗位等。例如，黑龙江省饶河县法院就于2005年推行了差错案件查因问责制。还有的法院建立法官业绩档案，将有关材料存入法官档案，作为评价法官优劣的一项重要依据，与年终奖惩和提级晋职挂钩。① 这些惩戒措施将法官个人的经济收入、升迁前景与案件的处理结果紧密地联系起来。

最高人民法院《追究办法》追究的是法官违法审判的行为，《处分办法》则是对应予以追究的违法审判行为，给予警告至开除的纪律处分。打个不太恰当的比喻，前者是规定“罪名”的，后者是规定“量刑”的。根据“罪刑法定”或“处罚法定”的原则，《追究办法》以外的行为是不应追究的。然而，实践中有不少法院却将法官责任的追究范围予以扩大，层层加码。在承担责任的方式上，有的法院也超出了《追究办法》所规定的几种形式。《追究办法》第32条规定，对情节轻微的违法审判行为，责令有关责任人作出检查或者通报批评；对情节较重，应当给予纪律处分的，依照《处分办法》给予警告、记过、记大过、降级、撤职、开除等处分。但是，有的法院却在这法定的“处罚”形式之外，另设“罚种”。例如，某法院规定，凡承担违法审判责任的，除了按上述两个《办法》给予相应的纪律处分外，还要取消责任人当年目标管理奖，并且两年内不得晋级晋职，责任人是审判长（独任审判员）的免去资格等；承担错案重大责任的，责任人除在全院干警大会上作检查外，还须停职待岗6个月，停职待岗期间不发岗位津贴等等。这样一来，一个办错了案的法官，除了要承担《追究

① 张守义：《解析冤假错案：阳光定案需要科学评价体系》，载《法制早报》2005年6月27日。

办法》所规定的违法审判责任外，还要承担更为严格的错案责任和质量瑕疵责任；除了要受到《处分办法》所规定的纪律处分外，还会受到经济、荣誉和名誉等多方面的不利后果影响。此种做法直接违反了《法官法》第 8 条第 3 项的规定，侵犯了法官的权利，造成法外施罚。

现行错案追究制不能很好地协调与其他法律、法规的关系。对法官的监控，除了错案追究制外，还有《刑法》第 399 条规定的枉法裁判罪，《法官法》第 32 条所规定的法官的 13 种禁止性行为，《国家赔偿法》第 24 条、第 31 条针对法官所适用的情况以及中央政法委的“三条禁令”和最高人民法院的“八不准”等。总的来说，这些监控都是针对法官职务中的不轨行为而制定的，而错案追究制却显然是以案件的裁判结果“错误”作为追究依据的，是为结果监控。在这种情况下，如果某些法官受贿后枉法裁判，只需依据《刑法》、《法官法》、《国家赔偿法》等对号入座直接处理就可以了，错案追究制似乎已成了陪衬，没有存在的必要；若依法院自行设立的错案追究制来追究枉法者，则有以低位阶“法律”取代高位阶法律之虞。因此，错案追究制使得“法”的整体显得不和谐。

（五）责任认定标准不科学

《追究办法》第 2 条规定：“人民法院审判人员在审判、执行工作中，故意违反与审判工作有关的法律、法规，或者因过失违反与审判工作有关的法律、法规造成严重后果的，应当承担违法审判责任。”根据这一规定，要追究法官的责任，必须具备主客观两方面的要件。客观方面，法官要存在违法行为；主观方面，法官要有过错。法官故意违法的，不论后果的有无，法官都应当承担违法审判责任；法官过失违法的，只有造成严重后果的，法官才承担违法审判责任。由此可见，认定法官责任的标准是行为违法和主观过错。然而，实践中这个主客观相一致的标准却遭到严重误解。目前，基层法院大多以案件的判决结果作为认定法官责任的标准。凡是上级法院维持原判的，则被认为是错案，如果是被上级法院发回重审或改判的，除规定的几种情形（如上级法院依新证据改判）以外，都认为是错案，都要启动错案责任追究程序，这种简单地以案件处理结果作为追究法官责任标准的做法，显然是对《追究办法》的严重误解。

（六）责任的确认和追究主体不合理

审判人员违法审判的责任究竟由谁来确认和追究，是由本级法院还是上级法院，由法院的哪个部门来进行，实践中各个法院的做法也是差异很大。有的是由案件督查室调查，提出处理意见，审判委员会决定；有的是由法院的监察部门调查，由院长办公会议决定或院长决定；有的则由审判监督庭调查，审判委员会决定。实践中的迷误与制度本身规定的不完善有密切关系。《追究办法》第27条规定，“人民法院的判决、裁定是否错误，应当由人民法院审判组织确认”。这存在以下两方面的问题：其一，偷换概念。本条规定是置于“审判责任的确认和追究”的章名下，本条文应规定为“法官的行为是否构成违法审判，应当由人民法院审判组织确认”。也就是说，应当由人民法院审判组织来确认的对象是“法官的行为是否构成违法审判”。但是，《追究办法》第27条却将确认对象替换为“人民法院的判决、裁定是否错误”。这或许是造成责任标准迷误的原因所在。其二，这里的审判组织是指审判委员会、审判监督庭还是刑庭等业务庭或者某个合议庭不得而知。

（七）责任追究扩大化

在承担责任的主体上，《追究办法》只规定了对违法审判的个人进行追究，这就意味着，承担责任的主体只能是作出违法审判行为的法官个人。但在贯彻错案追究制的实践中，大多数法院不仅追究判错案的法官，而且还追究法官所在的庭、室。某法官一旦被追究责任，其所在庭、室的年度目标管理考核要扣分，并取消评优资格，有的还要受到经济处罚。法官所在的法院甚至也会受到影响，在上级法院开展的人民满意的法院评比活动中，错案记录较多的法院在评优中显然处于不利地位。这种连带追究法官所在集体责任的做法，不仅违反了《追究办法》第4条所规定的责任自负的原则，有悖于错案追究制度旨在强化法官个人责任的目的，而且还损害了其他法官的合法权益，扩大了责任追究的范围。

三、刑事错案责任追究制度不合理运用产生的负效应

错案追究制在实际运行过程中，由于自身的缺陷以及各地法院在理解运用时产生的一些迷误，给审判实践带来诸多弊端，极大地制约着它的设计功能的发挥，并对该项制度原有的积极意义起消解作用。从1992年以来，全国各地法院陆续开始实行错案责任追究制度，对由于故意或者重大过失而违反实体法、程序法作出错误裁判的案件，追究案件承办人的责任。但从各地法院施行的情况看来，真正被追究错案责任的法官寥寥无几，这一制度并没有实现设计它的初衷。建立错案追究制度的目的是在扩大法官审判权力的同时，有效加强监督，确保办案质量，其实是法院系统内部实行的一项管理制度，但事与愿违的是，从理论上看，错案认定及责任追究制如果处理不好将会与司法独立原则相悖，严重危及司法独立原则的实现；同时从法院的实践情况来看，错案追究制度对提高办案质量、实现司法公正、强化办案人员责任感的初衷并未实现，反而挫伤了法官办案的积极性，削弱了法官的独立地位。有鉴于此，1998年9月，最高人民法院先后出台了《法院审判人员违法审判责任追究办法（试行）》和《法院审判纪律处分办法（试行）》，其中的“错案”概念不再沿用。时任最高人民法院院长的肖扬在第九届全国人民代表大会第二次、第三次会议上所作的《最高人民法院工作报告》、在全国高级人民法院院长会议上发表的讲话以及最高人民法院制定的《法院改革五年纲要》中，也都不再提“错案追究制”，而是强调“要认真执行审判人员违法审判责任追究办法和审判纪律处分办法，切实加强对审判工作的纪律监督，做好法官违法违纪举报查处工作，严肃查处各种利用审判职权的违法违纪行

为"。

刑事错案责任追究制度的不合理所产生的负效应主要表现在以下几个方面：

（一）与审判方式改革冲突

错案追究制是作为审判方式改革的配套措施而产生的，审判方式改革的主要内容包括，强化当事人的举证责任、强调法官（合议庭）对案件的独立裁量权、强化庭审功能、废止案件请示制度等。不难发现，错案追究制不仅不能有效保证司法公正、实现设计者的初衷，而且直接与审判方式改革的许多内容相冲突。

1. 错案追究制与当事人的举证责任

在传统诉讼体制下，如果把法庭审理比作球赛，则法官既是"裁判员"，又是"运动员"，要履行举证与审理的双重职责。在这种情况下，举证有误或不能举证也许可归因于法官的过错。表面上看，错案追究制也似乎可以牵强地找出其存在的理由。但在新的诉讼程序体制下，法官已经成了中立的裁判者，举证是冲突双方的义务，即使事实对己有利，如不能举证，则仍要承担对自己不利乃至败诉的后果。法官只是在双方举证的基础上确定证据的多寡强弱而后作出裁判。既然如此，法官怎能对举证有误或不能举证而造成的"错案"负责？

2. 为了规避"错案"而形成的案件请示汇报制度存在弊端

司法实践中，下级法院在审理复杂、疑难案件时，为了预防上诉时被改判或发回重审而被追究"错案"责任的风险，常常就案件如何处理向上级法院请示，这就是案件请示制度，案件请示制度存在很多的弊端，主要有：

一是加重审判委员会的负担，损害法官的独立审判权。法院把发回重审率、改判率作为衡量案件质量的主要标准，法官就要想方设法保证案件"正确"，于是一个案件就要不断请示、报核。如果基层法院及所有一审案件裁判100%都正确，上诉和审判监督程序又有何意义？上诉程序的设计并不只是基于上级法院比下级法院水平更高，更重要的是为司法公正增加了一道屏障。没有独立思考、判断能力的法官，只会形成惰性循环，永远也不能成为真正意义上的法官。传统审判方式下，各地法院审判工作中普遍存在案件审批制度。审理案件的法官（合议庭）对案件没有独立的裁判权，要向庭长、院长层层汇报，而没有实际参与审理的庭长、院长是案件的真正决断者，这就是“审者不判、判者不审”，审判脱节，庭审走过场。审判方式改革就是要纠正这种做法，强化庭审人员的职权，使审理者同时成为裁判者。错案追究制的存在，必然对审理案件的法官造成心理压力，他们为了减轻责任负荷，必然不愿对案件独立作出裁判，而是沿袭层层报批的旧有做法，加强庭审功能也就成了空话，这就阻碍了改革的步伐，法官不能独立裁判，便不能做到司法独立，因为“只有机构独立，而没有法官作为个人的独立，则不能说是真正的独立”。错案追究制的运行，不仅束缚了法官的手脚，而且还加重了审判委员会的负担。法官在办案过程中，对稍有疑难的案件，往往不敢轻易下判，将案件推到审判委员会去讨论，各刑庭的庭长为了庭里的利益，也将这些案件放行，让其顺利地通达到审判委员会上讨论，这必将大大增加审判委员会讨论案件的数量。鉴于目前审判委员会成员的组成具有可质疑性，加之审判委员会讨论的案件较多，讨论不可能充分，往往是匆匆地作出了决定，这样不仅损害了法官的独立审判权，与正在进行的旨在还权于法官的主审法官制的改革相抵触，而且还有可能损害司法公正，背离错案追究制促进司法公正的初衷。近年来，一个法官的判决被上级法院改判或者被撤销都可能被视为“错案”受到相关惩罚。“错案”数超出当地法院制定的标准，该法官的奖金福利、“评先进”的机会就有可能丧失，甚至有希望升职的法官也会因此受到直接影响。“错案界定模糊和不确定，容易导致惩戒的随意性！”北京市一中院废除“错案追究制”的主要原因就是部分法官要避免自己的案件被宣告为“错案”，就不得不在案件没有进入上级法院审判程序之前，就开展各种各样的“公关”工作，为求得自己的裁判被维持而不得不迁就于上级法官的指示甚至暗示。

二是不利于当事人上诉权的行使和二审功能的发挥。案件请示制度使二审制形同虚设，不能发挥其应有的功能，同时也是对当事人上诉权的隐形剥夺。如果案件难以判决，又推不到审委会去，法官还有一条途径可以避免错案追究的风险，那就是向上级法院请示汇报，按上级法院的指示和答复作出判决。当事人即使不服，上诉到二审法院，由于一审法院已对此案作了指示和答复，故二审法院一般都是驳回上诉，维持原判，上、下级法院之间的这种“工作配合”，在避免了一审法官错案追究责任风险的同时，也侵害了当事人的上诉权利，使当事人通过上诉获得公正判决的机会几乎被剥夺，使法律规定的二审终审制变异为一审终审制。由于受法院内部有关向上级法院请示汇报的程序规范限制，下级法院法官通过正式渠道向上级法院请示汇报的案件毕竟只是少数，于是有的法官就另辟蹊径，利用私人关系，与上级法院法官进行沟通。当下级法院法官与上级法院法官建立了“审判友谊”后，即使是错误的一审判决，为不让一审法官承担责任，上级法院法官一般也不予以纠正，这样必然将二审功能架空。

（二）难以落实“疑罪从无”

错案的认定、追究以及对犯罪嫌疑人或被告人的国家赔偿是伴随着无罪判决而来的一个重要问题。由于法学理论和司法实践中对“错案”的认定非常模糊和混乱，某些司法机关并没有深入查明发生无罪判决的原因，笼统地认为案件一经无罪判决，则说明案件的侦查和公诉工作出现了失误或者是原审判决错误，更糟糕的是，有关上级和领导，往往据此追究办案人员的错案责任。这样一来，无罪判决的诉讼结果，很有可能使承办案件的法官、检察官受到追究，甚至办案人员的职业前途和经济利益也有可能因无罪判决而蒙受损失。错案追究制度，一方面，通过施加压力不断强化办案人员的工作责任心，杜绝违法办案的现象；另一方面，也极有可能导致一些办案人员为了保全自身的职业和经济利益而知错不改，将错就错，一错到底。另外，被告人因指控其犯罪的证据不足而被宣告无罪之后，其中一些受到长期羁押的被告人一般会依法向办理案件的检察院或者人民法院申请国家赔偿，而办理案件的检察院或者人民法院作为赔偿义务机关，必须向符合条件的赔偿申请人支付数额不小的赔偿金，同时还不得不面临来自上级的批评和社会舆论的质疑。这样的情况导致一些司法机关往往出于部门利益的考虑，顽固坚持原有主张，对新证据、新事实视而不见、充耳不闻，导致案件审理结果反复不定，诉讼久拖不决。因此，在某些情况下，由错案追究制度和国家赔偿制度的负效应导致的司法人员以及司法机关的局部利益与无罪判决之间或直接或间接的冲突和对立，将可能妨碍“疑罪从无”司法理念的顺利落实，造成疑罪难以从无的尴尬局面。

（三）阻碍了错案的纠正

司法实践中，有错不纠、有错难纠的情形时有发生，原因竟然是错案追究制度，这也是错案追究制度在运行过程中产生的负效应之一。河南省三门峡市卢氏县公民张冲波因揭露当地政府存在的问题，被当时的县委书记杜保乾打击报复，坐了两年冤狱。2002 年，杜保乾因受贿罪、打击迫害罪被判刑 14 年后，张冲波提出申诉。此后，经市中级人民法院再审，县人民法院重审，县检察院撤诉、再次起诉，最终张冲波仍被卢氏县法院判定有罪。张冲波蒙冤，本来是贪官杜保乾以权压法、罗织罪名、陷人以罪的结果，但令人不解的是，在 2002 年杜保乾倒台后，这个因素不复存在了，冤案却仍然无法昭雪。其症结，却是所谓的“错案问责”。当地一位法官说：“如果给你张冲波改判无罪，中院将一败涂地！况且根据最高人民法院的规定，办理一起错案，当年评先资格就取消了，所以市中级人民法院必须坚挺。”另一名法官则告诉记者，自从《国家赔偿法》实施以来的十几年里，三门峡市法院系统还没有过一次赔偿，也没受到过一次错案追究，为什么？“因为法院没有办过一起错案！”纠正了张冲波一案，就意味着法院办错了案，就要面临

“问责”和“赔偿”，并影响法院的政绩和形象。所以，即便是冤案，也不能纠正。这是何其荒唐的逻辑！

在司法实践中，这种荒唐的逻辑并非罕见。1999 年，江西乐平市农民程明清在遭受了 9 个月的无辜羁押后，先后向检察机关、人民法院提出国家赔偿请求。孰料，此举却酿成祸端，在案情、证据没有任何改变的情况下，当地检察院撤销了原来的不起诉决定书，重新对其提起公诉，最终于 2002 年一审判处程明清有期徒刑一年（缓刑两年），二审维持原判。据报道，当时检察院和法院都曾向他暗示：人放出来就算了，不要赔偿，大家相安无事。结果，程明清执意维权，最终却招致司法报复。不要赔偿反倒无罪，要求赔偿就让你有罪，这种荒唐逻辑，与上述“错案问责”何其相似。本是维权护民的“问责”与“赔偿”，竟都成了“有错必纠”的绊脚石！这种“有错难纠”的情形，在佘祥林、胥敬祥等冤案中也都有所体现。对此，我们有理由指责法院、检察院的偏私与狭隘，但除此之外，更应从制度上加以反思和改进。例如，关于“错案”的范围，如果把所有改判无罪的案件都视为“错案”，而不论法官是否渎职和违法，这种“以成败论英雄”的做法，岂不是为“纠错”自缚手脚？而在国家赔偿中，本应由国家财政统一支付的赔偿金，在实践中却演变成由办案单位自行承担，“纠错”越多，“赔偿”越多，这种把“纠错”与政法单位切身利益相挂钩的做法，又怎能保证“有错必纠”？因而，要破解“有错难纠”的困局，首先应从制度和机制上着手，科学地划定“错案”范围，并实行国家赔偿金财政统一支付制度，为“有错必纠”扫清路障。

（四）挫伤法官工作积极性、造成法官之间关系紧张

由于案件事实、法律规范等的不确定性和法官个人认识上的差异，下级法院判决的案件被上级法院发回或改判是极其正常的现象，而错案追究制运行实践中却认为这是下级法院的法官办错了案，要追究其责任，轻则扣奖金、挨批评、作检查，重则受处分，还要影响到所在庭、室其他法官的利益。法官为了不被追究责任，

常常是瞻前顾后，小心翼翼，承受着巨大的精神压力。法官办案越多，出错的可能性越大，法官办案的积极性因此受到影响。加之一些法院内部的奖惩机制不完善，使得一些在审判一线办案的法官甚至产生调离审判岗位，到法院的行政、后勤等非审判岗位去工作的想法。

错案追究制度还可能造成同一法院的法官之间关系紧张。如前所述，处在办案第一线的法官，要比行政、后勤等非审判岗位的法官辛苦，但前者待遇可能还不如后者。错案追究制给一线办案的法官造成了较大的心理压力，而相应的奖励措施却未跟上，使一线办案法官觉得自己的责、权、利不统一，承担的责任过大。错案追究制的实行，还使得负责这项工作的职能部门——监察室的法官与一线法官之间的关系变得不正常。一方面，由于都是同一个法院的法官，抬头不见低头见，一线的法官经常请求监察室的法官高抬贵手，加之监察室的法官对仅凭上级法院改判作为认定错案标准的做法也颇有微词，特别是他们也清楚一线法官承办案件数量多，难免有忙中出错的现象发生，此外，他们还深知某个判决可能不是出于承办法官的意思而是受到干预的结果，因而对自己要去追究的法官也抱有一定的同情，但由于职责所在，又不得不去追究，所以监察室的法官有时感到很为难，关系好一点的，往往就会放一马，故意导致错案的按过失来追究，过失责任的则按照瑕疵责任来对待。另一方面，监察室的法官如果本着对法官个人、对当事人和对法院高度负责的精神，严格实行错案追究，铁面无私，则有可能受到来自多方面的压力。在调查案件时得不到法官的配合是经常的事情，有的法官甚至与监察室的法官公开发生冲突。在审判委员会讨论是否追究错案责任时，负责错案追究的法官要受到承办人、承办人所在庭的庭长和分管院长三个方面的质问和压力，因为一旦被认定为错案，此三者的利益都会受到影响，而法院院长由于顾及本法院错案过多毕竟不是什么值得宣扬的政绩，往往也不能给监察工作以坚定有力的支持，这就使得从事错案追究工作的法官被置于一个非常尴尬的境地，其工作得不到法官的理解，在法院内的各项考核评比活动中，监察室和从事错案追究工作的法官往往得票最少，这让他们觉得心灰意冷，不愿再从事这种得罪法官的工作了。①

（五）损害了当事人利益

我国法院实行的是“两审终审制”，当事人不服一审判决时可以上诉，上级人民法院再审后认为证据不足、事实不清时可以改判或发回重审。北京市第一中级人民法院副院长肖龙认为，这是诉讼审判中最精华的部分，是理性反思和追求公平公正的表现。当事人因为渴望胜诉而不得不求助于上级人民法院，下级人民法院的法官则为了避免或减少“错案”而向上级人民法院施加影响，上级人民法院经常要顾及下级人民法院法官“面子”和“错案指标”，在最小范围内修改原审的量刑判决。肖龙认为：“错案追究制不但影响法官的独立审判，最终损害的是当事人的合法利益和法律的公平。”

第三节 刑事错案责任追究制度的出路

由于刑事错案追究制度运行中产生的弊端以及运行后带来的不良后果，因此，从该制度确立之初，对其争议就没有停止过。

一、刑事错案责任追究制度存废之争

对刑事错案责任追究制度的争论主要分为支持方和反对方。支持错案追究制度的学者认为，该制度在中国的实行，既有中国法文化的传统，又有现实生存之土壤。② 有学者认为，该制度具有宪法

① 贺日开、贺岩：《错案追究制实际运行状况探析》，载《政法论坛》2004 年第 1 期，第 153 页。

② 周剑浩：《人民法院“错案责任追究制度”新视角》，载《法律适用》2003 年第 12 期，第 12 页。

和法律上的依据，认为“错案责任追究制是新形势下人民法院强化自我约束的重要措施，无疑在加强法院队伍建设，推动人民法院审判工作的开展，促进法院廉政建设，维护司法公正，严肃执法意识，提高办案质量和效率等方面将发挥重要作用”。① 反对该制度的学者认为：“错案追究制之确立，客观地说，是对我国现有司法队伍缺少足够信任与信心的表现。”② 否定该制度的理由，概括地说，首先在于错案本身的不确定性，错案概念的模糊性，决定了确立错案责任不具有可操作性。其次在实践中，错案追究往往导致法外施罚，即各单位擅自设定处罚种类；扩大处罚，即扩大责任范围；责任株连，同一部门、科室一起受罚。③ 还有观点认为，错案责任追究制度削弱了独立审判，加重了审判委员会讨论决定案件的责任，助长了法院系统个案内部请示之风，等等。

由于错案责任追究制度的建立和实施至今尚在尝试摸索阶段，就全国而言，还没有找到成熟的经验，最高人民检察院于 2007 年 7 月颁布了《检察人员执法过错责任追究条例》，由于该条例的颁布施行，最高人民检察院于 1998 年 6 月颁布的《人民检察院错案责任追究条例（试行）》自行废止，最高人民法院于 1998 年 9 月颁布了《人民法院审判人员违法审判责任追究办法（试行）》，这两部规范性文件是目前检察机关和人民法院系统错案责任追究的基本规范，但错案追究制一直是颇受争议的制度，整个司法系统错案责任追究制度的实际运作也不尽如人意。该制度运行之初就普遍存在的形而上学特点是最大的缺陷，这一缺陷严重制约了它的积极意

---

① 黄霞、李化：《错案责任追究制度的理论与实践》，载《理论月刊》2000 年第 9 期，第 9 页。

② 廖永安：《关于错案责任追究制的反思》，载《江苏社会科学》1999 年第 3 期，第 14 页。

③ 姚建才：《错案责任追究与司法行为控制》，载《国家检察官学院学报》2005 年第 5 期，第 12 页。

义和功能的发挥，进而引发出一系列问题，于是，该制度从一开始就遭遇了存废的激烈争论，直至今天都没停止。

前述表明，错案追究制度的本质是使法官对案件的判断和认识成为上级法院审查的对象，并以上级法院法官的判断作为对下级法院的法官进行惩戒的标准，这迫使法官与案件的裁判结局发生直接的利益牵连，造就了一种法院和法官不敢独立，并且不得不依附于上级法院的司法氛围和司法文化。可以说，“错案追究制”作为我国法院、检察院在量化管理过程中出现的产物，带来了一定消极影响，缺乏公正性，应当逐步废止；同时，应当按照刑事诉讼的规律，重新设定法官的责任追究制度，法官只有实施了违反法律、职业道德和职业纪律的行为，才应当受到追究，法官对案件的判断和认识不应当成为其受追究的理由；此外，应当进一步完善诉讼程序和证据规则，以此约束法官的自由裁量权，减少法官滥用权力、产生问题的机会，做到防患于未然。2005 年 11 月，北京一中院取消错案追究制，取代以“法官不规范行为认定”制度。该制度规定，法官办理案件，即使没有出现错误的裁判结果，但法官在审案过程有不当、违法行为的，也应当被惩戒，即对法官的考核从先前的结果考核转变为司法行为上的考核，这样使得法官队伍既能得到科学、规范、严谨、有效的管理，又能为法官营造宽松的、人性化的、受到充分尊重的环境氛围，不仅如此，法官在办案过程中因疏忽、因能力、因过错产生的三类不当行为，也应进行必要的规制、矫正和惩戒，以此来全面规范法官的司法行为。

综上所述，司法实践中的错案追究制存在诸多问题，理论上的错案追究制度也不尽如人意，案件中的事实和法律的相对不确定性以及事实和法律外因素对裁判结果的影响使得对“错案”的界定显得无所适从，当初作为审判方式改革配套措施而应运而生的错案追究制违背了设计者的初衷。因此，笔者倾向于废除错案追究制。法官由于徇私舞弊、枉法受贿等行为造成“错案”，可以依据《法官法》、《刑法》、《国家赔偿法》对其进行追究，而不必再用备受争议且弊端重重的错案追究制度予以规制。

二、西方国家法官惩戒制度

对违法失职的法官进行惩戒是国际社会所通行的一项原则，由于法官操有审判大权，其一旦从事违法甚至犯罪行为，危害性较之其他违法犯罪行为尤甚，因而，世界多数国家和地区都通过立法建立了各具特色的监督机制，以预防或处罚法官的违法犯罪行为。

（一）英美法系国家的法官惩戒制度

英美法系国家一方面严格实行“司法独立”，赋予法官较高的社会地位，另一方面则为保障公正司法而建立了完善、严格的弹劾及惩戒机制。英国高等法院、上诉法院的法官由女王直接任命，地方法院的法官是司法大臣从有7年以上出庭律师经历的人中考核任命的。根据《英国最高法院审判法》第12条、《上诉法院法》第6条的规定，当法官行为不端时，由下议院提出弹劾并经女王批准，再移交上议院审判后免职。这一弹劾程序属于司法程序，审理公开进行，被弹劾的法官有权为自己辩护。地方法院的法官经议会判决后得由司法大臣罢免。美国《宪法》第2条规定：“总统、副总统及联邦的文官，犯有叛国罪、贿赂罪或其他重罪、轻罪而遭弹劾时，应予免职处分。”法官为文官的一种，故亦为弹劾的对象。但弹劾的事由仅限于法官的犯罪行为，不包括其失职行为。在美国，弹劾必须依严格的程序进行，审判法官时不是由最高法院的首席法官主持，而是由下议院提供弹劾，由上议院审理。具体程序分两个阶段：首先由众议员提出议案，众议院司法委员会举行听证会后表决，过半数通过决定弹劾案成立，同时选出七人担任弹劾检察官。参议院接受起诉后，由全体参议员组成审判法庭，选举产生审判长，其余为陪审员，审判程序公开进行，允许被弹劾法官聘请律师辩护，然后经由出庭议员的三分之二多数通过，才能对行为不端的法官作出免职、剥夺职务、剥夺荣誉资格的判决。需要定罪的人，仍应依法起诉、审理、判决和惩罚。[①]

（二）大陆法系国家的法官惩戒制度

大陆法系国家对法官、检察官的惩戒也各有自己的制度。在德国，根据《德国法官法》的规定，法官所属法院的院长和法官纪律法院行使职务监督权，并对法官违纪行为采取相应的惩戒措施，共有警告、罚款、减薪及开除公职等五种，法院院长所享有的职务监督权极其有限，对违纪法官只能作出最轻一级的处分，即警告。其他惩戒处分均由法官纪律法院决定。法官纪律法院属于德国职业纪律法院之一，专门审理法官违法行为案件。州法官纪律法院由在其他法院工作的法官组成，每五年选任一次，同一法院的院长和副院长不得同时在法官纪律法院工作，选任的法官只有审理法官违纪案件时才在一起组成合议庭。法律规定，受审法官可以委托一名律师一同出庭，对所作判决有权上诉到联邦的法官纪律法院，而事实上，联邦的最高法官纪律法院是设在联邦最高法院里的一个审判庭，除受理上诉案件外，还直接管辖联邦法官违纪案件。需要明确的是，若法官的行为构成犯罪，首先应由普通法院的刑事审判庭审理，被判处一年以上刑期的法官，自然丧失了法官资格，不需要法官纪律法院予以审理。若被判处半年以下有期徒刑或罚款的法官，在刑事法庭裁决后，法官纪律法院还要对其行为是否违反职业纪律进行审理，对违纪法官作出必要制裁。[②]“二战”后的日本根据《日本国宪法》第64条第2款和《国会法》第129条的规定，一方面赋予法官以特殊身份，以保障司法的独立性，另一方面为了确保法官能忠于职守，规定可以公开弹劾罢免法官。例如，日本《法院组织法》第49条规定："裁判官违背职务上的义务，懈怠职

① 马进保：《我国建立法官、检察官惩戒机制的可行性研究》，载《法律科学》1998年第4期，第40页。

② 王盼、程政举：《审判独立与司法公正》，中国人民公安大学出版社2002年版，第408～409页。

责，有愧于职位时，依法律规定，以裁判惩戒之。”日本还于1947年专门颁布实施了《法官弹劾法》，规定：①法官明显违反职务上的义务或严重玩忽职守；②不管在职责范围内或职责范围外，有严重丧失作为法官威信的不正当行为时，将受弹劾而被罢免。从程序上来看，任何公民认为法官有弹劾事由，都可以向追诉委员会控告要求追查。追诉委员会是由参、众两院各选出10名议员组成并负责起诉的组织，委员长由委员互选产生。负责审理的是由参、众两院各选出7名议员组成的弹劾法院，充任弹劾法官的议员不得兼任追诉委员。弹劾法院审理案件必须在公开的法庭进行，审理程序、辩护人的选任、证据的采纳准用有关刑事诉讼法的规定。作出罢免法官的判决须由参加审理的弹劾法官三分之二多数通过。罢免判决一旦经官报公告后，该人不仅由此失去法官的资格，同时失去担任检察官、律师、公证人的资格，如果出现恢复上述资格的适当事由，也须满五年后再申请弹劾法院作出恢复资格的判决。[①]

三、我国错案责任人惩戒制度构想

由于种种原因，错案责任追究制度在实践中产生了很多偏差和问题，背离了制度设计的初衷。恰如王晨光先生所言：“错案概念算不上一个科学的法律概念，在此基础上的错案追究制很难保证不挫伤审判人员的积极性和主动性，也很难保证不削弱法院依法审判的独立性。”[②] 因此，笔者认为，错案责任追究制应当废除。但是，在当下我国处于社会转型期，司法腐败堪忧、错案频繁的情况下，如何来规范司法人员的行为，保障司法公正呢？笔者认为，应当完善现有的法律对于刑事司法人员错案责任的惩戒规定，如《刑

---

① 马进保、易志华：《论对失职法官检察官的惩戒》，载《河北法学》1999年第4期，第42页。

② 王晨光：《法律运行中的不确定性与错案追究的误区》，载《法学》1997年第3期，第10页。

法》、《人民警察法》、《法官法》、《检察官法》等法律中的相关规定，构建一套具有我国特色的错案责任惩戒制度。

由于错案责任追究制度最早在法院运行，前述错案追究制度运行中存在的问题和带来的负面效应也主要在法院中体现，因此，完善我国错案责任人惩戒制度主要以法官为考虑对象，对于办了错案应当追究责任的警察和检察官，可以公安机关和检察院本系统的规定为主要惩戒依据，并借鉴法官惩戒制度来对其惩戒。构建具有我国特色的错案惩戒制度是基于两个方面的考虑：一是对具有违法、失职行为的办案人员依照法定的程序进行惩戒是国际法所确认的一项基本原则。1983 年，司法独立第一次世界会议发布的《司法独立世界宣言》指出："法官免职或惩戒程序之进行，应由法院或由法官及司法部门选出之人员组成，以法官为多数之委员会审理。"1985 年，联合国《关于司法机关独立的基本原则》第 20 条规定："有关纪律处分、停职或撤职的程序应受独立审查的约束……"二是世界多数国家和地区都通过立法建立了各具特色的法官监督惩戒机制。相比较错案追究制度而言，法官惩戒制度更加注重程序的作用，也更加体现出对法官自身的关怀，而这些对于防范错案的发生都具有不可估量的作用。首先，法官惩戒制度促进了法官队伍整体素质的提高，为减少错案的发生提供了最基本也是最重要的条件。其次，法官惩戒制度有效保证了法官的独立地位，从而间接保护了当事人的诉讼权利，为司法独立的实现提供了保障。

（一）将惩戒原因及应承担的责任法定化、规范化

我国《法官法》第 32 条规定了法官应受惩戒的 13 项原因，但其中的第 13 项"其他违法乱纪的行为"具体指向的内容并不明确，并且在第 33、34 条的规定中，也并未明确何种行为应承担何种责任，这无形之中就为任意处罚和违法不究留下了余地，因而有待改革。在这方面，美国律师协会的司法行为守则颇有可借鉴之处。该守则是专门为确定法官道德行为准则而订立的，其中区分了应受制裁和应受谴责的行为，"如果文中使用了必须（shall）或不

得（shall not）的文字，则旨在设定某种拘束性的义务，如果违反了这些义务将导致纪律诉讼；如果使用应当（should）或不应当（should not）的文字时，旨在说明什么是或不是适当的行为，但它并非使法官受到纪律制裁的规则”，即区分了应受惩戒及应受一般性制裁的行为，这也是我国建立和完善法官惩戒制度所应借鉴之处。另外，还应注意将《刑法》中的相关规定与之结合起来，应该由《刑法》来解决的问题绝不可由法官惩戒制度越俎代庖。

（二）设定专门惩戒机构

依照我国现行法律的规定，对法官的惩戒主要是由其所在法院进行，这固然是一种便利、直接的监督方式，但这种法院内部的自律监督的弊端显而易见，由于责任、人情等各方面的原因，这种监督很难保持其超脱地位，程序和结果的客观公正都很难保证。因而，惩戒机构须专门设立。目前关于法官惩戒机构之设置的理论观点主要有：一是根据我国人民代表大会制度的国情，在全国人大和地方各级人大常委会增设“法官违法失职行为惩戒委员会”，推选部分有较高的法律素养的人大代表为“惩戒委员”，其监督重点是法官。① 二是“惩戒委员会”可考虑在人民法院系统内部设立，具体在各中级人民法院以上设立“法官惩戒委员会”。现行的监察部门可以依司法行政职权受理举报、进行调查、提起控告，但其人员构成应有较大的变化，应由具有审判经历的法官组成。②

笔者认为，前一种做法确实突出了我国人民代表大会制度的国情，而后一种做法则突出了司法独立，虽不乏可取之处，但是二者

① 梁慧星：《“错案追究”叫停，“法官弹劾”上马》，法律教育网，http://law-thinker.com/show.；李进保：《我国建立法官检察官惩戒机制的可行性研究》，载《法律科学》1998年第4期，第40页。

② 持此观点的学者有：王利明：《司法改革研究》，法律出版社2001年版，第483~484页；张文静：《中芬“法官的地位与职责”研讨会综述》，载《中国司法》2004年第11期，第93页。

忽视了一个重要的现实，即我国司法队伍庞大，素质较低，因此司法人员行为不当、严重违法和犯罪的绝对数量是惊人的，因此，每年受惩戒的法官数量也是庞大的。贺卫方先生指出："我想很严重的问题就是，许多法官做了法官不应当做的事情，而得不到应有的惩罚。从法制发达国家标准来看，我们法官，说老实话，最廉洁的法官可能也存在严重的问题。比如说，当事人请吃顿饭，相关案件的代理律师，来请二审案件的法官吃顿饭。我们这个地方，可能吃顿饭是最廉洁的了，只是吃顿饭。而且有人还倡导应该是吃了原告吃被告，吃了原告而不吃被告，就没有办法保持平衡，这种说法也非常的怪异。"[①] 以法制发达国家的标准来看，这简直不可思议。例如，从美国联邦法官受弹劾的历史看，美国建国以来，迄今只有 13 名法官受到弹劾，其中只有 7 人最终被弹劾成功。[②] 因此，在此种现实下，无论是将法官惩戒委员会设在全国人大和地方各级人大常委会下，还是将其纳入人民法院系统内，该委员会的惩戒工作即使不是不堪重负，也必将是质量不高。

各国惩戒法官的机构主要有三种：其一是法院作为法官惩戒机构。例如，在日本最高法院负责审理对最高法院和高等法院法官的奖惩案件，高等法院负责审理对地方法院和简易法院法官的奖惩案件；美国的一些州也由州的最高法院审理法官惩戒案件；德国则由设在最高法院和州的高等上诉法院的纪律惩戒法庭专门处理包括法官在内的纪律案件。其二是司法系统的管理机构（司法行政决策机构）行使法官惩戒权。例如，美国联邦各巡回区上诉法院依法设立司法委员会（Judicial Council），由相同数量的地区法院法官和上诉法院法官组成。上诉法院首席法官为主席，其职责之一就是

---

① 赵丽兴：《走进贺卫方——贺卫方教授采访实录》，北大校友通讯，http://www.pkuer.cn。

② 严仁群：《美国法官从惩戒制度论要》，载《法学评论》2004 年第 6 期，第 131 页。

审理本巡回区内联邦法官的惩戒案件。其三是国家设立专门的司法委员会，兼管法官惩戒事务。例如，法国的司法委员会由总统、司法部长、法官、检察官等人员组成，其重要职能之一就是审理法官惩戒案件。该委员会分为两个部门，其中第一部门在审理法官惩戒案件时，由最高法院院长主持。[①] 当然，对于法官有严重违法和犯罪行为的免职弹劾，一般是属于国家立法（权力）机关的职权，由立法机关进行。

综上所述，笔者认为，我国设立法官惩戒机构宜效仿法国设立专门的司法委员会的经验，单独设立统一的司法惩戒委员会，其职能涵盖弹劾和惩戒。但需要强调的是，该委员会的设置应独立于行政机关，人员的组成主要应是法官，且职权的行使应注意不影响司法独立。

（三）惩戒程序司法化

比较国外的法官弹劾、惩戒程序，我国惩戒法官、免除法官职务、辞退、开除法官的程序具有简单化和行政化的缺陷。因此，建立健全惩戒制度的关键环节之一是要根据法官的职业特点，完善法官惩戒的程序，将法官惩戒司法化。司法化的理由很简单："政府和人民在竭尽全力维护司法独立以期保持司法之中立与公正地位，而当独立行使审判权的主体——法官要受到处理和制裁时，他必须获得公正的待遇。而纵观人类所有的活动方式，这种待遇只有在司法程序中才可能得到保障。"[②] 因此，应当借鉴现代法治国家的做法，改变现行法官惩戒行政化、简单化的弊端，指定法官惩戒工作的调查、指控与审理程序，并且明确或援用《刑事诉讼法》的证明责任、证明标准等证据规则以及救济方法，以保障被惩戒法官所

---

① 于秀艳：《论我国法官惩戒程序及其改革》，载《法律适用》2003 年第 9 期，第 9 页。

② 蒋惠岭：《论法官惩戒程序之司法性》，载《法律适用》2003 年第 9 期，第 5 页。

享有的权利。最后，针对实践中责任主体泛化的现象，法官之惩戒还应强调责任自负，反对株连他人。

（四）明确以行为和程序为标准的惩戒事由

国际社会和世界各法治国家一般都确立了法官惩戒的行为标准。根据联合国《关于司法机关独立的基本原则》（1985 年 11 月 29 日通过）第 19 条规定，“一切纪律处分、停职或撤职程序均应根据业已确立的司法人员行为标准予以实行”，第 18 条规定，“除非法官因不称职或行为不端使其不适于继续任职，否则不得予以停职或撤职”；亦诚如两百多年前美国联邦党人所论，“一切法官只要行为正当即应继续任职。以行为正当作为法官任职条件无疑是现代政府最可宝贵的革新”，其目的和作用是保障司法独立，即“限制待议机关越权及施加压力的最好保证。在任何政府设计中，此项规定均为保证司法稳定性及公正不阿的最好措施”。[①]

“行为正当”作为法官任职的条件，应该说其本身就是一项非常明确的判断法官任职是否合乎条件的考察标准，易言之，它既是判定法官任职是否合乎条件的基本或根本原则，亦不失为一项具体的判断准则，具有较强的可操作性。行为正当与否，主要是指法官是否有违背职务、懈怠职务、滥用程序、徇私枉法等不当行为。基本上可参照《法官法》第 32 条、最高人民法院《关于严格执行〈中华人民共和国法官法〉有关奖惩制度的若干规定》以及《法官职业道德基本准则》规定的司法行为准则来界定不当行为的范围。但是，司法活动是一个极其复杂的过程，仅靠“行为正当”来判断，不足以对法官的全部活动进行评价，这就需要“程序标准”作为补充，其一，从保障法官独立的角度考虑，有必要确立程序标准，因为程序实际上具有保护法官的功能，“法官被要求忠实于程序，反过来程序也有效地保护了法官。即使初审法官判决被上诉法

① ［美］汉密尔顿、杰伊、麦迪逊：《联邦党人文集》，程逢如等译，商务印书馆 1980 年版，第 390～391 页。

官推翻，即使合法性判决造成被告自杀于狱中、市民暴动于街头的严重后果，作出判决的法官也不会受到追究。……显然，让权力和权利同时受审判程序的限制是一项非常明智的制度设置”。[①] 朱苏力先生指出：“程序性法律规则在现代社会中数量日益增加，其意义也日益增加。这些程序性规则，在一个意义上是对权力行使者的限制，而在另一个意义上也是对他/她的权力行使的支持和对他/她个人的保护。”[②] 其二，案件的实体结果无法达到绝对的客观真实。真实性只能做到形式真实，形式真实即是法律真实，亦即程序上的合法性。正如有学者所说，“考量事实真实性的标准已转化为是否符合诉讼程序，诉讼上判断合法性的可行办法也是唯一的办法，是以程序正当性取代实体的合法性标准”。[③] 事实上，行为标准和程序标准有时是难以截然分开的。法官的行为正当就必然是合乎法律程序的行为，而符合法律程序的行为也必然是正当的行为。可以说，二者相辅相成，共同构筑了惩戒法官的基石。

---

① 季卫东：《法律程序的意义——对中国法治建设的另一种思考》，中国法制出版社 2004 年版，第 51 页。

② 朱苏力：《道德通向城市：转型中国的法治》，法律出版社 2004 年版，第 19 页。

③ 陈桂明：《程序理念与程序规则》，中国法制出版社 1999 年版，第 36 ~ 38 页。

第六章 刑事错案的赔偿

第一节 刑事错案赔偿制度的形成和发展

错案发生并被纠正后，司法体系健全的国家都会对蒙冤受屈的人进行国家赔偿。但是，从刑事赔偿的本质以及形成机制看，刑事赔偿只能在个体权利意识逐渐觉醒和不断提高的民主社会里才能产生并找到存在的适宜的土壤。在强调集权、蔑视个体价值的集权社会里不可能形成尊重个体权利的机制，也不可能产生以保护个体权益为目的的刑事赔偿制度。

一、中国错案赔偿法律制度的形成与发展

（一）中国古代不存在错案赔偿制度

中国拥有悠久的历史，从秦王朝建立统一的封建集权国家起，有文字可考的法律制度和法律思想史至少也有两千多年，但专制统治占了中国历史的绝大部分，无论是漫长的奴隶社会，还是封建社会，统治者要么把民众视为“会说话的工具”，要么把民众当做被本阶级统治奴役的对象，在“捶楚之下，何求而不得”、“治乱世用重典”等法律思想的指导下，尽管历朝历代无一例外地制定了大量的法律法规，但有关国家赔偿尤其是刑事赔偿的法律未曾见到，这不是法律思想史上的偶然，有其内在必然的原因。在皇权至上、集权专制的中国古代社会不可能形成以保护社会个体权利、制约国家权力的刑事赔偿制度。尽管在司法制度上，有些朝代也建立

了“掌律令、审重狱、察冤枉”的监察机构，一些王朝也确立了封建官吏行使审判权的责任，要求执掌审判权力者严格依法办事，否则要承担相应的责任，但这些只是对制造冤案的司法官吏的一种惩戒。中国古代也有平反冤狱的记载，他们都以对受害者“平反昭雪”和惩治违法官吏为基本特征，但国家法律并没有规定对受冤狱之害的人给予任何经济上的赔偿或者补偿。[①] 有时受害人被释放后，也会受到皇帝或官吏的一点赏赐，这只是出于封建皇帝的慈悲或者其他目的，并没有成为受害者的法定权利，也不是法定的国家赔偿义务，与现代意义上的国家赔偿制度有着本质的区别。对于封建臣民来说，遭受冤狱之后，若能平反，实属皇帝的恩赐，已经感激不尽，哪敢要求物质赔偿。

（二）国民党统治时期的错案赔偿法的发展历程

辛亥革命推翻了中国数千年的封建统治，1912 年元旦成立中华民国南京临时政府。中华民国成立后颁布的许多立法对国家赔偿、刑事赔偿以及冤狱赔偿开始有所体现。1935 年，全国司法界人士、上海律师公会、全国律师公会以及其他法律学者就向国民政府倡议制定冤狱赔偿法。1937 年，该法基本草拟成功，被定名为《无罪羁押法》，并于同年交付国民大会二读通过，且名称改为《刑事补偿法草案》，但“七七事变”的爆发，使得该法案被暂时搁置。抗战胜利后，国民政府迁回南京，并于 1947 年颁布了《宪法》，同年 11 月，全国司法行政检讨会在南京召开，各地法律界人士以《宪法》第 24 条的规定为契机，重新提出应当制定《刑事补偿法》，并交由司法行政部会同国防部、财政部等有关部门办理，但由于不久爆发了第三次国内革命战争，该草案再次被搁置。

---

① 典型案例：在杨乃武案中，作为受害人之一的小白菜，在沉冤昭雪后，不但没有获得任何赔偿，还因为“不避嫌疑，招致物议”而被判杖八十。刘练军：《冤案与话语权——围绕女性立场而对杨乃武案的一个分析》，载《法学》2005 年第 11 期，第 11 页。

1949 年，南京国民政府被推翻，结束了国民党在中国大陆的统治，蒋介石集团退居台湾。1951 年，我国台湾地区“司法行政部法规检讨委员会”第一次会议讨论通过制定“刑事补偿法”的议案。同年，嘉义县县议会致电“立法院”，要求迅速制定冤狱赔偿法规。不久，彰化、台中、桃园、澎湖等县市纷纷响应，均致电“立法院”，要求制定冤狱赔偿法。这些举动引起了我国台湾地区“政府”和“立法院”多数委员的注意。1953 年，我国台湾地区“冤狱赔偿法草案”基本草拟成功。但由于种种原因，该草案交付“立法院”后，迟迟没有通过，直到 1959 年 6 月 2 日，“冤狱赔偿法”才在“立法院”三读通过，并于同年 9 月 1 日正式实施。该法共 26 条，规定了请求赔偿的条件、请求赔偿的例外情形、赔偿金额的计算、冤狱赔偿的管辖、冤狱赔偿复议委员会之组成、赔偿请求的撤回、赔偿请求的时效等。① 1980 年，我国台湾地区又颁布了“赔偿法”，共 17 条，该法从一般意义上概括地规定了赔偿责任，并具体规定了赔偿的程序和实体问题。相比较而言，1959 年的“冤狱赔偿法”，较为具体地规定了刑事赔偿的条件和程序，1980 年的“赔偿法”集刑事赔偿和行政赔偿为一体。

（三）新中国错案赔偿法律制度的形成和发展

新中国成立以前，中国共产党领导中国人民在广大农村地区建立了革命根据地，创建了新民主主义的政治和法律制度，其中也有很多涉及国家赔偿的法律制度。例如，抗日战争时期，中国共产党曾颁布了《山东省人权保障条例》。该条例第 10 条规定：“凡各级政府公务人员违法侵害人民之自由或权利者，除依法惩办外，应负刑事及民事责任。被害人得就其所受损害依法请求赔偿。”1942 年颁布的《陕甘宁边区保障人权财权条例》第 7 条规定：“人民权益如受损害时，有用任何方式控告任何公务人员非法行为之权。”1949 年 9 月，中国人民政治协商会议制定并颁布了《中国人民政

① 刘清波：《冤狱赔偿法》，台湾商务印书馆 1973 年版，第 56 ~ 58 页。

治协商会议共同纲领》（以下简称《共同纲领》）。《共同纲领》第19条规定："人民和人民团体有权向人民监察机关和人民司法机关控告任何机关和任何公务人员的违法失职行为"，并明确规定："由于国家机关工作人员侵犯公民权利而受到损失的，有取得赔偿的权利。"该规定是新中国国家赔偿制度最早的宪法性依据。

新中国成立后，党和国家针对冤假错案又制定了一些政策和法规。例如，1953年第二届全国司法工作会议决议中规定："冤狱平反之后，应当向当事人或家属认错，对于遭受重大损害的当事人或家属，除认错外，对于生活困难者，酌情予以必要的补助。"中央人民政府于1954年颁布的《中华人民共和国海港管理暂行条例》第20条规定："港务局无任何法令根据，擅自下令禁止船舶离港，船舶得向港务局要求赔偿由于禁止离港所受之直接损失，并得保留对港务局之起诉权。"这些规定虽然没有明确规定刑事赔偿责任，但可以认为是我国刑事赔偿制度得以产生和发展的基础。1954年9月20日，第一届全国人民代表大会第一次会议通过了《中华人民共和国宪法》。这部宪法第97条规定："由于国家机关工作人员侵犯公民权利而受到损失的人，有取得赔偿的权利。"国家第一次用根本大法的形式明确了对国家损害的赔偿责任（包括刑事赔偿）。为了落实《宪法》第97条精神，当时的人民政府在刑事司法领域制定了一些具体的政策。1957年3月，中央清案小组转发浙江省清案小组、财政厅、民政厅"关于冤案补偿问题的通知"规定："对冤案、错案的处理，除了主要从政治上做好善后工作外，对少数因冤狱而遭受人身和经济上严重损失的，应从经济上予以补偿。"1957年以后，尤其是"文化大革命"期间，民主法制建设遭到破坏，刚刚建立起来的国家损害赔偿责任制度也受到严重摧残。1975年宪法取消了国家赔偿责任的规定，1978年《宪法》由于受到"左"的影响没有规定国家损害赔偿责任制度。

十一届三中全会以后，国家把工作重心转到经济建设上来，在国家政治生活中强调民主与法制，党和国家开始平反历史上遗留的大量冤假错案，并作出了一系列批示。例如，1981 年 4 月，《中共中央对湖南省委关于“文化大革命”中冤假错案补发工资问题的请示报告的批复》指出：“对于文化大革命中冤假错案被停发、被扣发的工资，原则上应予补发。”这些批示虽然没有规定国家赔偿制度，但表明国家已经开始意识到国家赔偿问题的重要性。1982 年 12 月 4 日，第五届全国人民代表大会通过了新中国第四部《宪法》，该法再次明确了国家的损害赔偿责任，第 41 条第 3 款规定：“由于国家机关和国家工作人员侵犯公民权利而受到损失的人，有依照法律规定取得赔偿的权利。”这一规定是对《共同纲领》和 1954 年《宪法》的发展，奠定了我国国家赔偿责任制度的法律基础，也可以说为建立我国的刑事赔偿制度提供了宪法依据。1986 年 4 月 12 日颁布的《中华人民共和国民法通则》第 121 条规定：“国家机关或者国家机关工作人员在执行职务中，侵犯公民、法人的合法权益造成损害的，应当承担民事责任。”1989 年 4 月 4 日颁布的《中华人民共和国行政诉讼法》用专章规定了国家赔偿的条件、程序以及经费等。随着我国民主法制建设的不断完善，执法环境日趋好转，公民法律意识不断提高，对社会个体权利保护的意识也逐渐提高，制定专门的规定国家赔偿的条件、赔偿程序的法律的时机逐渐成熟。1989 年七届全国人大二次会议制定《行政诉讼法》后，为了保证《行政诉讼法》规定的行政赔偿制度的实施，全国人大常委会法制工作委员会立即组织有关法律专家成立起草小组，着手起草《国家赔偿法》。经过几年的准备工作，在总结实践经验和广泛征求意见以及借鉴国外有关国家赔偿立法经验的基础上，制定了《中华人民共和国国家赔偿法》（以下简称《国家赔偿法》），于 1994 年 5 月 12 日第八届全国人民代表大会常委会第七次会议通过，并于 1995 年 1 月 1 日施行。《国家赔偿法》虽然集行政赔偿和刑事赔偿于一体，但这部法律对刑事赔偿的范围、刑事赔偿的赔偿请求人和赔偿义务机关、刑事赔偿的程序等进行了专门的、较为完整的规定，使宪法规定的公民合法权益遭受刑事司法机关侵犯造成损失的获赔权得以落实，也使公民、法人和其他组织在遭受国家刑事司法权力侵害造成损害，向国家请求赔偿有了可以遵循的法律。至此，刑事赔偿的立法和执法机制在中国建立起来。

二、西方国家错案赔偿制度的历史演进

在奴隶社会和封建社会，国王或君主拥有至高无上的地位和权威，统揽国家立法权、行政权和司法权。作为国家象征与代表的国王或君主可以做自己想做的任何事情，且无须承担任何责任。即使在法制萌芽较早的罗马法中，也没有国家承担赔偿责任的规定，仅有事实承审官故意为不公正处理或因错误适用法律程序而负赔偿责任的规定。①“权威的本意就是无赔偿强制。”② 当时的人们认为国家赔偿责任与国家的绝对权威是水火不容的两种理论，国家拥有绝对“主权”，所以，国家因自身错误而赔偿人民的理念显然是无法存在的。

资本主义制度建立初期，民主宪政思想刚刚萌芽，封建专制思想中的“国家绝对主权论”、“主权无拘束论”等仍主导着人们的思想。国民之间是统治与被统治、服从与被服从的关系，国家赔偿是不可能存在的。在英国，人民普遍遵奉“国王不能为非”的普通法原则，国王是公正与良心的化身，绝不会侵害其臣民的利益，这就从法律逻辑上排除了国家承担责任的可能。美国由于受英国的影响，奉行“国家主权豁免”原则，国家拥有至高无上的权利，未经国家同意，任何人都不能向国家起诉。美国联邦最高法院大法官霍尔姆斯就坚信：“对于制定法律、设置法院的国家，对于权利赖以存在的国家，不可能有起诉的权利。我以为，控告国家如同对

---

① ［意］波德罗·彭梵得：《罗马法教科书》，黄风译，中国政法大学出版社 1992 年版，第 406 页。

② 单明伟：《国际赔偿法研究》，中国政法大学出版社 1991 年版，第 107 页。

天挥拳一样，正是天空滋养了人的精力，使人能够挥拳。”[①] 在此理念之下，国家作为赔偿主体的刑事赔偿制度是没有存在的土壤的。

随着资本主义的发展，国家职能空前强化，公权力日益膨胀，国家公务人员侵害社会主体的危险性增加，同时，公民的权利意识和法治观念与日俱增，“有侵权必有赔偿”的观念逐渐深入人心。许多国家确立了国家赔偿制度的理念，并通过立法和判例的形式形成了国家赔偿法律制度。“二战”以后，法律制度的价值取向更多地由个人本位向社会本位、福利本位的方向发展。在政治制度的构建方面，西方社会既扩张行政自由裁量权，又通过宪法审查制度加强了对立法和行政行为的合宪性审查，并且建构了相对完善的人权保障制度体系。[②] 国家赔偿制度得到了全面的发展。1946 年的《美国联邦侵权赔偿法》，1947 年的《英国王权诉讼法》和《日本国家赔偿法》，1948 年的《奥地利国家赔偿法》等一系列赔偿法的制定标志着国家赔偿作为一项法律制度在一些主要资本主义国家确立起来，并且随着民主法治进程的推进和人权保障理念的深入人心，国家赔偿制度得到新的发展。

第二节 刑事错案赔偿的现状及其改革方向

《国家赔偿法》的制定实施，使得错案受害人获得经济赔偿有了法律依据，但是这并不意味着错案受害人求偿之路一帆风顺。在司法实践中，错案受害人获得赔偿会遇到很多障碍和困难，这无论是在我国还是在法治发达的西方国家都有所体现。

---

① 陈春龙：《中国司法赔偿实务操作与理论探讨》，法律出版社 2002 年版，第 29 页。

② 季金华：《国家赔偿制度的成长及其发展趋势》，载《南京师范大学学报》（社会科学版）2005 年第 3 期，第 28 页。

一、我国错案赔偿的现状

（一）我国错案赔偿的总体状况

回顾刑事赔偿制度在新中国产生和确立的历程可以发现，由于新中国国力薄弱，使得刑事赔偿制度缺乏赖以建立的经济基础。从20世纪50年代以来国家制定的有关平反冤假错案的政策和规定中可以看出，虽然国家非常关注对遭受冤假错案人员的补偿和救济，但由于国家财政方面的原因，这些救济往往侧重于在政治上为受害人平反和恢复受害人的名誉，很少给受害人提供足额的经济补偿。改革开放以后，我国国力日渐增强，然而，由于诸多原因，自《国家赔偿法》颁布以来，其实施情况却并不理想，这可以归结为几个原因：在归责原则方面，我国刑事赔偿程序的归责原则与追偿程序的归责原则是混同的，都适用违法责任原则，这导致司法实践中追诉、审判、监狱管理机关普遍不愿意对受害人给予国家赔偿；在程序设置方面，我国《国家赔偿法》规定赔偿请求人申请刑事赔偿必须经过赔偿义务机关确认，而赔偿义务机关又是具体实施侵权行为的侦查、起诉、审判、监狱管理机关，这导致受害人在申请国家赔偿过程中经常受到赔偿义务机关的刻意阻挠，索赔很难获得成功；在赔偿标准方面，我国《国家赔偿法》采用的是单一的抚慰性标准，即使受害人索赔成功，所获得的赔偿也远远小于其实际遭受的损害，这极大地削弱了受害人申请国家赔偿的动力。[①] 据统计，2003年，全国各级法院共宣告4,835人无罪，受理刑事赔偿案件1,775件，决定赔偿853件。[②] 即使不考虑错拘、错捕，刑讯逼供，违法使用武器、器械以及违法查封、扣押、冻结、追缴等侵犯公民权利的情形，索赔的比率也只有36.7%，获得赔偿的比率

---

① 瓮怡洁：《刑事赔偿制度研究》，中国人民公安大学出版社2008年版，第66~67页。

② 《2003年全国法院审理国家赔偿案件情况统计表》，载中国法院网。

也只有17.6%。2004年情况也基本如此，2004年，全国各级法院共宣告2,996人无罪，受理刑事赔偿案件1,878件，决定赔偿740件。[①] 索赔的比率也只有62.7%，获得赔偿的比率只有24.6%。国家赔偿法律制度的功能并没有得到完全发挥和体现，这正如有学者所说："环顾现实，赔偿案件之少，赔偿数额之低，获赔之困难，已经让不少人对这部法律失去信心。""口惠而实不至，可望而不可即的摆设和花瓶"，"画饼充饥的样子货"，"国家不赔法"，等等。[②]

（二）刑事错案赔偿的个案解读

《国家赔偿法》立法规定的不完备，使得某些刑事错案的受害人，明明受到了冤枉，却索赔无据，索赔无门，索赔艰难，下面以具体个案予以说明。

1994年通过的《国家赔偿法》第15条规定："行使侦查、检察、审判、监狱管理职权的机关及其工作人员在行驶职权时有下列侵犯人身权情形之一的，受害人有取得赔偿的权利……（三）依照审判监督程序再审改判无罪，原判刑罚已经执行的……"第17条规定："属于下列情形之一的，国家不承担赔偿责任：（一）因公民自己故意作虚伪陈述，或者伪造其他有罪证据被羁押或者被判处刑罚的……"以胥敬祥案为例，胥敬祥想要获得国家赔偿，必须具备三个条件：一是再审改判无罪，即必须在再审程序中获得无罪判决；二是原判刑罚已经执行；三是本人不存在故意作虚伪陈述，或者伪造其他有罪证据而被羁押或者被判处刑罚的情形。胥敬祥虽然因为检察机关的撤诉恢复了人身自由，但由于没有在再审程序中得到法院的无罪判决，因此，不能满足获得国家赔偿的第一个条件。而又因为法院最终对该案件未置可否，胥敬祥是否提供伪证或是否被刑讯逼供不得而知。当初办理此案的一名民警到现在还认

① 《2004年全国法院审理国家赔偿案件情况统计表》，载中国法院网。

② 陈春龙：《中国司法赔偿实务操作与理论探讨》，法律出版社2002年版，第50页。

为胥敬祥的案件没有错误，也否认对胥敬祥刑讯逼供。① 因此，获得国家赔偿的第三个条件也无法满足。胥敬祥是否可以依据《国家赔偿法》第15条第2项“对没有犯罪事实的人错误逮捕的”为由申请国家赔偿？在此案中，胥敬祥最终是以检察机关撤回起诉而获得人身自由的，检察机关还向胥敬祥宣读了不起诉决定书。检察机关的不起诉决定书是否意味着之前的逮捕是错误的？《国家赔偿法》将错误逮捕限定在“没有犯罪事实”。最高人民法院《关于刑事赔偿和非刑事司法赔偿立案工作的暂行规定（试行）》第8条第2款规定：“因犯罪嫌疑人没有犯罪事实或者事实不清、证据不足，检察机关作出撤销拘留决定、不批准逮捕决定、撤销逮捕决定的”属于人民法院赔偿委员会受理的赔偿案件的立案范围。因此，从理论上说，胥敬祥案中，检察机关的不起诉决定书意味着之前对胥敬祥的逮捕是错误的，胥敬祥有权申请国家赔偿。但是，在实践中，法、检两家对此常有不同的认识，进而影响了对赔偿责任的认定。例如，检察机关常常认为批捕时不是事实不清、证据不足，当时确实于法有据，只是由于当事人日后翻供等致使不再符合逮捕的条件。因此，这不能算作检察机关逮捕错误。此外，这个条款能否适用于胥敬祥案还有待商榷。胥敬祥案有一个特殊之处，即检察机关撤回起诉发生在再审程序中，而《国家赔偿法》针对错误逮捕的规定实际上是针对尚未作出生效判决的情况。《国家赔偿法》以及最高人民法院《关于刑事赔偿和非刑事司法赔偿案件立案工作的暂行规定（试行）》都将错误逮捕和原审错误（包括一审判决有罪、二审改判无罪以及原审判决有罪、再审改判无罪等情形）作为并列情形加以规定，使得再审案件的赔偿须按照再审案件的条款进行，司法实践一般也是如此把握的。因此，可以想到，胥敬祥依据错误逮捕申请国家赔偿是行不通的。

---

① 卞君瑜：《迟到十三年的无罪判决》，载《法律与生活》2005年第8期。

在请求错案赔偿过程中，还存在赔偿主体不明，互相推诿等情况。在胥敬祥案中，他被关押 13 年后，提出国家赔偿诉讼，请求周口市中级人民法院、鹿邑县人民法院和鹿邑县检察院连带赔偿 56 万余元。一年多的时间里，上述三家司法机关均以“赔偿主体不明”为由拒绝赔偿，也不给其任何答复。负责该案的检察官蒋汉生认为，省高级人民法院的表态就是想规避其赔偿责任，事实上，各被诉司法机关均以“主体不明”回复胥敬祥和律师的问询。被关押 13 年的胥敬祥，妻离子散，家徒四壁，只好四处打工维持基本生活。[①] 同样的情况也存在于别的错案中。在王树红案中，王树红从看守所出来后找到县公安局要求给一些治病用的钱，但公安局方面给他的答复是：县检察院错误地作出了批准逮捕的决定，你应该找他们要赔偿。[②]

二、以美国为代表的西方国家错案赔偿现状

在司法健全的欧美国家，在错案赔偿的实践中也存在各种各样的问题。以美国为例，同样存在要不要赔偿、怎样赔偿、赔多赔少的争论。尤其是当 DNA 鉴定用于刑侦鉴别和案件重审之后，无罪获释的人逐渐增多，如何对待他们便成为一个社会司法公正的重要指标。在美国，由于各个州的赔偿法律不同，对错案受害人进行赔偿的状况也是不同的，很多因 DNA 检测认定无罪而获释的公民，他们中的大多数人未获得分文赔偿。

2006 年年底，美国两名经 DNA 检测证明无罪的犯人获释，随后他们向各自所在的州政府申请因蒙受冤屈和失去自由的错案赔偿。2007 年 5 月，这两名要求国家赔偿的人得到了迥然不同的结

① 中国刑事诉讼法修订及人权保护项目课题组编：《刑事诉讼中若干权利问题立法建议与论证》，中国民主法制出版社 2007 年版，第 247 页。

② 中国刑事诉讼法修订及人权保护项目课题组编：《刑事诉讼中若干权利问题立法建议与论证》，中国民主法制出版社 2007 年版，第 263 页。

果。获得赔偿的是康涅狄格州的杰姆斯·提尔曼，他因被错判在一家酒吧后面实施强奸入狱18年，在DNA鉴定证实其非凶手后，他被释放。针对他提出的赔偿要求，康涅狄格州的议员们投票表决，同意赔偿提尔曼500万美元以弥补他这18年失去的自由。与他命运不同的是佛罗里达州的爱伦·克罗泽，他在DNA检测被证明是清白的之后，向州政府提出了125万美元的错案赔偿。佛罗里达州的议员们表决拒绝了克罗泽的赔偿请求，并且否决了一项对错案受害者赔偿制度标准化的提案。克罗泽因被指控犯强奸罪和抢劫罪服刑24年。在狱中他还必须工作以赔偿强奸案的受害者，每周不少于300美元。1992年，纽约州叶史瓦大学本杰明·卡多佐法律学院的巴里·谢克和彼特·纽弗德共同创建了“无罪计划”和“无罪委员会”。这是一项由教授和管理人员监督的法学院学生法律实践计划。参与者为那些希望通过DNA鉴定质疑判决的人提供法律协助，但是当事人必须支付鉴定费用。“无罪计划”副主任巴里·谢克指出：“那些被判重罪的无辜者无罪释放后所获得的重回社会的服务甚至比那些真正的罪犯还要少。”对于克罗泽的遭遇，“无罪计划”认为是不公正的。该计划的工作人员认为，除了金钱赔偿，大多数错案获释者是带着绝望和一无所有离开监狱的，他们应当获得教育、精神安慰、医疗服务和工作训练等。但是，现在大多数无罪释放者甚至得不到假释者所能得到的服务，这反映了美国社会对无罪释放者的另一种不公正。克罗泽赔偿案的代理律师迈克尔·奥尼利克说，在佛罗里达州，“如果是一个假释犯，你还可以得到他们给你的100美元和一张（回家的）公共汽车票。但是，克罗泽却得不到汽车票，更别说100美元了。不仅如此，错案获释者还得不到心理咨询和帮助，重回社会后错案释放者要面对的是严峻的现实。例如，习惯性行为会困扰他们的正常生活。每晚11时47分他们习惯于熄灯，同时强迫性地保持房间的干净整洁，以备狱中的监管检查。这些都是在监狱中养成的习惯性行为，需要经年累月才会改变，并重新获得普通公民的生活习惯。

目前，美国有21个州，包括联邦政府和哥伦比亚特区已经以书面形式制定了赔偿标准法规，标准金额为每年监禁可获得1.5万美元至5万美元的赔偿。还有13个州于2007年引进了错案赔偿法，要么建立赔偿金，要么改善赔偿金。在一些赔偿法案中，如对康涅狄格州杰姆斯·提尔曼的赔偿达到了500万美元，不过这只是一个个案，其他州正在制定赔偿标准。在得克萨斯的达拉斯县，有13人经DNA检测被认定是错案无罪释放后，这些人都提出了错案赔偿。该州准备对这13人采取统一的法案提高他们的赔偿金，每错押一年，可获得2.5万美元至5万美元的赔偿。甚至在尚无DNA检测鉴定错案的佛蒙特州，也通过了一赔偿法案，错判监禁一年赔偿3万美元至6万美元。如此高的赔偿既包括了重建家庭的费用，也包含了健康赔偿的资金。

2003年，美国通过了由佛蒙特州民主党参议员帕瑞克·理艾伊为主要提案人的《无辜者保护法案》，该法案提出了一整套广泛的刑事正义改革方案以求减少无辜者被追究刑事责任的危险。法案保证：被定罪的人拥有通过DNA鉴定来证明自己无罪的机会；帮助各州对每个死刑审判程序提供充分有效的法律服务；对那些错判监禁者予以适当的补偿。根据罗纳德·哈夫等人的调查，美国的错案（或误判）率达到0.5%，以此计算，仅仅美国的重罪错案就是一个不小的数目。例如，依据美国2000年全国性犯罪调查报告的数据，约有7,500人被错判。此外，“无罪计划”在2000年的一项研究中指出，对18,000例刑事案件的DNA鉴定后，有超过25%的真正犯罪人没有被审判。因为大量的刑事案件没有留下适当的物证以供鉴定，这就意味着有相当多的人是被错判的。由此得知，如果都对这些错案进行赔偿将是一笔不小的负担。对被错判的受害者予以赔偿将是美国未来司法面临的艰巨任务之一。

三、我国刑事错案赔偿制度的改革方向

（一）建立以无过错责任原则为主导的多元化刑事赔偿归责体系

无罪羁押（即错拘、错捕、错判等司法裁决的错误）限制甚至剥夺了公民自由支配、自我发展的空间，由于时间的不可逆性和人的生命周期的有限性，这种对自由权甚至生命权无正当理由的剥夺是无可代偿的。无过错责任原则并不追究侵权行为发生的原委，并不考察致害人的主观状态，仅以损害结果的发生作为赔偿依据，对遭受公权力侵害的公民，尤其对饱经冤狱之苦的无辜者，无疑具有重要意义。正如台湾学者何孝元所言："近代各国立法之趋势，正由过失赔偿责任主义进入无过失赔偿责任主义。换言之，行为人似无过失，但若其结果损及他人，亦需赔偿。无过失赔偿责任之所以成为各国冤狱赔偿法立法之共同趋向者，乃因冤狱赔偿除为昭雪冤狱外，并负有对于无辜受害人施与救济之重大意义。"①

在西方实行三权分立政治制度的国家中，判决之前的错误羁押，即错拘、错捕、错判，只能由司法机关决定，由此导致的国家赔偿称为冤狱赔偿或司法赔偿，适用无过错责任原则。例如，德国1971年《刑事追诉措施赔偿法》第1条规定，一项刑事判决在再审或其他刑事诉讼程序中被取消或减轻后，因该判决遭受损失者，由国库予以赔偿。第2条规定，如果当事人已被释放，或终止对其刑事诉讼，或法院拒绝开庭，当事人由于受羁押和其他刑事追诉措施而遭受的损失，由国库予以赔偿。法国1970年《刑事诉讼法》规定，在刑事诉讼程序中被临时监禁、预审后决定不起诉、起诉后法院判决无罪之人，如果因此受到重大损害的，可以请求赔偿。错拘、错捕、错判均属于司法裁决错误，应适用于无过错责任原则。

---

① 何孝元：《损害赔偿之研究》，台湾商务印书馆1983年版，第316页。

我国1994年通过的《国家赔偿法》第15条第2项规定："对没有犯罪事实的人错误逮捕的"，第3项规定："依照审判监督程序再审改判无罪，原判刑罚已经执行的"，国家承担赔偿责任。可见，我国对于错捕和无罪错判采取无过错责任原则，或称结果责任原则，即只要被刑事追究者最终被无罪释放，国家应当给予赔偿，不考虑司法机关及其工作人员是否有违法行为存在，也不评判其是否存在主观过错。由于国家赔偿法对错误拘留所适用的归责原则规定不明确，学界和实务界在此问题上始终莫衷一是。《国家赔偿法》第15条第1项规定："对没有犯罪事实或者没有事实证明有重大犯罪嫌疑的人拘留的"，国家应承担赔偿责任。其中，"有重大犯罪嫌疑"到底是从行使职权的合法性角度理解，抑或是从结果的正确性角度理解，始终没有定论。采用何种归责原则，关键是价值选择问题。对错拘归责原则的选择也是一个价值权衡的问题。如果关注保障公民的合法权益，则只要是无罪被羁押，国家就应该承担赔偿责任；如果侧重于减轻国家责任，则即使是无罪被羁押，只要司法机关依法采取强制措施，国家就不承担赔偿责任。

笔者认为，错拘采用无过错责任原则更符合国家赔偿法的立法宗旨。一方面，错拘采用无过错责任原则更有利于保护受害人的合法权益。司法实践中，由于"有重大犯罪嫌疑"的适用标准难以把握，在被羁押者最终被确认无罪后，赔偿义务机关往往以被羁押者有重大犯罪嫌疑做挡箭牌，拒绝赔偿。另一方面，错拘同错捕、错判都是无罪羁押，采用相同的归责原则有利于立法的统一和贯彻实施。还需注意的是，归责原则作为判定国家刑事司法机关应否承担赔偿责任的关键性要素，应在刑事赔偿的总则部分明确规定：对司法裁决错误赔偿均采用无过错责任原则。

（二）改"单位赔偿"为"国家赔偿"

我国目前的错案赔偿制度，名义上是国家赔偿，实际上是单位赔偿。这种制度具有正反两方面的作用。一方面，单位赔偿有助于防止错案的发生。由于单位赔偿要求单位承担经济责任和道义否定双重责任，办案单位面临压力，从而审慎行使职权，避免执法的随意性，减少错案的发生。另一方面，单位赔偿在一定程度上反而可能诱发错案，阻碍错案的及时纠正，妨碍当事人依法获得赔偿。由于无罪处理结果会导致单位赔偿，一些赔偿义务机关可能为规避赔偿而不依法办事，如该逮捕的不逮捕，该作无罪处理的不依法作无罪处理，还有些在作无罪处理时，以要求当事人放弃赔偿作为交换条件。个别赔偿义务机关甚至在当事人提出赔偿申请后，又重新追究其刑事责任。

刑事错案一旦发生，错案受害人的利益将受到很大的影响。为充分保障当事人合法权益，同时也为保障司法机关依法行使职权，避免二者之间不应有的冲突，应当将目前实质上的“单位赔偿”改为真正的“国家赔偿”。这就要求：一是取消赔偿义务机关制度。即作出无罪处理后，当事人可直接向赔偿委员会要求赔偿。赔偿不需要烦琐的举证查证，一般都有相应的法律文书，还有诉讼案卷可查，必要时可以向原办案人员了解情况，不会因为不设赔偿义务机关就无法操作。另外，不设赔偿义务机关，也不会因此导致司法机关乱办案。因为，第一，如果确实存在个人违法办案的，司法机关都有相应的纪律处分规定，贪赃枉法的，还应追究刑事责任。第二，促进司法机关依法办案的措施也很多，司法机关内部的各种考核评价体系也很多，不存在单位乱办案而不承担责任的情形。二是真正实行“国家赔偿”以后，可以考虑将错拘、错捕、错判赔偿修改为一定范围的无罪补偿制度。

（三）赔偿错案受害人的间接损失

根据民法理论，直接损失是指加害人侵权行为侵占或损坏受害人的财产，致使受害人拥有的财产价值量的实际减少。间接损失相对于直接损失而言，指加害人的侵权行为导致受害人在一定范围内的未来财产利益的损失，即预期利益或可能得到的利益的减损。间接损失有三个特征：第一，受损的是一种未来的可得利益，在侵害行为实施时，它只具有一种财产取得的可能性，还不是一种现实的利益。第二，该可得利益的取得是确定的，而不是抽象的或者假设的。第三，这种可得利益必须是在一定范围内的，即侵权行为直接影响所及的范围，超出这个范围，不能认为是间接损失。具体到刑事赔偿领域，间接损失是指由于刑事司法机关的违法职权行为致使受害人未来可预期利益的减少，这种损失虽然尚未发生，但根据情势推断必定会发生，且限于违法职权行为直接影响所及的范围。为了防止受害人虚报间接损失，随意扩大间接损失，应规定间接损失的发生、数额、违法职权行为与损失之间的因果关系，都应由受害人承担证明责任。由于间接损失有一定的不确定性，在计算上伸缩性较强，可以考虑引入中介机构按照行业规程对间接损失进行评估、计算，尽量消弭间接损失认定的主观臆断性，确保结果的客观可信度。

国外的国家赔偿法，通常都将间接损失纳入赔偿范围之内。根据法国判例，如果该财产损失是已经发生、确实存在的，就能得到赔偿。将来的损失如其发生为不可避免，也视为已经发生的现实损害；将来可能发生的不确定的损害，不引起赔偿责任。除非受害人能证明，利益的获得已经确定，或者有充分的理由令人信服可以得到某种利益，这种损害才能成为确定的损害。日本《国家赔偿法》第 4 条规定，国家赔偿的损失范围是依民法典的规定来确定的。根据日本民法典“侵权行为”的规定，侵权赔偿的损害范围是指与加害行为之间有相当因果关系的损害，包括积极损害和消极损害。韩国《国家赔偿法》第 3 条规定，因物品灭失、毁损产生直接损失以外的其他损失的，如不法行为与该损失有因果关系的，国家也应赔偿。德国《国家赔偿法》规定，国家赔偿的财产范围通常包括积极的财产损害和消极的财产损害。积极的财产损害即直接损失。消极的财产损害，亦称所失利益，是指根据事情的通常进程或者根据特殊情况，特别是根据已有设备或设施可能获得的利益损失。

将间接损失纳入刑事赔偿，对国家财政是一副重担。但高额赔偿绝不是加重国家负担，而是为了实现更远大的法治目标必须付出的成本，不付成本就不会进步，高额赔偿是为了以后少赔偿，这就是赔偿的进步意义，可以建立人民（外部）监督和自我监督的惩戒机制。从此意义上讲，赔偿金多并不是一件坏事，至少政府会变得聪明一点，它是国家法治建设取得成果的象征。怕就怕根本不赔或象征性的赔偿，那才是法治的悲哀。①

（四）赔偿错案受害人的精神损失

在国家赔偿法的发展进程中，西方国家对精神损害是否纳入国家赔偿范围作了长期的探索与实践。最初如法国、德国等大陆法系国家是将精神损害排除在赔偿范围之外的。因为按照当时的观点，可赔偿的损害是现实的、确定的、可衡量的，而精神损害则是无形的、主观体验的。因此，各国法律最初将国家的赔偿责任局限在物质损害的范围之内，在国家赔偿的初始阶段，只有物质才是可赔偿的对象，其后逐渐发展到人身非财产损害领域以及有碍生存的损害领域，最后被适用于精神损害领域。法国最高行政法院在1961年对勒都斯兰德案件的判决中认为，尽管缺乏实际的物质损害，儿子的死亡给父亲造成的痛苦，也可以作为对后者赔偿的充分理由。法国最高行政法院还曾以“对于生存条件造成紊乱”为由，确定给某死者的父母高于死亡赔偿金额的补助金。韩国1967年《国家赔偿法》第3条第5项规定，对于生命或身体之被害人之直系尊亲属、直系卑亲属及配偶，以及因身体等受伤害之其他被害者，应在总统令所定之标准内，参照被害者之社会地位、过失程度、生计状况及损失赔偿额等，赔偿其精神慰问金。在加拿大，因为错误定罪

① 老石：《国家赔偿的进步意义》，载《法制日报》2001年2月4日。

所承受的精神上的痛苦和损害也应予以赔偿。[①]

我国《国家赔偿法》第30条规定，赔偿义务机关对依法确认有本法第3条第（1）、（2）项，第15条第（1）、（2）、（3）项情形之一，并造成受害人名誉权、荣誉权受到损害的，应当在侵权行为影响的范围内，为受害人消除影响、恢复名誉、赔礼道歉。这似乎有精神赔偿的意思在里面，但离真正意义上的精神赔偿尚有距离。首先，消除影响、恢复名誉、赔礼道歉等非金钱赔偿方式不应仅局限于司法裁决错误并造成受害人名誉权、荣誉权受到损害的情形。因为，除了司法裁决错误，刑事司法机关的事实侵权行为，如刑讯逼供、暴力殴打等也会对受害人的精神造成重大打击。其次，司法裁决错误或刑事司法机关的事实侵权行为造成受害人名誉权、荣誉权受损只是受害人精神受挫的表现之一，受害人也有可能因受违法刑事司法行为侵害而惶惶不可终日，甚至患上精神疾病。因此，对错案受害的人赔偿不能仅限于消除影响、恢复名誉、赔礼道歉等非金钱赔偿方式，在现阶段，不能忽略经济补偿对受害人精神损害的抚慰功能。“对精神损害承担财产责任的实质，是借助物质手段达到精神抚慰之目的。如同以物质奖励的形式达到精神鼓励和社会表彰的目的一样。规定对精神损害的法律责任，是社会对人格价值尊重和保护的表现，是人类社会走向文明和成熟的表现，是人类重视自己的精神财富的表现，诚然，精神财富、人格利益是无法用金钱来计算的，但物质利益对于精神的慰藉作用又是客观的。”[②]

国家赔偿立法可借鉴最高人民法院颁布的《关于确定民事侵

① 参见肯特罗奇（Kent Roach）教授（加拿大多伦多大学法学院教授）于2006年2月21日在中国政法大学的演讲。载高鸿钧、张建伟主编：《清华法治论衡第九辑——冤狱是怎样造成的（上）》，清华大学出版社2008年版，第228页。

② 江必新：《国家赔偿法原理》，中国人民公安大学出版社1994年版，第209页。

权精神损害赔偿责任若干问题的解释》，结合国家赔偿的特性和现状，对刑事赔偿领域的精神损害作出以下规定：自然人的生命权、健康权、名誉权、荣誉权、人格尊严权、人身自由权，法人的名誉权、荣誉权等人格权利遭受错误的刑事司法裁决或违法刑事司法行为侵害，在刑事赔偿请求中主张精神损害赔偿的，应当予以支持。因错误的刑事司法裁决或违法司法行为造成严重后果的，除判令侵权刑事司法机关承担停止侵害、消除影响、赔偿损失等责任外，可以根据受害人一方的请求判令其赔偿相应的精神损害赔偿金。精神损害抚慰金包括残疾赔偿金、死亡赔偿金和其他损害形式的精神抚慰金。精神损害的赔偿数额根据侵权的刑事司法机关的过错程度，受害人生命、健康、名誉、荣誉、人格尊严、人身自由等各项合法权益的受侵害程度、受害人所在地的平均生活水平等因素确定。

第三节　改革我国刑事错案赔偿制度的具体构想

按照本书对刑事错案的界定和无过错责任归责原则，凡是属于刑事错案的都应该纳入赔偿范围之内，下面针对各种错案形式的赔偿进行分别论述。

一、错误拘留、错误逮捕的赔偿

我国《国家赔偿法》第 15 条规定，对没有犯罪事实或者没有事实证明有犯罪重大嫌疑的人错误拘留的，国家要承担赔偿责任；对没有犯罪事实的人错误逮捕的，国家也要承担赔偿责任。这一规定在理论上没有问题，但在实际运用当中存在一些问题，主要是认识理解方面的问题。

（一）对错误拘留、错误逮捕的不同认识

对于错拘、错捕有“结果说”[①]和“行为标准说”[②]两种不同的认识。“结果说”认为，在拘留、逮捕后，只要后来被认为无罪的，无论是在侦查环节上作了撤案决定，在审查起诉环节上作了不起诉决定，还是在审判环节上作了无罪判决，都认为逮捕时“没有犯罪事实”，属于错拘、错捕，一律由国家承担赔偿责任。“行为标准说”认为，凡是符合拘留、逮捕条件的拘留、逮捕都是正

① 范水姣：《析国家赔偿法中的“错误逮捕”——兼与陈雪芬同志商榷》，载《检察日报》2001 年 8 月 7 日。姜明安认为刑事赔偿和行政赔偿二者都以违法、过错为基本归责原则。二者的区别在于：（1）刑事赔偿较行政赔偿，更多的是直接以违法结果为赔偿依据（如法院宣告无罪的判决书、检察院不起诉决定书、撤销拘留、逮捕决定书等），而较少考虑司法人员的主观过错（尽管客观违法通常以主观过错为前提）；（2）刑事赔偿较少区分过错责任与无过错责任（有的国家的相应立法即称为刑事补偿法）。见《刑事赔偿的归责原则——专家学者聚焦刑事赔偿之二》，载《检察日报》2001 年 8 月 16 日。马怀德建议修改立法，把混合归责原则变更为单一的结果责任原则，像德国的《刑事赔偿法》一样，只要在追诉过程中终止追诉，无论是拘留、逮捕阶段，还是起诉、审判阶段都要赔偿，以结果责任原则来结算所有无辜者的赔偿。见《刑事赔偿的归责原则——专家学者聚焦刑事赔偿之二》，载《检察日报》2001 年 8 月 16 日。

② 陈雪芬：《理解国家赔偿法 错误逮捕存在分歧》，载《检察日报》2001 年 4 月 17 日。王世洲认为国家赔偿法的归责原则是违法原则。我国判决的起刑点已经很高了，如果再把逮捕的标准提高，人民的权利还要不要保护，我们是一手托两家，片面看问题是不行的。所以，无罪就绝对等于错误逮捕，必然要承担刑事赔偿责任的观点是错误的，在实践中是有害的，将严重影响公安、检察人员的士气，造成打击不力。见《刑事赔偿析疑（上）》，载《检察日报》2002 年 5 月 10 日。屈学武认为，对没有犯罪事实的人错误逮捕的确属错捕，但绝不等于说，不起诉等于没有犯罪事实等于错捕，“疑罪从无”或“犯罪情节显著轻微”不起诉、判无罪的，都不是或不一定是没有犯罪事实的人，所以，对无罪的人不宜“一刀切”地全部定性为被赔偿对象。见《刑事赔偿析疑（上）》，载《检察日报》2002 年 5 月 10 日。

确的不能以诉讼结果来推论拘留、逮捕的对错，只有对没有证据证明有犯罪事实的人实施的逮捕，才能认为是错误拘留、逮捕，国家才承担错拘、错捕的赔偿责任。“结果说”和“行为标准说”的法律依据都是《国家赔偿法》第15条的规定，但其结果却有很大的不同。按照“结果说”，国家赔偿的范围更宽泛些；按照“行为标准说”，赔偿范围相对会小些。例如，有重大犯罪嫌疑被拘的人，其实并没有犯罪行为和犯罪事实，属于“无罪”。按照“结果说”，就应当赔偿，因为最终是无罪的结果；而按照“行为标准说”则不然，当初拘留嫌疑人时是符合拘捕条件的，拘捕机关没有错误，即使最终被拘捕的人是无罪的，也不能赔偿。

（二）错误拘留的赔偿

刑事诉讼中的拘留，是指公安机关和检察机关在办理案件过程中，对现行犯或重大犯罪嫌疑分子，在法定的紧急情况下，所采取的暂时剥夺其人身自由，予以羁押并进行审查的一种强制性措施。根据我国《刑事诉讼法》的规定，刑事拘留必须符合两个条件：一是拘留的对象必须是现行犯或者重大犯罪嫌疑分子；二是具有法定的某种紧急情况。根据我国《刑事诉讼法》第61条规定：“公安机关对于现行犯或者重大嫌疑分子，如果有下列情形之一的，可以先行拘留：（一）正在预备犯罪、实行犯罪或者在犯罪后即时被发觉的；（二）被害人或者在场亲眼看见的人指认他犯罪的；（三）在身边或者住处发现有犯罪证据的；（四）犯罪后企图自杀、逃跑或者在逃的；（五）有毁灭、伪造证据或者串供可能的；（六）不讲真实姓名、住址，身份不明的；（七）有流窜作案、多次作案、结伙作案重大嫌疑的。”根据《刑事诉讼法》第132条的规定，人民检察院直接受理的案件的犯罪嫌疑人，可以决定拘留的，仅限于第61条第4项、第5项规定的情形。法律严格规定了拘留的程序，即公安机关拘留人的时候，必须出示拘留证。拘留后除有碍侦查或者无法通知的情形以外，应当把拘留的原因及羁押的处所，在24小时以内通知被拘留人的家属或者他的所在单位，并且应当在拘留后的24小时内进行讯问，在发现不应当拘留的时候，必须立即释放，并发给释放证明。只有严格按照法律规定的操作规程实施的拘留，才是合法的、正当的拘留，不按照《刑事诉讼法》规定的条件决定的拘留，属于错误拘留。

错误拘留包括实体错误和程序错误。我国刑事赔偿要求的错误拘留是指对实体上不符合拘留条件的嫌疑人实施了拘留，如果仅仅是没有履行法定手续错误拘留嫌疑人的，而案件事实和证据都要求拘留的，属于程序违法，对程序违法的拘留没有纳入刑事赔偿的范畴。实践中属于国家赔偿范围的错误拘留的情形主要有：明知被拘留人没有犯罪或者缺少证明其犯罪的证据而决定拘留并已执行的；执行拘留决定的机关执行错误的，将不属于应当拘留的人员执行拘留的；拘留后24小时经讯问发现不应拘留但却不予释放或延期释放的；在法定期限内报请批捕，检察机关作出不批准逮捕决定，不及时变更强制措施，仍然非法拘留的，后来证明被羁押者无罪的；等等。

《国家赔偿法》第15条第1项规定，错误拘留的赔偿限于“对没有犯罪事实或者没有事实证明有犯罪重大嫌疑的错误拘留的”，如何理解“没有犯罪事实”和“没有事实证明有犯罪重大嫌疑”需要把握以下两点：

一是“没有犯罪事实”是法律认定上没有犯罪事实。犯罪行为发生在过去，不可能再现犯罪的发生过程。刑事司法机关对犯罪的追击实际是尽可能收集与犯罪行为有关的证据，通过收集到的证据证明确实发生了犯罪行为，并且能证明是犯罪嫌疑人实施，则可以说从法律认定上存在“犯罪事实”；如果收集到的证据不能认定犯罪行为确已发生，则应当推导出不存在“犯罪事实”；亦即这里的“犯罪事实”是依靠证据支撑的，司法实践中的“犯罪事实”并不指客观事实，也不可能在恢复或者重现过去某一时刻或者某件事情的本来面目，只有依靠通过法定程序收集的证据证明是否发生了犯罪行为。如果没有证据或者没有足够的证据证明有犯罪行为发生，就不能说存在犯罪事实，对被追诉者拘留的，就属于对没有犯罪事实的人实施了错误拘留。例如，某公安机关根据群众举报，将他人指认的某甲当做盗窃嫌疑人并决定拘留，拘留时还在某甲住处发现作案工具、部分赃物，后经查证，作案工具和赃物都是被人陷害蓄意放置在某甲住处的，某甲没有实施盗窃行为，由于公安机关并没有认真审查，导致了对某甲的错误拘留。再如，检察机关根据群众举报某乙收受建筑工程队包工头的贿赂 2 万元，决定拘留某乙，后经法院审判认定，某乙和包工头之间是民事借贷关系，某乙没有收受包工头贿赂，而是向包工头借了 2 万元，借贷关系和贿赂是两种性质不同的法律关系。既然认定是民事借贷，某乙的行为就不可能是犯罪，也就不存在犯罪事实，检察机关对某乙的拘留就是没有犯罪事实的错误拘留。

二是“没有事实证明有重大犯罪嫌疑”是没有证据证明有重大犯罪嫌疑。案件事实是需要运用经过查证属实的证据，按照一定的证据规则来证明的事实，案件事实是待证的事实，是运用证据来证明的对象，所以它本身不能用来证明有无重大犯罪嫌疑。“证据”，是指证明案件查实情况的一切事实。“事实”和“证据”实际都属于客观事实。但能够证明案件事实的，证明有无重大犯罪嫌疑的，只能是证据事实而不能是案件本身的事实。“没有事实证明有犯罪重大嫌疑”实质是指没有证据证明犯罪嫌疑人有实施犯罪的嫌疑，犯罪嫌疑可以理解为实施犯罪的可能，这种情形和没有犯罪事实的证明程度不一样，它不要求有证明被拘留者实施具体犯罪行为的证据，只要有证据证明被拘留者有实施犯罪的可能，即涉嫌犯罪就不属于错误拘留。如果没有证据证明被拘留者有实施犯罪的嫌疑，就属于错误拘留。若有证据证明被拘留者不在犯罪现场就可以排除其实施犯罪的可能，亦即属于对没有犯罪重大嫌疑的人实施了错误拘留。

（三）错误逮捕的赔偿

逮捕是依法剥夺犯罪嫌疑人、被告人的人身自由、予以羁押，并进行审查的一种最严厉的强制措施。把符合逮捕条件的人及时逮捕，在整个办案期间内都予以羁押，严格管理，可以有效地防止其串联、毁灭罪证、制造伪证、逃跑、自杀和继续犯罪，所以逮捕也是强制措施中最重要的一种方法。我国《刑事诉讼法》第 60 条第 1 款规定："对有证据证明有犯罪事实，可能判处徒刑以上刑罚的犯罪嫌疑人、被告人，采取取保候审、监视居住等方法，尚不足以防止发生社会危险性，而有逮捕必要的，应即依法逮捕。"根据这一规定，逮捕必须具备三个条件：一是有证据证明有犯罪事实。它包括有证据证明发生了犯罪行为；有证据证明该犯罪行为是犯罪嫌疑人、被告人实施的；证明犯罪嫌疑人实施犯罪行为的证据已有查证属实的。二是可能判处徒刑以上刑罚，即指根据现有证据证明的犯罪事实，依照《刑法》的有关规定，可能对犯罪人适用徒刑以上的刑罚，至于事实上是否真的判处徒刑在所不问。三是有逮捕必要，即指采取取保候审等较为缓和的强制措施尚不足以防止发生社会危险性，必须逮捕的。我国《刑事诉讼法》对逮捕的适用规定了严格的条件，如逮捕必须经检察机关批准或法院决定，由公安机关执行；公安机关逮捕人的时候，必须出示逮捕证；逮捕后，除有碍侦查或者无法通知的情形以外，应当把逮捕的原因和羁押的处所在 24 小时以内通知被逮捕人的家属或者他的所在单位；人民法院、人民检察院对于各自决定逮捕的人，公安机关对于经人民法院批准逮捕的，都必须在逮捕后的 24 小时以内进行讯问；在发现不应当逮捕的时候，必须立即释放，发给释放证明等规定，从程序上保证了逮捕措施适用时的准确性，以防止逮捕措施的滥用。只有严格按照法律规定的条件和程序实施的逮捕，才是正确的逮捕。

我国《刑事赔偿法》第 15 条第 2 项规定，属于国家赔偿意义上的错误逮捕是指"对没有犯罪事实的人的错误逮捕"，但怎样理解"对没有犯罪事实的人的错误逮捕"这个条件，无论对理论研究，还是指导刑事赔偿执法实践都至关重要。笔者认为，刑事赔偿立法应当与刑事诉讼立法保持一致。刑事赔偿法律制度一定程度上是对刑事诉讼程序中违法行使职权的补救，刑事赔偿立法应当针对刑事诉讼中可能出现的偏差，既不能因为有刑事赔偿法律制度的存在而影响司法机关在打击犯罪中适用强制措施时缩手缩脚，也不能无视刑事诉讼过程中可能出现的侵权现象。“对没有犯罪事实的人的错误逮捕”的理解应当和刑事诉讼中关于逮捕的条件相配套。我国《国家赔偿法》制定的依据是《宪法》、1979 年《刑法》和 1979 年《刑事诉讼法》。1979 年《刑事诉讼法》规定的逮捕条件是：主要犯罪事实已经查清，可能判处有期徒刑以上刑罚，采取取保候审、监视居住等方法，尚不足以防止发生社会危险，而有逮捕必要。“主要犯罪事实”可以理解为“基本的犯罪事实”。按照 1979 年《刑事诉讼法》的规定，逮捕的实体要件就是要查清“主要犯罪事实”，主要犯罪事实没有查清也就是没有充分的证据证明存在犯罪事实，这种情形决定逮捕就是对“没有犯罪事实的人”的错误逮捕。这样理解就保持了刑事赔偿立法和《刑事诉讼法》的统一。这也说明《国家赔偿法》关于错误逮捕的规定和当时的《刑事诉讼法》是相互协调统一的。

修改后的《刑事诉讼法》将逮捕条件中的“主要犯罪事实已经查清”修改为“有证据证明有犯罪事实”。有证据证明有犯罪事实强调的是逮捕时的证据情况，只要求有证据证明有犯罪事实，而不要求查清犯罪事实。《国家赔偿法》关于错误逮捕的赔偿条件却没有相应修改，带来了理解上的困惑。按照修改后的《刑事诉讼法》的规定，如何界定“没有犯罪事实”有两种观点。第一种观点（结果说）是以诉讼结果为判断标准，只要最终结果是无罪的，无论是侦查环节撤销案件的、审查起诉环节决定不起诉的，还是审判环节判决无罪的，都认为逮捕时是没有犯罪事实的，亦即只有最后被认定为无罪的，一律推定为逮捕决定是错误的，国家应当承担赔偿责任。第二种观点（逮捕说）是以逮捕条件为标准，认为凡是符合逮捕条件的逮捕是正确的逮捕，即使最终的结果是无罪，也不认为国家应当承担赔偿责任。亦即只要逮捕时符合“有证据证明有犯罪事实”的条件，就不认为是错误逮捕。按照逮捕说的标准，属于国家赔偿的错误逮捕包括以下几种情形：根本不存在犯罪事实，或者仅存在轻微的不具有刑事违法性的行为而决定逮捕的；逮捕后经讯问发现不应当逮捕或者执行逮捕时抓错了人，却没有释放的；逮捕前认为存在犯罪事实，但逮捕后经侦查认为不构成犯罪，没有释放，也没有改变强制措施，后被无罪处理的；其他对没有犯罪事实决定或者批准逮捕的情形。“结果说”和“逮捕说”都有合理性。“结果说”强调对公民合法权益的保护；“逮捕说”强调诉讼的价值，主张诉讼中的行为应当和诉讼阶段结合起来。按照《刑事诉讼法》规定的“有证据证明有犯罪事实发生”的逮捕条件和《国家赔偿法》确立的“对没有犯罪事实的人的错误逮捕”的人身羁押赔偿条件，笔者认为，对错误逮捕的赔偿，应当将逮捕时的证据情况和后续诉讼中收集的证据结合起来，综合案件的全部情况进行判断，切忌仅根据逮捕时的证据状态，或者仅从逮捕的角度，审查逮捕时是否达到有证据证明有犯罪事实发生。从执法实践看，有些证据在审查逮捕阶段，其真实性能够得到证实，后续侦查收集的证据却否定了其真实性；有些案件逮捕时依据的证据，其真实性是依靠其他单一证据相互印证的，在审查起诉或者审判阶段，据以证明相关证据真实性的其他单一证据被否定或者灭失了，该相关证据的来源本身又被否定，如证人翻供、犯罪嫌疑人翻供，在此情形下，其真实性无法得到证实。凡此种种，就不能说明对犯罪嫌疑人的逮捕，是符合《刑事诉讼法》规定的“有证据证明有犯罪事实发生”的条件的，就属于对没有犯罪事实的错误逮捕。

关于错误逮捕的刑事赔偿问题，执法实践中亟待明确的是对存疑不起诉、存疑判无罪的案件是否应当给予赔偿的问题。根据我国现行《刑事诉讼法》第 140 条第 4 款、第 162 条第 3 项的规定：“对于补充侦查的案件，人民检察院仍然认为证据不足，不符合起诉条件的，可以作出不起诉的决定。”“证据不足，不能认定被告人有罪的，应当作出证据不足、指控的犯罪不能成立的无罪判决。”根据前两条规定作出的不起诉和无罪判决称为存疑不起诉和存疑无罪判决。对存疑结案的案件如果被追诉者被羁押，获释后如果提出赔偿申请，是否应当赔偿，《国家赔偿法》并未明确，执法实践中存在不同认识，笔者认为，对存疑终结诉讼要求赔偿的刑事赔偿案件，是否应当给予赔偿，更应当综合全案情况进行审查衡量，决定是否应当给予赔偿。刑事赔偿案件的办理部门对要求刑事赔偿的存疑案件立案后，要对原刑事案件的有关材料进行审查，重点要审查检察机关据以作出逮捕决定的证据，要对证据的真实性，涉案行为的性质进行审查。如果当时据以定案的根据是不真实的，并且在作逮捕决定时也能审查清楚证据的证明力，就能说明检察机关在作逮捕决定时没有认真履行职能，主观上存有过错，就属于对没有犯罪事实的人实施了错误逮捕，就应当给予赔偿。如果当时据以定案的证据是真实的，检察人员也正确履行了审查证据的职能，作出的逮捕决定符合《刑事诉讼法》规定的条件，只是后续侦查中没有收集足够的证据证明被追诉者构成犯罪，因证据不充足作出终结诉讼的决定，就应当认为检察机关的逮捕决定是正确的，不属于对没有犯罪事实的人错误逮捕，就不应当给予赔偿。

二、错误监视居住、取保候审、管制、缓刑、剥夺政治权利的赔偿

最高人民法院《关于人民法院执行〈中华人民共和国国家赔偿法〉几个问题的解释》第 4 条明确规定：“人民法院判处管制、有期徒刑缓刑、剥夺政治权利等刑罚的人被依法改判无罪的，国家不承担赔偿责任。”在刑事赔偿领域，学者们惯常主张的是“无罪羁押赔偿原则”，即“只赔偿无罪被羁押的公民，不赔偿有罪被羁押的公民”。[①] 还有，“必须是无罪行的人曾被羁押，无羁押即无自由权赔偿。‘羁押’，按照国家赔偿法的规定，是指拘留、逮捕和

① 应松年：《国家赔偿法研究》，法律出版社 1995 年版，第 178 页。

刑罚执行，因为这些行为都是剥夺了公民的自由权。但监视居住、缓刑、假释都不是羁押，因为这些行为都不是剥夺公民自由权，至多是限制自由”。[①] 这些学者认为，与拘留、逮捕及其他剥夺公民生命健康权和人身自由权的刑罚相比，监视居住、取保候审、管制、缓刑、剥夺政治权利这些强制措施与刑罚对公民的损害要轻得多，甚至对他们没有什么损害，因而可以不予赔偿。他们还认为，如果对这些损失都赔偿，无疑会扩大国家的赔偿范围，给财政增加很大负担。然而，事实果真如此吗？被错误采取监视居住、取保候审的犯罪嫌疑人和被判处管制、缓刑、剥夺政治权利刑罚的被告人受到的损害是显而易见的。例如，《刑事诉讼法》规定，被取保候审者未经执行机关批准不得离开所居住的市、县，这对于生活、学习或工作要跨地区的公民就是一个阻碍，对于要跨地区经营的生产经营者造成的损害更是不言而喻。被错误判处管制、缓刑、剥夺政治权利的被告人同样会受到常人无法体会的损害。因为适用这些刑罚的前提是被追诉人在法律上被认定为犯罪的人，这就意味着，国家对这些人在法律上作出了否定性的评价，这种否定性评价将会严重影响被追诉人的声誉、社会地位等，甚至失去就业和晋升的机会，因此而蒙受损失。而正义是不允许无罪的人失去应该享有的各种权利的，对无罪的人适用监视居住、取保候审的强制措施或者处以管制、缓刑、剥夺政治权利的刑罚，显然不符合正义的要求，因此，应该得到赔偿。

《刑事诉讼法》第 57 条规定，被监视居住人必须遵守的规则有 5 条，其中涉及人身自由的主要有：未经执行机关批准不得离开住处；无固定住处的，未经批准不得离开指定的居所；未经执行机关批准不得会见他人。被取保候审人必须遵守的规则有 4 条，其中涉及人身自由的有：“未经执行机关批准，不得离开所居住的市、

---

① 肖峋：《刑事诉讼中侵害自由权的国家赔偿与人权保护》，载《行政法学研究》1995 年第 1 期，第 25 页。

县。”从法律规定上来看，监视居住和取保候审都是限制人身自由的强制措施，虽然比拘留、逮捕这类完全剥夺嫌疑人人身自由的强制措施要“宽松”一些，但仍然是限制了嫌疑人的人身自由，既然限制了嫌疑人的人身自由，必然就侵犯了其人身权，因此，应该将其纳入刑事赔偿的范围。监视居住、取保候审措施可能对公民造成的损害，一是人身自由权，二是名誉权，个别情况下还会直接或者间接地侵犯到公民的财产权或生产经营权。因此，与拘留和逮捕相比，把人关在牢房里和把人限制在某区域、场所内，在人身自由权及可能造成的权益侵犯问题上并没有多大区别。在司法实践中，监视居住的运用也存在差别，一般情况是公民居住在自己的居所，司法机关进行监视，公民有一定的行为自由，有的时候，公民被安排住在司法机关指定的场所，并受监视，根本没有行动自由，在这种情形下，实际上已经与羁押没有实质区别了，唯一不同的可能就是羁押场所的不同，这种羁押性质的“监视居住”不过是把人放在招待所、宾馆、办公室等临时羁押场所了。因此，一旦事后证明该嫌疑人纯属冤枉，对其的监视居住应该予以赔偿。①

司法实践中，侵犯人身权的情形并不限于错误拘留、错误逮捕两种，还可能发生其他变相羁押、非法拘禁无罪公民的情况。一是违法拘传。我国《刑事诉讼法》第 92 条第 2 款规定：“传唤、拘传持续的时间最长不得超过十二小时。不得以连续传唤、拘传的形式变相拘禁犯罪嫌疑人。”但有的公安、检察机关仍然违规操作，采用超时拘传、连续拘传的方法突击审讯，甚至以拘传为名将无辜公民长期扣留，逼迫其供述罪行。这种违法拘传的情形同样严重侵犯了公民的人身自由。实质同错误拘留、逮捕一样受到无罪羁押，只不过存在期间长短差别而已。笔者认为，对于违法拘传而受到变相拘禁的无罪公民，在要求侵权机关给予赔偿时，为体现国家对公

① 杨小君：《国家赔偿法律问题研究》，北京大学出版社 2005 年版，第 65 页。

民人权的尊重和保障，侵权机关应该给予赔偿。二是违法监视居住。《刑事诉讼法》第57条规定，监视居住的地点应为被监视居住人自己的住处，没有固定住处的，则为指定的居所。《刑事诉讼法》第58条还规定，监视居住最长不得超过6个月。公安部《公安机关办理刑事案件程序规定》第98条第2款规定："公安机关不得建立专门的监视居住场所，对犯罪嫌疑人变相羁押。不得在看守所、行政拘留所、留置室或公安机关其他工作场所执行监视居住。"但在司法实践中，却存在违反有关规定，以监视居住取代拘留、逮捕的现象，将监视居住作为一种变相的隔离措施、羁押措施。如果违法监视居住是对无罪公民采取的，则同样侵犯公民的人身权，也应同错拘、错捕一样承担国家赔偿责任。

下面用两个具体案例来说明。

案例1：成都市金牛区人民检察院于1996年6月25日至11月13日以阳承勇涉嫌贪污罪对其实行监视居住，阳承勇虽在成都有固定住所，却被金牛区检察院限制在该院一间办公室内，并由四川建筑机械厂（阳承勇所在厂的上级单位）招聘的保安人员看管。在监视居住期间，他不能走出该院大门，被限制人身自由达141天。成都市中级人民法院赔偿委员会经审理认为，金牛区人民检察院将在成都洞子口有固定住处的嫌疑人阳承勇限制在该院机关内，超越了《刑事诉讼法》规定的监视居住的范围，属于名为监视居住实为羁押的情形。阳承勇从1996年6月25日至11月13日被监视居住，实际剥夺了人身自由，应当比照《国家赔偿法》第15条第1项的规定，由金牛区人民检察院承担错误拘留赔偿的责任。①

案例2：河南省南阳市宛城区人民检察院于1995年6月15日以受贿嫌疑立案并将嫌疑人李季敏监视居住。同年11月16日改为取保候审。1996年10月30日，宛城区人民检察院作出撤销案件

---

① 最高人民法院中国应用法学研究所编：《人民法院案例选》（1999年第2辑），时事出版社1999年版，第405～412页。

的决定。南阳市中级人民法院赔偿委员会受理李季敏赔偿申请后，经审理查明，宛城区人民检察院对李季敏监视居住的执行地为河南石油勘探局监察处，该处工作人员与李季敏同吃同住，进行看护，李不能自由同外界联系，必要的生活用品只能交与看护人员代买，李不能出监察处办公楼三楼的办公室，该监察处办公室门窗为铁制，该层楼道出口为铁制。现场勘验和证据证实，李在监视居住期间，被完全限制了人身自由。时间自 1995 年 6 月 15 日至同年 11 月 16 日，共计羁押 155 天。赔偿委员会认为，宛城区人民检察院对李监视居住期间，完全限制了其人身自由，违反了法律规定，造成了实际上的羁押，侵犯了赔偿请求人的合法权益，应当按照《国家赔偿法》的规定承担赔偿责任。①

综上所述，《国家赔偿法》将错误的监视居住、取保候审排除在赔偿范围之外是没有道理的。同理，对于错误的管制、缓刑、剥夺政治权利，犯罪嫌疑人同样遭受了一定的损害，因此，也应当纳入错案赔偿的范围之内。

三、错误判决的赔偿

错误判决的赔偿，是刑事错案赔偿的重点，按照错误判决的种类，此类赔偿可以分两种情形予以分析。

（一）轻罪重判的赔偿

对犯罪者轻罪重判，使其受到的惩罚超出了其应该受到的惩罚，这违背了正义的基本要求。1764 年，贝卡里亚在《论犯罪与刑罚》中指出，刑罚必须与犯罪相对称。“如果对两种不同程度的侵犯社会的犯罪处以同等的刑罚，那么人们就找不到更有力的手段去制止实施能带来较大好处的较大犯罪了。无论谁一看到，对打死一只山鸡、杀死一个人或者伪造一份重要文件的行为同样适用死

---

① 最高人民法院中国应用法学研究所编：《人民法院案例选》（1999 年第 3 辑），时事出版社 2000 年版，第 384 ~ 388 页。

刑，将不再对这些罪行作任何区分；道德情感就这样遭到破坏。”轻罪重判不仅会使道德情感遭到破坏，更为严重的是伤害了法律的正义。犯罪者实际受到的惩罚比应当受到的惩罚更为严厉，这显然是违背了罪刑相适应原则，是不正义的。轻罪重判，包括本来不该判处死刑但被判处死刑甚至已经交付执行，实际刑期超过本应判处的刑期，被执行的罚金和没收财产等财产刑处罚超过其所应当丧失的财产数量等，这些情形都应该给予赔偿。

世界许多国家都规定被轻罪重判者所遭受到的损失属于刑事赔偿的范围。《联邦德国刑事追诉措施赔偿法》第1条第1项规定：“对于因一项刑事法庭判决遭受损失者如其判决在再审程序的刑事诉讼中被取消或减轻，或者在能使该判决有效的其他刑事诉讼中被取消或被减轻时，由国家予以赔偿。”《奥地利刑事赔偿法》第2条［赔偿的前提条件］第1款C项规定：“被害人经国内法院判决后，经再审的刑事诉讼程序或由于其他原因撤销了原来的生效裁定，并被无罪释放，或者出于其他原因不再受到追究，或者经重新判决并因此被判处较轻刑罚或者因此而撤销了矫正或保安措施，或者以较轻措施取而代之……”国家应当给予赔偿。前捷克斯洛伐克《关于国家机关的决定或不当公务行为造成损害的责任的法律》第6条规定，刑罚决定造成损害的赔偿包括：“在以后进行的诉讼中被判处的刑罚比原刑罚轻。”

我国《国家赔偿法》没有将轻罪重判纳入赔偿范围，这是有学者支持的，他们认为，轻罪重判不予赔偿是遵循“双向利益平衡原则”的结果。根据该原则，侦查、起诉、审判、监狱管理机关追究犯罪代表的是国家、集体利益，而被轻罪重判者遭受的损失则是个人利益，因而“在以国家利益、公共利益优先的办法平衡这两方面的利益时，平衡的结果只能是牺牲这些个人利益了”。[①] 他们还认为，尽管被轻罪重判，他们仍然是有罪的人，对他们的损

---

① 应松年：《国家赔偿法研究》，法律出版社1995年版，第181页。

失给予赔偿不利于调动公安司法机关及其工作人员的工作积极性，不利于保护国家利益，也不利于保护受害人和多数社会公众的利益。[①] 但对再审将原来重罪改判轻罪的，仍然是有罪的结论，对这种情形是否要由国家承担刑事赔偿责任理论上存有争议。有人认为，轻罪重判是人民法院量刑中应当研究的问题，司法机关对此是否属于侵权较难掌握，目前不应列入国家赔偿的范围。[②] 有人认为，轻罪重判是冤狱的一种，如果已经执行的刑期尚未超过改判后确定的刑期的，则不存在赔偿问题。如果已经执行的刑期超过改判后确定的刑期的，与无罪羁押一样使被告人人身自由权益受到损害，由于多执行了刑期侵犯被告人的人身自由权应当给予赔偿。[③] 笔者认为，第二种观点比较符合刑事赔偿的精神，从保护公民合法权益，规范刑事司法行为出发，对多执行的刑期应该给予赔偿。被告人的行为构成犯罪，理应受到刑罚惩罚，但惩罚不是无限期的，更不能随意延长羁押期限。按照罪行相适应的原则，罪与刑要相适应，罪责与惩罚程度应当相匹配，根据被告人所犯之罪确定一定种类的刑罚，给予其一定期限的惩罚就罚当其罪了。对超出刑期部分的羁押就没有法律上的依据，属于对公民人身自由权的侵犯，应当给予赔偿。

从理论上讲，法院错判且无法通过执行回转弥补受害人损失的，法院就应当承担赔偿责任。在这个理论原则下，轻罪重判当然也包括在其中，也属于错判承担赔偿责任的情形。但是，这个理论主张并不是法律和现实。《国家赔偿法》规定，只有“依照审判监督程序再审改判无罪，原判刑罚已经执行的”，才属于刑事赔偿范

---

① 应松年：《国家赔偿法研究》，法律出版社 1995 年版，第 181 页。

② 黄杰：《国家赔偿法及配套规定新释新解》，中国民主法制出版社 1999 年版，第 749 页。

③ 马怀德：《国家赔偿法的理论与实务》，中国法制出版社 1994 年版，第 217 页。

围。这里非常明确地限制是“无罪”，而不是全部的错判——虽然无罪判有罪也属于错判之一。轻罪重判，可能存在两种情形：一是只有一个罪，原判决重（如判成甲罪，15 年徒刑），审判监督改判轻（如改判成乙罪，7 年徒刑），罪犯已经服刑 10 年，或者已经服刑 15 年。严格地说，这属于此罪改彼罪的轻罪重判，不属于《国家赔偿法》规定的无罪判有罪的错判。但是，这种轻罪重判的结果，是公民多服了刑，多剥夺了公民的人身自由，就多出来的那部分而言，既是错的，也是没有法律依据的，当然最终也侵犯了公民的合法权益，所以，应当归入国家赔偿范围。二是数罪并罚，原判决重，部分数罪被改撤销后，新判决轻。这种由于罪数变少而带来的轻判，也可能使原判决出现轻罪重判，实际服刑超过改判刑期的情形。这种情况，还是可以按照现行无罪判决的错判标准来适用的。从法律上分析，无罪的错判并没有明确限制该无罪必须或只能是全部无罪，虽然还有部分罪存在，但是，毕竟另外部分的罪已经没有了，仅就被撤销的罪而言，就是无罪。笔者认为，就现行法律规定不改变的前提下，完全可以按照这个思路来理解和适用，有利于适当拓宽无罪错判的赔偿范围，对于保护受害人合法权益也是有益的。

（二）无罪判有罪的赔偿

无罪判有罪的赔偿是我国刑事错案赔偿关注的重点。这类错误判决是指发生法律效力的判决违反了《刑法》、《刑事诉讼法》的规定，将无罪的公民定为有罪、经审判监督程序予以改判宣告无罪的，原判构成错判，国家承担错判的刑事赔偿责任。对于无罪错判引发的错误执行刑罚的赔偿，应把握三点：

第一，错误判决必须是经过再审改判无罪的。经过再审将原来的有罪判决改为无罪的，应当给予刑事赔偿，这在实践中都无争议。

第二，原判刑罚已经执行完毕或者部分执行。刑罚是国家最高权力机关在刑法中规定的赋予“刑罚”名称，用以惩罚实施犯罪行为的人，由法院依法判处、特定机构执行的最严厉的强制方法。[①] 正是由于刑罚的强制性和严厉性，所以要求人民法院代表国家行使刑罚权时必须严格按照《刑法》、《刑事诉讼法》规定的条件和程序进行。如果将无罪的人判处刑罚且已经执行，国家将以刑事赔偿的形式进行救济。按照《国家赔偿法》第15条第3项“原判刑罚已经执行”的规定，“刑罚”是指剥夺人身自由的刑罚，包括有期徒刑和无期徒刑，“已经执行”包括全部执行和部分实际执行，对于被减刑或者假释部分的错判刑罚，国家不负赔偿责任。只有因实际执行刑罚造成人身自由权受到实际损害的，才属于国家赔偿范围。免予刑事处分是免除刑罚，没有给被告人判处具体的刑罚种类，谈不上侵犯人身自由权；但如果被告人在法院判决前的诉讼阶段被羁押的，有权对判决前的羁押依法提出赔偿。要明确的是，错判死刑的赔偿问题，这在执法实践中经常遇到。按照刑事赔偿的立法和执法原则，对原判死刑并已执行，经再审改判无罪的应当给予赔偿，理论上和实践中都是行得通的，只是这种赔偿属于对侵犯公民生命权的赔偿，在赔偿请求人、赔偿方式等方面与侵犯公民人身自由权的赔偿不同。对错误判处死刑缓期两年执行的，后经再审改判无罪的，国家也应该给予赔偿，这种赔偿属于侵犯人身自由权的赔偿。对于原判死刑已经执行，再审认为不应当判处死刑，只能判处有期徒刑或者无期徒刑的，被告人存在犯罪事实没有争议，但被告人本不应该判处死刑而被错判死刑，违背了罪刑相适应原则，也侵害了被告人的生命权，给被告人的亲属造成了极大的痛苦，也有损刑罚适用的严肃性，从刑事赔偿的立法精神来说，对此类错判也应当给予赔偿，但是由于被告人确实实施了犯罪行为，在赔偿程度上可以减少赔偿数额，在我国刑事赔偿立法上没有对这种情形明确规定以前，可以善后处理的方法给被告人的亲属一定数额金钱的补偿。这种情形在以后完善刑事赔偿立法时，也只能规定一次性地

① 马克昌：《刑罚通论》，武汉大学出版社1995年版，第13页。

给予一定数额的赔偿。

第三，不要求查明主观上的过错。按照我国《国家赔偿法》关于刑事赔偿范围的规定，错误判决且刑罚已经执行的赔偿属于严格责任赔偿，只要查明属于错误判决且刑罚已经执行，而不要查明检察机关在提起公诉和人民法院判决时主观上是否有过错，也许司法人员在认定事实和证据时主观上存有过错，但这种赔偿责任的构成不要求查明主观上是否有过错以及过错的程度，而是按照客观结果认定刑事赔偿责任的构成标准。只要经过再审程序将原来的有罪判决改为无罪的，就应当赔偿。

结　语

由于人的思维的非至上性和人类认识能力的局限性，人类的认识错误总会存在，刑事诉讼作为人类的一种认识活动，在诉讼过程中发生认识错误，产生刑事错案就不足为奇。“判决具有可错性，即便是在一个规范的法治社会中，被社会奉为权威并为人们日后的社会生活奠定基础的判决也可能是不正确的。毫无疑问，无论一个社会奉行什么样的法律价值，也无论它采取什么样的程序来认定案件事实，认识错误总是难以彻底根除的。”①

既然刑事错案无法根除，我们是否还要研究它？答案当然是肯定的，原因只有一条——因为刑事错案危害巨大！法国著名律师勒内·弗洛里奥说过：“根本杜绝这类裁判错误是不可能的，但是我希望人们了解造成错案的基本原因，从而尽量避免它。”② 刑事错案就像一个幽灵时刻潜伏在我们身边，一旦有适宜的条件，它就跳出来，给我们以致命的打击。因为刑事错案的危害巨大，古今中外的人们都对其给予了很大的关注，并采用各种方法来预防和避免。但是，刑事错案的发生还是层出不穷，这种状况似乎伤透了人们的

---

① “判决的可错性”是吴宏耀在其博士论文《诉讼认识论》中提出的概念，吴宏耀：《诉讼认识论》，中国政法大学2002年博士学位论文，中国政法大学图书馆藏。转引自宋英辉：《刑事诉讼原理》，法律出版社2003年版，第35~36页。

② ［法］勒内·弗洛里奥：《错案》，赵淑美译，法律出版社1984年版，第3页。

脑筋，甚至在预防错案和避免错案的道路上产生了动摇。

在我国社会主义法治建设日见成效的当下，任何有良知的人都无法容忍刑事错案的发生，然而，理想与现实的差距不得不让我们深刻反思：为什么刑事错案会频繁地发生？产生刑事错案的原因究竟是什么？刑事错案如何预防？刑事错案发生之后我们该怎么做？这一连串的追问，促成了本书的最终形成。然而笔者却清醒地知道，无论人们怎样穷尽自己的思想，无论采取多少措施，刑事错案依然会不时地造访我们。可是，我们必须明白一点——刑事错案并不是洪水猛兽！只要我们遵循科学的诉讼规律，正确认识诉讼活动，不断克服自身缺陷，刑事错案的发生率就会降低！

——这不仅是我们的目标，更是我们的信念！

约翰·罗尔斯说过："正义否认为了一些人分享更大的利益而剥夺另一些人的自由是正当的，不承认许多人享受的较大利益能绰绰有余地补偿强加于少数人的牺牲。"[①] 让我们记住这句话，在追究正义的道路上，关注所有人的正义，因为，这才是真正的正义！

① ［美］约翰·罗尔斯：《正义论》，何怀宏等译，中国社会科学出版社1988年版，第3~4页。

参考书目

一、中文文献

（一）中文著作

1. 崔敏：《求真集》，中国人民公安大学出版社 2006 年版。

2. 崔敏：《刑事诉讼法学的学科前沿问题》，中国人民公安大学出版社 2002 年版。

3. 崔敏、陈存义主编：《毒品犯罪证据运用典型案例评析》，中国人民公安大学出版社 2004 年版。

4. 陈光中主编：《刑事诉讼法》，北京大学出版社 2002 年版。

5. 陈光中、陈泽亮、柯恩主编：《比较与借鉴：从各国经验看中国刑事诉讼法改革路径》，中国政法大学出版社 2007 年版。

6. 陈光中主编：《刑事一审程序与人权保障》，中国政法大学出版社 2006 年版。

7. 何家弘主编：《证据调查》，法律出版社 1997 年版。

8. 何家弘主编：《三人堂与群言录》，中国政法大学出版社 2006 年版。

9. 何家弘主编：《证人制度研究》，人民法院出版社 2004 年版。

10. 宋英辉主编：《刑事诉讼原理》，法律出版社 2003 年版。

11. 宋英辉：《日本刑事诉讼新发展》，载《诉讼法论丛》（第 1 卷），法律出版社 1998 年版。

12. 陈瑞华：《刑事诉讼的中国模式》，法律出版社 2008 年版。

13. 陈瑞华:《看得见的正义》,中国法制出版社 2002 年版。

14. 陈瑞华:《程序性制裁理论》,中国法制出版社 2005 年版。

15. 陈瑞华:《刑事审判原理》,北京大学出版社 1997 年版。

16. 陈卫东:《程序正义之路》(第一卷、第二卷),法律出版社 2005 年版。

17. 张军:《刑事错案研究》,群众出版社 1990 年版。

18. 戴煌:《胡耀邦与平反冤假错案》,中国工人出版社 2004 年版。

19. 杨宇冠:《人权法——〈公民权利与政治权利国际公约〉研究》,中国人民公安大学出版社 2003 年版。

20. 杨宇冠:《非法证据排除规则研究》,中国人民公安大学出版社 2002 年版。

21. 汪建成:《冲突与平衡——刑事程序理论的新视角》,北京大学出版社 2006 年版。

22. 汪建成:《理想与现实——刑事证据理论的新探索》,北京大学出版社 2006 年版。

23. 高鸿钧、张建伟主编:《清华法治论衡第九辑——冤狱是怎样造成的(上)》,清华大学出版社 2008 年版。

24. 高鸿钧、张建伟主编:《清华法治论衡第十辑——冤狱是怎样造成的(下)》,清华大学出版社 2008 年版。

25. 甄贞等编译:《法律能还你清白吗?——美国刑事司法实证研究》,法律出版社 2006 年版。

26. 王兆鹏:《刑事诉讼讲义(一)》,台湾元照出版社 2003 年第 2 版。

27. 文援朝:《超越错误》,中南工业大学出版社 1997 年版。

28. 中共中央书记处研究室综合组编:《党的十一届三中全会以来的大事记(1978—1985)》,红旗出版社 1987 年版。

29. 陈波、陈正云:《刑事错案探究与判解》,工商出版社 1999 年版。

30. 顾永忠主编：《中国疑难刑事名案程序与证据问题研究》，北京大学出版社 2008 年版。

31. 张德利、陈连福主编：《非法取证与刑事错案问题研究》，中国检察出版社 2007 年版。

32. 中国刑事诉讼法修订及人权保护项目课题组编：《刑事诉讼中若干权利问题立法建议与论证》，中国民主法制出版社 2007 年版。

33. （清）王又槐：《办案要略》，九州图书出版社 1998 年版。

34. 夏勤：《刑事诉讼法释疑》，中国人民大学出版社 2005 年版。

35. 林钰雄：《刑事诉讼法》，中国人民大学出版社 2005 年版。

36. 樊崇义：《刑事诉讼法实施问题与对策研究》，中国人民大学出版社 2001 年版。

37. 顾永忠主编：《中国疑难刑事名案程序与证据问题研究》（第一卷），北京大学出版社 2008 年版。

38. 苗有水、刘树德：《在大案要案的背后：媒体关注与司法审判的对白》，江苏人民出版社 2005 年版。

39. 锁正杰：《刑事程序的法哲学原理》，中国人民公安大学出版社 2002 年版。

40. 张智辉：《刑事非法证据排除规则研究》，北京大学出版社 2006 年版。

41. 马长生主编：《国际公约与刑法若干问题研究》，北京大学出版社 2004 年版。

42. 汤啸天主编：《刑事诉讼研究的新视角》，上海人民出版社 2008 年版。

43. 田心则：《刑事诉讼中的国家权力与程序》，中国人民公安大学出版社 2008 年版。

44. 毛立华：《论证据与事实》，中国人民公安大学出版社 2008 年版。

45. 刘品新：《刑事证据疑难问题探索》，中国检察出版社2006年版。

46. 胡玉鸿：《司法公正的理论根基》，社会科学文献出版社2006年版。

47. 韩非：《韩非子·八说》，江苏人民出版社1982年版。

48. 韩非：《韩非子·诡使》，江苏人民出版社1982年版。

49. 司马迁：《史记·秦始皇本纪》，中华书局1959年版。

50. 巩富文：《中国古代法官责任制度研究》，西北大学出版社2002年版。

51. 周枏：《罗马法原论》，商务印书馆1994年版。

52. 蒋忠新译：《摩奴法论》，中国社会科学出版社1986年版。

53. 沈达明：《比较民事诉讼法初论》，中信出版社1991年版。

54. 王利明：《司法改革研究》，法律出版社2001年版。

55. 王盼、程政举：《审判独立与司法公正》，中国人民公安大学出版社2002年版。

56. 季卫东：《法律程序的意义——对中国法治建设的另一种思考》，中国法制出版社2004年版。

57. 朱苏力：《道德通向城市：转型中国的法治》，法律出版社2004年版。

58. 刘清波：《冤狱赔偿法》，台湾商务印书馆1973年版。

59. 陈春龙：《中国司法赔偿实务操作与理论探讨》，法律出版社2002年版。

60. 瓮怡洁：《刑事赔偿制度研究》，中国人民公安大学出版社2008年版。

61. 陈春龙：《中国司法赔偿实务操作与理论探讨》，法律出版社2002年版。

62. 何孝元：《损害赔偿之研究》，台湾商务印书馆1983年版。

63. 江必新：《国家赔偿法原理》，中国人民公安大学出版社1994年版。

64. 杨小君：《国家赔偿法律问题研究》，北京大学出版社 2005 年版。

65. 最高人民法院中国应用法学研究所编：《人民法院案例选》(1999 年第 3 辑)，时事出版社 2000 年版。

66. 应松年：《国家赔偿法研究》，法律出版社 1995 年版。

67. 黄杰主编：《国家赔偿法及配套规定新释新解》，中国民主法制出版社 1999 年版。

68. 马怀德：《国家赔偿法的理论与实务》，中国法制出版社 1994 年版。

69. 马克昌主编：《刑罚通论》，武汉大学出版社 1995 年版。

70. 李新贵编著：《中国古代奇案集录》，人民法院出版社 2006 年版。

71. 石向实：《认识论与心理学》，东方出版社 2006 年版。

72. 刘明祥：《刑法中的错误论》，中国检察出版社 2004 年版。

73. 陈业宏、唐鸣：《中外司法制度比较》，商务印书馆 2000 年版。

74. 胡铭：《刑事申诉论》，中国人民公安大学出版社 2005 年版。

75. 陈友：《人命关天》，文化艺术出版社 2006 年版。

76. 刘炳华：《情系黎明——一个检察官对执法公正的思索》，上海科学普及出版社 2006 年版。

77. 周其华：《错案与纠正》，中国方正出版社 2006 年版。

78. 李建明：《冤假错案》，法律出版社 1991 年版。

79. 谢佑平：《刑事救济程序研究》，中国人民大学出版社 2007 年版 。

80. 吴宏耀：《诉讼认识论纲——以司法裁判中的事实认定为中心》，北京大学出版社 2008 年版。

81. 方金刚：《案件事实认定论》，中国人民公安大学出版社 2005 年版。

82. 程荣斌主编:《外国刑事诉讼法教程》，中国人民大学出版社 2002 年版。

83. 伦朝平:《刑事诉讼监督论》，法律出版社 2007 年版。

84. 汪海燕:《我国刑事诉讼模式的选择》，北京大学出版社 2008 年版。

85. 黄松有、梁玉霞主编:《司法相关职务责任研究》，法律出版社 2001 年版。

86. 杨立新、虢峰主编:《错案赔偿实务》，法律出版社 1997 年版。

87. 许章润:《法律信仰》，广西师范大学出版社 2003 年版。

88. 夏勇:《人权概念起源》，中国政法大学出版社 1992 年版。

89. 王启富、刘金国主编:《人权问题的法理学研究》，中国政法大学出版社 2003 年版。

90. 刘万奇:《中国刑事诉讼的理念与现实》，吉林大学出版社 2007 年版。

91. 李春雷:《中国近代刑事诉讼制度变革研究（1895—1928)》，北京大学出版社 2004 年版。

92. 史式:《古来冤案知多少》，重庆出版社 2004 年版。

93. 晁中辰、纪明主编:《中国冤案实录》，齐鲁书社 1999 年版。

94. 甄贞:《程序的力量》，法律出版社 2002 年版。

95. 岳礼玲:《〈公民权利和政治权利国际公约〉与中国刑事司法》，法律出版社 2007 年版。

96. 柯葛壮主编:《刑事诉讼中的人权保障制度》，上海交通大学出版社 2006 年版。

97. 徐静村主编:《中国刑事诉讼法（第二修正案）学者拟制稿及立法理由》，法律出版社 2005 年版。

98. 曾宪义主编:《中国法制史》，北京大学出版社、高等教育出版社 2000 年版。

99. 张晋藩主编：《中国法制史》，群众出版社 1991 年版。

100. 洪浩：《证据法学》，北京大学出版社 2005 年版。

101. 陈立主编：《刑事证据法专论》，厦门大学出版社 2006 年版。

102. 龚刃韧：《现代日本司法透视》，世界知识出版社 1993 年版。

103. 刘新主编：《中国法哲学史纲》，中国人民大学出版社 2005 年版。

（二）中文论文

1. 崔敏：《司法公正与诉讼效率》，载崔敏：《求真集》，中国人民公安大学出版社 2006 年版。

2. 封丽霞：《并非停留于历史的记忆里》，载高鸿钧、张建伟主编：《清华法治论衡第九辑——冤狱是怎样造成的（上）》，清华大学出版社 2008 年版。

3. 郭云忠：《刑事裁判中的有限理性和非理性》，载高鸿钧、张建伟主编：《清华法治论衡第十辑——冤狱是怎样造成的（下）》清华大学出版社 2008 年版。

4. 陈永生：《我国刑事误判问题透视——以 50 起震惊全国的刑事冤案为样本的分析》，载《中国法学》2007 年第 3 期。

5. 王松苗：《辩证看待 100% 的有罪判决率》，载《检察日报》2005 年 5 月 25 日。

6. 李建明：《重复性刑事司法错误的三大原因》，载《政治与法律》2002 年第 4 期。

7. 陈永生：《死刑与误判——以美国 68% 的死刑误判率为出发点》，载《政法论坛》2007 年第 1 期。

8. 张玲：《死刑最少审十年，错判还是难避免——美国每年都有冤假错案》，载《人民法院报》2005 年 4 月 29 日。

9.《预防错案，检察官能发挥重要作用——访韩国驻华大使馆法律参赞朴兴植》，载《检察日报》2005 年 5 月 24 日。

10. 王晨光：《法律运行中的不确定性与“错案追究制”的误区》，载《法学》1997 年第 3 期。

11. 王晨光：《错案追究制的误区：兼谈法律运行中的不确定性》，载张卫平主编：《司法改革评论》（第一辑），中国法制出版社 2001 年版。

12. 贺日开、贺岩：《错案追究制实际运行状况探析》，载《政法论坛》2004 年第 1 期。

13. 王琳：《错案追究：谨防“钱穆制度陷阱”》，载《人民检察》2005 年第 12 期。

14. 陈东超：《现行错案责任追究制的法理思考》，载《法商研究》2000 年第 6 期。

15. 廖永安：《关于错案责任追究制度的反思》，载《江苏社会科学》1999 年第 3 期。

16. 刘品新：《当代英美刑事错案的实证研究》，载《非法取证与刑事错案问题研究》，中国检察出版社 2007 年版。

17. 董玉庭：《疑罪论》，载《公法》2004 年第 5 卷。

18. 金汉标：《错案的界定》，载《法学》1997 年第 9 期。

19. 周永坤：《错案追究制与法制国家建设》，载《法学》1997 年第 9 期。

20. 王晋、赵景川：《论刑事错案的判定标准》，载《非法取证与刑事错案问题研究》，中国检察出版社 2007 年版。

21. 陈学权：《刑事错案的三重标准》，载《法学杂志》2005 年第 4 期。

22. 陈光中：《刑事赔偿析疑（上）》，载《检察日报》2002 年 5 月 10 日。

23. 魏晓娜：《我们为什么反对刑讯》，载高鸿钧、张建伟主编：《清华法治论衡第十辑》，清华大学出版社 2008 年版。

24. 张文静：《中芬“法官的地位与职责”研讨会综述》，载《中国司法》2004 年第 11 期。

25. 麦高伟、蔡云迪：《无罪推定与刑事诉讼》，载《比较与借鉴——从各国经验看中国刑事诉讼法改革路径》，中国政法大学出版社 2007 年版。

26. 张建伟：《窦娥的二次被害——读朱苏力〈窦娥的悲剧——传统司法中的证据问题〉》，载《清华法治论衡第九辑》，清华大学出版社 2008 年版。

27. 《杜培武冤案：警察对警察的刑讯逼供》，载《中国青年报》2001 年 7 月 20 日。

28. 《佘祥林案：有无刑讯逼供急需调查澄清》，载《新京报》2005 年 4 月 4 日。

29. 《据新华社“安徽一桩‘罕见’冤案，四少年无辜被拘百日”》，转载自《杭州日报》2006 年 11 月 2 日。

30. 李秀平：《无罪判决为何姗姗来迟——三轮车夫张新亮“杀妻”案之思》，载《清华法治论衡第十辑——冤狱是怎样造成的（下）》，清华大学出版社 2008 年版。

31. 阮齐林：《有一种冤案可以避免》，载《清华法治论衡第十辑——冤狱是怎样造成的（下）》，清华大学出版社 2008 年版。

32. 易延友：《冤狱是怎样炼成的——从〈窦娥冤〉中的举证责任谈起》，载《政法论坛》2006 年第 4 期。

33. 龙宗智：《欺骗与刑事司法行为的道德界限》，载《法学研究》2002 年第 4 期。

34. 刘梅湘：《论讯问策略与非法讯问方法的界限》，载《中国人民公安大学学报》2004 年第 5 期。

35. 张叶蓬：《完善我国司法鉴定管理体制的思考》，浙江大学硕士学位论文。

36. 岳耀勇、韦靖：《一件伤害案拖七年，八份鉴定书谁为准》，载《法制日报》1999 年 11 月 30 日。

37. 谢佑平：《防止冤假错案，有赖于健全的刑事程序法》，载《法学》2005 年第 5 期。

38. 刘思达：《立法、实践与政治过程——谈“冤案”与律师刑事辩护难的成因》，载《清华法治论衡第十辑——冤狱是怎样造成的（下）》，清华大学出版社 2008 年版。

39.《甘肃康县 14 年无罪判决为零》，载《检察日报》2003 年 7 月 28 日。

40.《河南周口检察引导侦查无罪判决为零》，载《检察日报》2002 年 5 月 21 日。

41. 王冠申、沈斌：《浅析公诉人的起诉判断与追求零无罪判决的关系》，载阳光网，http://www.jc.gov.cn2005－10－14。

42. 邱兴隆：《“有利被告”的实体意义》，载《人民检察》2005 年第 5 期。

43. 顾兆农：《全国命案侦破率提高——四白六十九个县市区级立案单位没有发生命案》，载《人民口报》2004 年 11 月 8 日。

44. 马长生：《对“严打”政策的基本评价》，载《国际公约与刑法若干问题研究》，北京大学出版社 2004 年版。

45. 顾培东：《论对司法的传媒监督》，载《法学研究》1999 年第 6 期。

46. 裴志勇：《佘祥林案让我期待什么》，载《人民日报》2005 年 4 月 19 日。

47. 李龙、朱孔武：《宪政的超越之维——兼论“以人为本”的宪政意义》，载《河南省政法管理干部学院学报》2005 年第 1 期。

48. 王永波：《无罪推定原则的内容和意义》，载《当代法学》2001 年第 10 期。

49. 汪海燕：《论美国毒树之果原则——兼论我国刑事证据立法的启示》，载《比较法学研究》2002 年第 1 期。

50. 马静华、冯露：《监视居住：一个实证角度的分析》，载《中国刑事法杂志》2006 年第 6 期。

51. 朱孝清：《防止冤假错案要严把捕人观》，载《检察日报》

2005 年 5 月 16 日。

52. 陈学权：《科学技术在刑事诉讼中的价值》，载《法学研究》2007 年第 1 期。

53. 李奋飞：《刑事诉讼法再修改视野中的侦查讯问程序改革》，http://www.blogchina.com/new/display/146615.html。

54. 刘立霞：《侦查阶段运用证伪思维避免错案探析》，载张德利、陈连福主编：《非法取证与刑事错案问题研究》，中国检察出版社 2007 年版。

55. 王磊：《防止错案的宪法思考》，载《检察日报》2005 年 4 月 4 日。

56. 马长生、罗开卷：《面临死刑者诉讼权利的保障》，载赵秉志主编：《死刑正当程序之探讨——死刑的正当程序学术研讨会文集》，中国人民公安大学出版社 2004 年版。

57. 张维：《规则和民意：关涉司法公正的标准分析》，载《人民司法》2007 年第 6 期。

58. 王永杰：《程序异化的法社会学考察论纲（下篇）——以刑事冤案和刑事司法程序为视角》，载《政法与法律》2007 年第 4 期。

59. 张弊：《神圣天平——“错案追究制”出台前后》，载《民主与法制》1998 年第 15 期。

60. 姚建才：《错案追究制度的反思与重构》，载《江西公安专科学校学报》2004 年第 2 期。

61. 李建明：《错案追究中的形而上学错误》，载《法学研究》2000 年第 3 期。

62. 姚建才：《解构与建构：从错案追究到司法惩戒》，载《中国检察》（第 13 卷），北京大学出版社 2007 年版。

63. 贺日开、贺岩：《错案追究制实际运行状况探析》，载《政法论坛》2004 年第 1 期。

64. 张守义：《解析冤假错案：阳光定案需要科学评价体系》，

载 http://news. sina. com. cn/c/2005 - 06 - 27/14507057876. shtml.。

65. 周剑浩：《人民法院“错案责任追究制度”新视角》，载《法律适用》2003 年第 12 期。

66. 黄霞、李化：《错案责任追究制度的理论与实践》，载《理论月刊》2000 年第 9 期。

67. 廖永安：《关于错案责任追究制的反思》，载《江苏社会科学》1999 年第 3 期。

68. 姚建才：《错案责任追究与司法行为控制》，载《国家检察官学院学报》2005 年第 5 期。

69. 马进保：《我国建立法官、检察官惩戒机制的可行性研究》，载《法律科学》1998 年第 4 期。

70. 马进保、易志华：《论对失职法官检察官的惩戒》，载《河北法学》1999 年第 4 期。

71. 梁慧星：《“错案追究”叫停，“法官弹劾”上马》，载 http://law - thinker. com。

72. 谭兵、王志胜：《试论我国法官的精英化》，载《现代法学》2004 年第 2 期。

73. 肖扬：《最高人民法院工作报告》，载《中华人民共和国最高人民法院工作报告》1999 年第 2 期。

74. 肖扬：《努力推进改革，确保司法改革，以崭新姿态，跨入新世纪》，载《中华人民共和国最高人民法院工作报告》2000 年第 1 期。

75. 赵丽兴：《走进贺卫方——贺卫方教授采访实录》，载北大校友通讯，http://www. pkuer. cn。

76. 严仁群：《美国法官从惩戒制度论要》，载《法学评论》2004 年第 6 期。

77. 于秀艳：《论我国法官惩戒程序及其改革》，载《法律适用》2003 年第 9 期。

78. 蒋惠岭：《论法官惩戒程序之司法性》，载《法律适用》

2003 年第 9 期。

79. 刘练军：《冤案与话语权——围绕女性立场而对杨乃武案的一个分析》，载《法学》2005 年第 11 期。

80. 单明伟：《论法国国家赔偿之原则》，载《国际赔偿法研究》，中国政法大学出版社 1991 年版。

81. 季金华：《国家赔偿制度的成长及其发展趋势》，载《南京师范大学学报》（社会科学版）2005 年第 3 期。

82. 卞君瑜：《迟到十三年的无罪判决》，载《法律与生活》2005 年第 8 期。

83. 《是我们逼死了潘余均吗?》，载 http://news.163.com/special/p/000113B8/panyujun.html.。

84. 《2003 年全国法院审理国家赔偿案件情况统计表》，载中国法院网。

85. 《2004 年全国法院审理国家赔偿案件情况统计表》，载中国法院网。

86. 老石：《国家赔偿的进步意义》，载《法制日报》2001 年 2 月 4 日。

87. 范水姣：《析国家赔偿法中的“错误逮捕”——兼与陈雪芬同志商榷》，载《检察日报》2001 年 8 月 7 日。

88. 《刑事赔偿的归责原则——专家学者聚焦刑事赔偿之二》，载《检察日报》2001 年 8 月 16 日。

89. 陈雪芬：《理解国家赔偿法　错误逮捕存在分歧》，载《检察日报》2001 年 4 月 17 日。

90. 《刑事赔偿析疑（上）》，载《检察日报》2002 年 5 月 10 日。

91. 肖峋：《刑事诉讼中侵害自由权的国家赔偿与人权保护》，载《行政法学研究》1995 年第 1 期。

92. 吴宏耀：《诉讼认识论》，中国政法大学 2002 年博士学位论文。

（三）中文译著

1. ［德］M. 石里克：《普通认识论》，商务印书馆 2005 年版。

2. ［美］迈克尔·拉德列特等：《虽然他们是无辜的》，勾承益译，四川文艺出版社 2002 年版。

3. ［法］保罗利科：《论公正》，程春明译，法律出版社 2007 年版。

4. ［美］弗洛伊德菲尼、岳礼玲编：《美国刑事诉讼法经典文选与判例》，中国法制出版社 2006 年版。

5. ［英］克莱尔奥维、罗宾怀特：《欧洲人权法——原则与判例》，何志鹏、孙璐译，北京大学出版社 2006 年版。

6. ［法］勒内·弗洛里奥：《错案》，赵淑美译，群众出版社 1984 年版。

7. ［美］巴里、谢克等：《清白的罪犯》，黄维智译，中国检察出版社 2005 年版。

8. ［美］爱伦·豪切斯泰勒·斯黛丽、南希·弗兰克：《美国刑事法院诉讼程序》，陈卫东、徐美君译，中国人民大学出版社 2002 年版。

9. ［美］布莱恩福斯特：《司法错误论——性质、来源和救济》，刘静坤译，中国人民公安大学出版社 2007 年版。

10. ［美］柯特勒：《美国八大冤假错案》，刘末译，刘绪贻校，商务印书馆 1997 年版。

11. ［美］海明威：《丧钟为谁而鸣》，程中瑞译，上海译文出版社 2004 年版。

12. ［日］屈田宗路：《还你清白》，张爱平、冯峰译，法律出版社 1997 年版。

13. ［英］丹宁：《法律的训诫》，杨百揆译，法律出版社 2002 年版。

14. ［日］松尾浩也：《日本刑事诉讼法》，中国人民大学出版社 2005 年版。

15. ［美］博登海默：《法理学——法律哲学与法律方法》，邓正来译，中国政法大学出版社 1999 年版。

16. ［法］孟德斯鸠：《论法的精神》，张雁深译，商务印书馆 1961 年版。

17. ［日］西原春夫主编：《日本刑事法的形成与特色》，李海东等译，中国法律出版社/日本国成文堂 1997 年版。

18. ［英］丹宁：《法律的正当程序》，杨百揆、刘庸安译，群众出版社 1984 年版。

19. ［美］汉密尔顿、杰伊、麦迪逊：《联邦党人文集》，程逢如等译，商务印书馆 1980 年版。

20. ［意］波德罗·彭梵得：《罗马法教科书》，黄风译，中国政法大学出版社 1992 年版。

21. ［美］约翰·罗尔斯：《正义论》，何怀宏等译，中国社会科学出版社 1988 年版。

22. ［日］棚濑孝雄：《纠纷的解决与审判制度》，王亚新译，中国政法大学出版社 1994 年版。

23. ［美］罗纳德·德沃金：《认真对待权利》，信春鹰、吴玉章译，中国大百科全书出版社 1998 年版。

二、英文文献

1. C. Ronald Huff, Arye Rattner, and Edward Sagarin, "Convicted but Innocent: Wrongful Conviction", in Order under Law, Waveland Press, Inc. 1977.

2. Rosemary Pattenden, English Criminal Appeals 1844 - 1994: Appeals Against Conviction and Sentence in England and Wales, Oxford: Clarendon Press, 393 (1996).

3. Mohammed Ilyas, Academics' Case for Innocent Inmates, Birmingham Post (Eng.), Apr. 11, 1998, at 4.

4. Rob Warden, Symposium: Innocence in Capital Sentencing: Arti-

cle: Illinois Death Penalty Reform: How It happened, What It Promises, 95 J. Crim. L & Criminology 381 (2005).

5. Barry Scheck, Peter Neufeld& Jim Dwyer, Actual Innocence: When Justice Goes Wrong and How to Make It Right 6 (Signet 2001).

6. Richard C. Dieter, Innocence and the Death Penalty: The Increasing Danger of Executing the Innocent 2[1] (lastupdated July [1] 997) 〈http: //www. essentia. l org/dpic/inn. html〉.

7. Furman v. Georgia, 408 U. S. 238 (1972).

8. People v. Steid, l 568 N. E. 2d 837 (1991).

9. Mike McConville & Geoffrey Wilson, English Criminal Justice Process, Law Press China 2003.

10. Stephen, James Fitz James[J]. A History of English Criminal Law, 1883, I: 354.

后　记

本书是在我的博士论文《刑事错案研究》的基础上修改而成的。刑事错案是一个备受关注，且非常复杂的问题。现在想来，最初敢于接受这个题目作为论文的选题，真的是有些初生牛犊不怕虎的感慨。在论文通过答辩以后的一年多时间里，我始终没有停止对刑事错案的关注与思考，在这一动力的指引下，对论文又进行了重新的修改、补充和完善，但是，我深知，摆在读者面前的这本书，仍然存在着这样或那样的问题，我对刑事错案的研究也远没有到尽头，为此，我也将带着这些问题，在今后的学习之路上继续前行。

在这里，我要特别感谢恩师崔敏教授。能师从崔敏教授攻读博士学位，是我人生中最为幸运的一件大事。崔老师严谨勤奋的治学态度、个性独立的学术风格以及认真务实的生活态度是我终身受用不完的财富。尤其需要提及的是，崔老师指导我论文期间，不顾已逾七旬的年龄，为了帮我赶进度，有几次改我的论文至深夜三点。每念及此，我的感激之情都无法表达，这一场景也将令我终身难忘。依然要感谢尊敬的师母张廷玉老师，在读博期间，师母待我们每一个崔门弟子都如同自己的孩子，在生活上给予了莫大的关怀。在我博士毕业，从西藏到河南从事公安教育工作的最初，师母曾与我在电话中长谈，给我鼓励，给我建议，让我受益良多。

还要感谢公安大学公安管理系的匡萃冶教授。与匡老师相识于本科快要毕业的时候，相熟于匡老师援藏期间，想想竟已近10年的光景。想起硕士毕业刚回西藏工作的那段时间，有好几次我和匡老师就考博“事业”畅谈至深夜，那时候的场景，如今依然记忆犹新。能够师从崔敏教授，也得益于匡老师的尽心引荐。在读博期间，更是多次与匡老师交流，匡老师踏实、沉稳、求实的学术性格给了我深深的影响。要着重指出的是，本书的书名《刑事错案：症结与对策》也是匡老师的得意赐予，当初在为确定书名愁肠百结时，是匡老师灵光一现提出了现在这个名字，这得益于匡老师多年深厚的西学学养。

还要感谢公安大学出版社法律分社的杨玉生社长，杨社长对本书的出版给予了最大力度的支持，在当初关于书名游移不定的时候，杨社长也给了我很多颇有份量的建议。还要感谢出版社的肖树乔编辑，本书能够呈现在读者的面前，与肖编辑的细心、耐心、精心不无关系，感谢肖编辑对本书付出的辛劳。

最后，要感谢我的父母，他们对我最深沉的爱，是我完成本书最大的动力。

王乐龙

2011年8月8日